古代公務員生存指南

直擊古代官署的日常，清晰還原衙門裡的工作群像，
揭露官場不為人知的隱祕……

羅杰／著

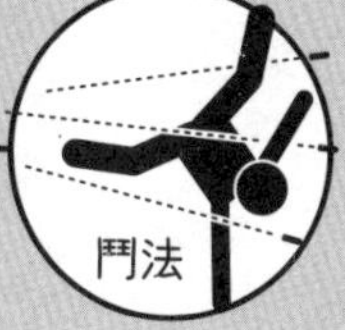

目次

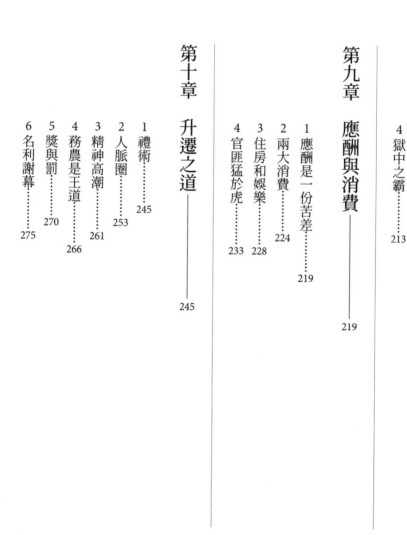

第一章：衙門內外

一、八字牆前的「演藝場」

可以這麼說，衙門是中國古代社會的全景縮影。

關於衙門，有太多不為人知的隱祕事。衙門裡的生活，也很獨特，像喝著咖啡嚼大蒜，雅俗並存。這是往小處說，往大處說，在中國古代，一座州縣衙門，就是天下興衰的風向標；一座衙門，也是一部活靈活現的仕途啟示錄。所以，想讀歷史細節，從瞭解古代衙門讀起，最真實，最深入，也最直接。中國千年歷史中的官場隱祕、世相人心，人生百態，文化傳統，都在裡面。

我們不妨先粗略瀏覽一下衙門內外的景觀。歷朝歷代，無論大小衙門，一律都是坐北朝南。所以才有一句俗話：衙門八字朝南開，有理沒錢莫進來。朝南，意思就是官衙大門一律朝南開。「八字」，不是神棍算卦批的「八字」，而是指形狀。官衙的大門左右，有兩道磚牆，呈斜線向左右擴散開去，轉折成一個三十度的角。遠遠看去，剛好是一個「八」字的形狀。

官衙的兩扇堂皇大門，連接著「八字」磚牆。門與牆，渾然成了一體，彰顯氣派。門不是一般的門，牆也不是一般的牆——牆上有東西，不是亂七八糟的信手塗鴉，不是「牛皮癬」小廣告，而是當朝皇帝的「聖諭」。這些「聖諭」，有的掛在「八字」牆上，有的貼在「八字」牆上。

皇帝的「聖諭」當然就是國家的「最高指示」。古代沒有網路，沒有臉書，也沒有廣播。衙門的「八字」牆，就成了將皇帝的指示傳達到民間基層的資訊發布中心。

一提「聖諭」，人們可能會覺得高大上，不接地氣，普通民眾如何能看得懂呢？其實不是這樣。貼在「八字」牆上的「聖諭」，大多通俗易懂，朗朗上口。譬如「農閒時勿遊蕩，農忙時勿懶惰」，以及「遵紀守法，人人親善，家庭和睦，發現盜賊，齊力捕捉」等等，略比如今大陸鄉下土牆上「要致富，少生孩子多種樹」的標語雅致一點。

然而，儘管都是大白話，可不識字的人也讀不懂。這不要緊，有專門講解「聖諭」的人。在中國古代，有兩類靠「說話」糊口的人。一類是講評書的人，被稱為「武案」；另一類，就是講解「聖諭」的人，被稱為「文案」。如今，我們常常看到某某廣告公司招聘「文案」，工作是負責創意、策畫，推廣等等。沒想到，這「文案」的祖師爺，最早是衙門聘的講解員。不過那時的「文案」只負責推廣，沒創意策畫，也不敢創意策畫。那是皇上下的「聖諭」，你要敢創意策畫，明顯是不想活了。

言歸正傳，接著說「武案」和「文案」。「武案」，就是講評書的，要聽他講，你得去茶館，掏錢買座；「文案」則不同了，聽他講，不但不給錢，衙門還給你安排座位。以至於「文案」每次開講前，衙門都要搭臺、張燈，布置座位，跟準備唱大戲似的。這麼一來，百姓自然是願意聽的，只當免費欣賞一場曲藝表演。有的「文案」演講的功夫十分精湛，有故事、有格言、有典故、有情節，講得引人入勝，時不時還抖個小包袱，民眾忍俊不禁，哈哈一樂，繼而掌聲四起。

可以想見，衙門口的「八字」牆，不單單只是一道威嚴、冰冷的磚牆，它頗能營造出一番熱鬧與活潑。講解「聖諭」跟唱戲似的，接「聖諭」其實也像是上演一齣戲劇，有的時候，比「文案」演講還要熱鬧。

縣官恭接「聖諭」的時候，一般是鼓樂喧天，連吹帶打，通常還要邀請一些和尚、道士來湊熱鬧。越是熱鬧，圍觀的民眾就會越多。平時肅穆莊嚴的衙門口，幾乎成了如今跳廣場舞的舞場，人頭攢動，喧囂嘈雜。

更有趣的是，有時候皇上的「聖諭」來得急，官署衙門一時找不到和尚、道士。怎麼辦呢？只好臨時抓夫。有些冒充和尚、道士的臨時演員，演技超爛，道士口稱「阿彌陀佛」，和尚嘴喊「無量天尊」，整個亂了套，圍觀民眾把嘴藏在袖子裡笑。

這個近似於鬧劇的接「聖諭」的傳統，從唐朝就開始了，到了宋代，升了級，每個州縣的衙門都有一支自己的樂隊，專門在恭接「聖諭」、慶賀年節、迎送上司的時候，演奏幾曲熱烈激情的「搖滾」。這一熱鬧的傳統，一直延續到清末。

二、官方新聞公告欄

衙門「八字」牆上，除了皇帝的「聖諭」，其實還有很多豐富的資訊。譬如各類法令，民事、刑事訴訟案的判決書，以及州縣科舉考試的錄取名單等等，諸如此類，都貼在「八字」牆上。

像宋代王安石變法時期，頒布的「青苗令」，就貼在各州縣衙門的「八字」牆上。從這一細節可以發現，「八字」牆除了傳達皇帝一個人的諭示，還要傳達朝廷和上級官府的諭示。

當時王安石實行改革，有不少反對派。時任陳留知縣的姜潛，就是其中一個。作為反對派的姜知縣，在接到「青苗令」的諭示後，心裡雖然十分排斥，且憤憤不平，但他也只能將「青苗令」貼在縣衙的「八字牆」上。所謂在其位、謀其政。既然是州官或縣官，就得向民眾傳達各種法令，這是工作，也是職責。否則就是瀆職，官帽還想不想戴了？

除了頒布朝廷和上級官府的諭示外，州縣的衙門長官還得頒布一些本州、本縣的法令。諸如「嚴拿逃犯」「嚴懲地痞惡棍」「禁止土妓流娼窩匪」等等。寫這類告示，都有統一的格式。以衙門長官的名義發布，最後落款的署名，是衙門的一把手到四把手全體的名字，譬如分別是：知縣某某某、縣丞某某某、主簿某某某、典史某某某。

署名其實是小事，無非是表達一個意思：這條法令，是縣衙門全體官員一致通過的。大事是什麼呢？四個字：通俗易懂。無論什麼法令，都要讓百姓和民眾便於理解。如果寫得鏗鏘有力、文采斐然，一般人卻都讀不懂，那不是白搭嗎？因此，衙門「八字」牆上的告示和法令，一般都採用當時通俗易懂的大白話，有些還挺押韻。

譬如號召全縣人民緝捕造反的匪徒，通常會這樣寫：「現居守望，巡防匪徒，戶出一丁，務各協力。同聲相應，登時齊集。即遇匪徒，何難擒截。既保身家，又衛鄉邑，有備無患，共期樂業。」

仔細數一下，皇帝的聖諭，朝廷和上級官府諭示，衙門自己的法令，加上案件判決書，以及每年的科舉錄取名單，這內容也太多太繁雜了，一道「八字」牆，怎麼可能貼如此繁雜的內容？貼不完怎麼辦？

有辦法。正對衙署大門的地方，有一面照壁。你肯定去過一些寺院，在寺院大門正對幾十公尺到一百公尺的地方，也有一面照壁，上面刻一個「福」字。很多人閉著眼從寺廟門口走到照壁，去摸「福」字。摸到了，就堅信自己會走好運。

衙門正對面的照壁和寺院對面的照壁，大小和形狀都差不多。只不過，衙門對面的照壁上，沒有「福」字，而是一個公告欄。「八字」牆上貼不完的東西，都貼在這面照壁上。

照壁距離衙署大門大概有幾公尺遠，中間就有一道比較開闊的通道，可供行人來往行走，也很方便民眾們駐足觀看。這麼一來，「八字」牆和照壁，就構成了當時的「官方新聞公告欄」。

平常日子裡，總有不少人聚集在衙門的「八字」牆和照壁前，觀看官方的新聞公告，一邊觀看，一邊興致勃勃地議論。因為有些公告非常有意思，尤其是一些判決書。正所謂花有百樣紅，縣官與縣官大不同。有的縣官寫判決書，呆板無趣；可有的縣官，卻寫得妙趣橫生。這類縣官被戲稱為「花判縣太爺」。

清朝文學家褚人獲，寫了一本名為《堅瓠集》的書。書裡記錄了一樁鄰里不和的案件。事情其實很簡單，有兩夫妻吵架，白天吵晚上吵，吵得不可開交，擾得四鄰都不安生。鄰居就將這對夫妻告到了縣衙。縣令一聽，這算什麼事，雞毛蒜皮，不予立案。可是不立案，按規定也要寫個公告。於是，這縣令提筆寫道：夫妻反目，常事；兩鄰相告，生事；捕衙申報，多事；本縣不准，省事。

南宋著名官員馬光祖，任京口知縣時，曾遇到一樁案子——當地有個書生，與一戶人家的小姐相互愛慕。一天夜裡，該書生翻牆進入小姐房間，被人誤認為圖謀不軌，押送到縣衙門。

馬光祖升堂問案，聽那書生言談不俗，不像作奸犯科之輩，於是就給書生出了個題目〈逾牆樓出資詩〉，讓書生以此作一首詩來。書生想了想，當即提筆寫道：「花柳平生債，風流一段愁。逾牆乘興下，處子有心摟。謝砌應潛越，韓香許暗偷。有情還愛欲，無語強嬌羞。不負秦樓約，安知漳獄囚。玉顏麗如此，何用讀書求。」

馬光祖讀完這首詩，嘖嘖稱讚。於是提筆寫了首判詞，判二人結為夫妻：「多情多愛，還了平生花柳債。好個檀郎，室女為妻也不妨。傑才高作，聊贈青蚨三百索。燭影搖紅，記取媒人是馬公。」一身為縣官的馬光祖，用詩詞來作判詞，文采斐然，也算一段佳話。

還有一些極其簡短的判詞，也堪稱絕妙——明朝正德年間，宛平縣有一樁民事糾紛案，一名婦女在喪夫之後想改嫁，其公公竭力阻攔，該婦便向縣官遞一訴狀，說：「夫死，無嗣，翁鰥，叔壯。」縣官接狀查核屬實後，寫下了一個字的判決公告：「嫁。」諸如此類公告，不能不讓人啞然失笑。所以，對於普通百姓來說，在衙門的「八字」牆和照壁前觀看公告，有時候是個樂子。

三、黑名單與光榮榜

按照當代比較流行的說法，衙門前的「八字」牆和照壁，可以簡稱為「官方牆文化」。而除了「八字」牆和照壁以外，衙門口還有更為有意思的建築。那就是衙署大門前的兩座亭式建築，一東一西，分列而立。一座叫申明亭，另一座叫旌善亭。這兩座亭，在明朝以前是沒有的。明太祖朱元璋下令建立後，一直延續到晚清。

申明亭是什麼意思呢？簡單明瞭地說，就是黑名單。其功能是公布當地的壞人壞事，以及懲處的決定，其用意是讓民眾引以為戒。所謂壞人壞事，包括不孝順父母，偷奸耍滑，打架鬥毆，通姦亂倫等等。

申明亭裡一般都懸掛了一塊漆黑的牌匾，被稱為「板榜」，壞人壞事及懲處決定，都寫在這塊牌匾上。民眾從申明亭亭前經過，一目了然。亭子周邊圍了一圈柵欄，尋常人是不能隨便進入的。為什麼呢？用意是為了防止上了黑名單的人，偷偷將自己的名字擦去。

可別小看了這黑名單，其功能不光是將壞人壞事曝光那麼簡單。如果你上了這黑名單，就要接受管制教育。誰來管呢？鄉里的里甲。另外，左右鄰里也有義務監督你。也就是說，你成了管制分子。一舉一動都有人注意你。這一管制，就長達三年。三年以後，你確實沒有再幹過壞事了，才能由鄉里申報到衙門。然後，經過衙門核實，才在你的名字下面加兩個字：「改行」。意思是：你正在改正中。可你的名字仍然在黑名單上保留著，直到六年以後，才會將你的名字消除。當然，如果在這三年裡，你幹了幾件大善事，那麼三年後，就可以讓自己的名字在黑名單上消失。

與申明亭相對應的，是旌善亭。不說你也知道，申明亭是懲惡的，旌善亭就是揚善的。既打耳光，又給糖吃，恩威並施，才能讓人信服。因此，可以這麼說，申明亭是貼黑名單的地方，旌善亭就是貼光榮榜的地方。

光榮榜上寫滿了好人好事。什麼好事呢？簡單地說，就是行善。譬如，救人於急難，賑濟災民，修橋補路，拾金不昧，給看不起病的人施藥，給家裡死了人沒錢下葬的送棺材等等。做了這些善事的人，都會在旌善亭匾上題名。這麼做的目的是鼓勵民眾當個好人，多行善事。

雖說申明亭和旌善亭是朱元璋下令建立的，可此舉並非老朱的原創。譬如立榮譽榜之類的設施，早在宋代就有過。據說某地有一位老鄉紳，一生行善，在群眾中口碑極好。當地的人就在老鄉紳的住宅附近，建造了一座亭子，稱為「褒德亭」。顧名思義，褒獎行善的高尚品德，當地民眾以此表達對老鄉紳的仰慕和崇敬。朱元璋還是布衣的時候，聽說過這樣的故事，認為非常好，他稱帝後就將此做法在全國推行。

四、四大產業

申明亭和旌善亭作為衙門前的官有建築，其實只是官有建築中最小的兩座。除了這兩座小建築以外，衙門前的官有建築物還有很多，比如鋪房，也叫做鋪屋。這個建築，用現在的話說，就是治安亭。

鋪屋裡一般有三至五名兵丁，每天夜間都要輪流巡邏。這些夜間巡邏的兵丁，在唐代被稱為「街彈」和「邏卒」。他們主要負責兩項工作，一項是負責衙門前的治安；另一項是晚上衙門關閉後，負責收取上級部門，或者其他衙門發來的緊急公文。

兵丁收取緊急公文後，怎麼交給衙門裡的官員呢？很方便，衙署大門上有一個「轉桶」，簡單地說，就是可以旋轉的圓桶，一半在門裡，一半在門外，把公文放入圓桶，一轉就傳進衙門裡了。這是相當便捷實用的一個設備。

再說治安巡邏，衙門是官方機構，治安應該沒什麼問題。為什麼還要派兵丁在夜間巡邏呢？

這裡一般有一個誤解，認為衙門口就是衙門外一小塊地盤。其實並非如此，衙門口是一條街，稱為「衙前街」。「衙前街」不是空空蕩蕩的一條街。正相反，「衙前街」兩旁店鋪林立，旌旗搖曳，白天的時候，人來人往，十分熱鬧。這些店鋪，看似平常，實際上是一系列跟衙門有密切聯繫的商鋪，可以說是衙門的幾大「支柱產業」。這幾大「支柱產業」是旅店、茶館、酒家和藥鋪。

先說旅店。鄉里的人到縣衙來打官司，肯定要在縣裡投宿，一般都會選在離衙門最近的地方，「衙前街」的旅店當然最為合適。「衙前街」旅店是很有意思的，很多時候，被告家屬與原告家屬，甚至是被告和原告本人，就住在隔壁間。如果手頭拮据，還會睡在一間屋子的通鋪上。因此鬧出不少匪夷所思的笑話。

這裡有個問題，為什麼打官司的家屬必須住宿呢？因為打官司不是一天兩天的事。原告方投遞訴狀後要等待，涉案證人也要等待，方便衙門隨時傳喚，找不著人不行。而在押的被告家屬要等候判決消息，在尚未得到判決之前，還要就近託人打探消息，所以，他們也住在「衙前街」的旅店裡。不用說，旅店生意是很紅火的。生意好，能不給衙門孝敬點「好處」嗎？這麼一來，「衙前街」的旅店，就成了衙門的「支柱產業」之一。

「支柱產業」之二，茶館。來打官司的人，主題當然不是喝茶，而是在茶館裡找兩類人。一類是代寫訴狀的人，一類是打幫忙探消息的人。這兩類人其實非常好找，他們是專業幹這種營生的，所以長年累月坐在茶館裡攬生意。

代寫訴狀的人，一般都有一張當地衙門頒發的職業證書，古稱：「戳子」。這是招攬生意的憑證：專業寫狀十餘年，品質保證。

打探消息的人，則是各色人等都有。其中，甚至有衙門裡的公務人員，比如胥吏，衙門長官的師爺等等。

打官司的人請人幫忙打探消息，就要談到費用，「衙前街」的茶館便是談生意的最佳場所。有時候，不打官司的人，也在茶館裡面打探消息。有些是好奇，喜歡聽新聞；有些純粹是為了做交易，因為很多案件涉及經濟，比如罰款抵押，取保假釋，變賣入官等等，這裡面就有很多的生意可做。可見，茶館裡的資訊量是很大的，真消息假消息滿天飛，人員又魚龍混雜，終日喧囂，因此生意比旅店更火爆。

「支柱產業」之三，酒家。民以食為天，誰都要吃飯。打官司心情再不好，飯總是要吃的。

衙署官員也要吃飯，不過他們大多是公款吃喝。這種公款宴會，被稱為「張樂」，聽這名稱你就知道了，「以鋪張為樂」，不僅要大肆吃喝，還要請戲子唱曲作陪。

最後說說「支柱產業」之四，藥鋪。為什麼要在衙門前開藥鋪呢？一方面是認為風水好；另一方面，縣官在大堂審案，免不了要用刑。至於五花八門的大刑，行刑的種種的技巧，以及行刑者的弊端，暫且不表，單說受刑者，無論多輕多重的刑，都會皮開肉綻，傷筋動骨，家屬就要在衙門口的生藥鋪購買跌打損傷藥。衙門裡動刑，生藥鋪就賣藥，生意自然做得是風生水起。

這就是「衙門街」的四大產業。除此之外，還有一些小產業，譬如米行、錢莊、典當鋪、果鋪等等。總之，衙門外風景無限。而衙門裡的風景，自然也有一番熱鬧。

五、機關大院無祕密

一般來說，走進衙門，人們最先想到的就是大堂。

縣官升堂，聽訟斷案，都在大堂上，所以大堂還有一個別稱，叫做「訟堂」。這大堂到底有多大呢？古時，計算房屋占地面積的單位，是以一列為一楹。大堂的寬度和深度一般是三楹。整個大堂，形象地說，很像我們現在看到的舞臺。大堂背後有一塊巨大的幕布，這幕布有個名稱，叫「堂帳」。堂帳上齊門枋，下及於地，看上去像一堵密不透風的牆壁，但不是牆壁，而是中門，縣官升堂退堂，都從這個中門進出。

從中門裡出來，前行數步，來到堂上，堂上有一塊石臺，造型跟現在學校裡的講臺差不多，只不過比講臺要高一些。臺上有一張長方形公案，一把靠背椅。公案上放了很多物件，如醒木、籤筒、筆架、硯臺、印包等等。公案兩側，通常有兩面虎頭牌分立左右，上寫「迴避」「肅靜」字樣。

除了這些東西，大堂前還有一個重要的配置，就是一面大鼓，放在一個高高的木架子上，稱為「堂鼓」，是縣官退堂時使用的，當時的叫法是「擊堂鼓放衙」。放衙的意思，就是縣官退堂下班。

大堂後面是二堂。二堂也是審案的地方。只不過大堂是公開審理案件的地方，二堂則是祕密審理案件的地方。在二堂的後面，還有三堂。三堂是做什麼的呢？和二堂一樣，也是祕密審理案件的地方。有時候，祕密審理的案件太過祕密，也會安排在後衙。後衙也稱為「內衙」或者「縣廨」。內衙，顧名思義，是不對外的，是衙署官員及其家屬的生活區域。內衙裡，有起居的上房、師爺房、僕人房、簽押房。其中，簽押房最為重要。

一般認為公開審理案件的大堂，是衙門的心臟部分，其實不然，簽押房才是衙門的心臟部分。簽押，顧名思義，就是簽字畫押。一個衙門，公事繁多，流程也多。就拿公文來說，從擬稿到發出，要經過很多道流傳程序。辦理的人員都要簽署自己的姓名。一旦出現了差誤，辦理的人員都有連帶責任。最後，衙署的一把手要用朱筆畫上一個「行」字。如果是文告、判決書或者契約，任命書之類的公文，還要蓋上衙署的大印。這些流程，都在簽押房裡履行完成。另外，上司機關或者平級機關來往的機密文件，也要在簽押房裡拆閱。這是一項鐵打的規定。

作為一名州縣長官，如果每天閱讀所有的文件，並逐一鈐蓋官印的話，那將會讀文讀到眼酸，蓋章蓋到手軟。因此就必須有一些幫手。可是，國家財政只負擔知縣、縣丞、主簿、典史和「三班六房」等一定數量的辦事員。

所謂「三班六房」，三班，指的是民壯、皂隸、捕快等衙役。六房，指的是「吏、戶、禮、兵、刑、工」的書吏房，和朝廷中央六部相對應。吏房：掌管官吏的任免、考績、升降等；戶房：掌管土地、戶口、賦稅、財政等；禮房：掌管典禮、科舉、學校等；兵房：掌管軍政；刑房：掌管刑法、獄訟等；工房：掌管工程、營造、屯田、水利等。

朝廷也知道，州縣衙門政務繁多，靠有限的人手是根本不可能完成的。因此，在明清時期，國家法律允許州縣長官自己出資聘用人手。聘請的人手中，主要的一類就是師爺。

師爺之外，州縣衙門的長官還會聘請一些長隨，如門子長隨，司印長隨，跟班長隨等等。這些人，各有各的能耐，各有各的本事，各有各不為人知的隱祕，此處暫且不表。單說衙署的內部，除了辦公、法庭、檔案室、倉儲、監獄等多個區域，還包括了州縣長官以及下屬官吏們生活起居的空間。這塊空間類似於現在的機關大院宿舍，俗稱：內衙。因為當時的衙門官員，按規定也都必須住在衙署內。這倒不是國家照顧他們的生活，而是便於工作，同時也是安全的需要，保持廉政和保密的需要。

在一些古典小說中，我們常常看到諸如「知縣回衙，吃酒取樂」的描述。這裡的「回衙」，不是說知縣離開衙門出門遊玩之後，回到了衙門裡。所謂「回衙」，指的是回到內衙。在內衙裡，衙門長官及其家眷所住的地方，位置是最好的，被稱為「上房」。另外，有一些「師爺」，也居住在內衙裡。這一類人，與長官關係越好，住房條件也就越好。

而「六房」的書吏們的宿舍，通常都建在衙門大堂以南和儀門兩側。居住條件比內衙要差很多。如此眾多的官吏，辦事人員共住一個大院，儘管各有各的起居場所，但畢竟相隔太近，發生點什麼事，大家都能聽得見。個人隱私一般都瞞不住，很容易就曝了光。

明朝人西周生，曾寫過一部夾雜山東方言的書，名叫《醒世姻緣》。這部書主要寫了個兩世姻緣、輪迴報應的故事。其中，描寫了一段衙署大院內發生的趣聞。

故事講的是，衙署裡有一位姓吳的推官。話說這位吳推官，娶了個老婆，十分兇悍，獅吼之聲，山鳴谷應。吳推官非常懼怕老婆，工作也因此受到了影響，遭到內衙裡居住的官員取笑。有個醫官安慰他，說一個家裡，不是東風壓倒西風，就是西風壓倒東風。像你遭遇的這種家庭暴力事件，在我們這個機關大院裡，其實家家戶戶都有。

果然，無獨有偶，知縣老爺也是個極怕老婆的人。有一天，他得罪了自己的老婆，被老婆一巴掌打在鼻子上，一時間鼻血長流，怎麼止也止不住，於是趕忙去找醫官來醫治。醫官治療的方法，很是獨特——燒了很多驢糞吹進知縣的鼻孔裡。過了一會兒，鼻血是止住了。卻留下了鼻炎，每隔一段日子就要發作一次。

這事過後，知縣老婆變本加厲，屢次追打知縣。有一回，知縣躲到了大堂裡，又被老婆趕出大堂。一時間，衙署的大小官員都來勸解，跪成一片。看在眾人求情的份上，知縣老婆才住了手，放過了自己的丈夫。

後來，有個下屬衙役犯了錯，知縣要打他板子。沒想到，這衙役振振有詞地說：「某年某月的某一天，大奶奶要在堂上責罰老爺您，多虧小的們再三求情，哀告，這才讓老爺逃過一劫。」知縣老爺聽了，氣得無話可說，只好作罷，放過了這名犯錯的衙役。那位姓吳的推官，聽說了這件事以後，甚感欣慰。想想知縣老爺，被老婆打破了鼻子，又被打到大堂之上。再想想自己，雖也有些懼內，但遠沒老爺那麼慘。

這段故事，雖有些誇張和諷刺。但從一個側面反映出，在衙署內衙這個「機關大院」裡，官員與官員之間的私人生活，是沒有多少祕密可言的。

第二章：新陳代謝

一、只是一個起步

粗略見識了衙門內外的風景，也許有人會說：當官很無趣，不如做個平民，樂得逍遙。當然也有人會說：我要走仕途，到衙門裡混個一官半職。不得不說，前者代表了部分現代人的想法；而後者的想法，幾乎是古代所有讀書人共同的理想和追求。

著名的馬斯洛理論，把人的需求分為五類，生理需求、安全需求、歸屬與愛的需求、尊重需求以及自我實現。生理需求是其中最低的一個層次。通俗地說，就是填飽肚子，讓自己活下來。要滿足這一點，並不是特別困難的事，可以去耕田，可以去賣藝，可以做工匠，也可以經商。然而，對於中國古代的讀書人來說，這距離實現自我價值實在是太過遙遠了。

在中國古代，把人民分為四類，通常稱為「四民」，即：士、農、工、商。具體所指的是：知識分子和官僚階層、農民階層、工匠階層和商人階層。從這一排行可以看出，在中國古代社會中，商人的地位是最低的。這與現代社會用金錢來衡量自我價值是完全不同的。

說得更明白一點，古代社會非常看重一個人的根基。這個「根基」，絕不是僅僅局限於一個

「富」字，還包括一個「貴」字。簡言之：錢財的富足，取代不了身分和文化上的等級。

我們看名著《紅樓夢》裡，林黛玉出身於書香世族，祖祖輩輩鐘鳴鼎食，這是難得的尊貴，可見黛玉的清高和挑剔有她的理由，一直以來，她都有一種身分上的榮耀感。再看薛寶釵，就不同了。她身為商家之女，時刻要把祖宗的事情掛在嘴邊，如「我們祖上也是讀書人家」，總怕別人誤會她家教欠佳。什麼原因呢？就是因為商家即便是非常富有，也只能歸到「暴發戶」一類。所以，在中國古代社會，商人再有錢，買得來珠寶綾羅，卻買不來地位的尊榮。

再說做工、種田。在中國古代社會的價值觀裡，這些仍是很低賤的工作。不但低賤，還要承擔繁重的稅賦。因此，在中國古代，無論是從社會地位來說，還是從個人生存，乃至自我價值實現的角度來說，做官都是最理想的，最能施展自己才華的唯一出路。

反過來說，要實現做官的理想，就得去讀書。當然，讀書，也只是實現做官理想的起步。關於這一點，不妨以一個歷史人物來舉例說明。這個人物就是人們熟知的劉備。

儘管熟知，但關於劉備少年的經歷，未必人人都清楚。

劉備其實出生在一個溫暖的家庭。中國人對溫暖的概念，千百年來都不會改變，僅有短短八個字：豐衣足食，安居樂業。劉備的父親劉弘，便是給家庭提供衣食住行等一切生活資源的人。在中國的家庭中，人們習慣把這樣的男人稱為「頂梁柱」。

作為頂梁柱的劉弘，有一份收入穩定的職業——他是涿郡政府部門的一個工作人員，沒有史料記載他所擔任的具體職務。但他確實是東漢帝國的一個小官吏。儘管級別很低，卻也是公務員的身分。這樣的身分，尚可養家糊口。

在今天的中國，人們把富豪的後代，稱為「富二代」；把高官的後代，稱為「官二代」；與之相對應的是「窮二代」和「貧二代」。劉弘只是一個小小的官吏，他的兒子劉備，還稱不上「官二代」。準確地說，童年時期的劉備，是一個介於「官二代」和「貧二代」之間的孩子。如果沒有任何變故，這個處於「中游階層」的孩子，將會安穩地讀書、成長。成年之後，當一個像他父親一樣的小官吏。然而，一個突如其來的變故，打破了這種安穩——父親劉弘在劉備的童年時期，不幸去世了。

中國人通常把人生不幸，分為三種：幼年喪父、中年喪偶、晚年喪子。劉備遭遇了第一種。這種遭遇，讓他從中游階層，逐漸下滑到社會底層。這意味著維持基本溫飽的生活，也變得有些艱難。

然而，就在艱難的境況下。劉備的母親仍然省吃儉用將劉備送進了私塾學習。私塾，是中國古代社會開設於家庭、宗族或鄉村內部的民間幼兒教育機構。主要是啟蒙教育，學習識字和基礎文化。

如果家庭的經濟條件允許，劉備將會接受完整的啟蒙教育。然而，由於家裡的收入入不敷出，他不得不輟學，去找一份餬口的工作。怎麼餬口呢？只能去學一門手藝。於是，他開始學習編織草鞋、草席的手藝。這門手藝的技術含量不高，很容易就能學會。

草鞋，最早的名字叫「扉」，相傳是黃帝的臣子不則所創造出來的。以草作材料，非常經濟，平民百姓都能自備。漢代稱草鞋為「不借」，因為草鞋人人都有，不需相互借穿。據史料記載，貴為天子的漢文帝劉恆也曾「履不藉以視朝」。可見在當時，草鞋幾乎是人們的必備之物。然而，要銷售自己編織的草鞋，並不是一件輕鬆愉悅的事情，它是一個商業活動。

劉備和他的母親，要擺地攤販賣草鞋。無疑是低賤商業活動中最低賤的一項勞動。這對孤兒寡母所遭受的輕蔑、白眼以及嫌惡，是可想而知的。此時的劉備，年紀十幾歲。卻已經親身體味到了「辛酸」一詞的深刻含義。有首歌裡唱：生活的壓力和生命的尊嚴哪一個重要？換句話說，就是肚子和面子，哪一個更要緊？

中國人時常很矛盾，一方面說士可殺不可辱，一方面又說留得青山在，不怕沒柴燒；一方面說不為五斗米折腰；一方面又講，識時務者為俊傑。劉備在販賣草鞋的過程中，內心同樣充滿了矛盾。最終，求生的本能讓他選擇了填飽肚子，而不是顧全面子。

這種選擇，實際上是無從選擇。他只能以編織、販賣草鞋為生存的根本，淪落為名副其實的草根。他的人生似乎看不到任何的希望，他所從事的小本經營，僅僅能讓他吃頓飽飯而已，活一天算一天。若想靠此提升經濟地位和社會地位，無疑是癡心妄想。

就這樣到了十五歲，劉備終於重新回到了學堂。這並不是因為他在販賣草鞋時，賺取到了足夠的學費，而是因為他有一位遠見卓識的母親，這位母親希望兒子能改變「草根」的命運。她很清楚，賣草鞋是絕對沒有前途可言的，平民家庭的孩子，要想出人頭地，只有去讀書，去接受教育。儘管在當時的漢朝社會，一個人滿腹學問也未必能改變命運，但沒有學問，就註定無法改變自己的命運。

劉備母親的賭本，就是獨自挑起養家餬口的重擔，自己編織、販賣草鞋，供養兒子去讀大學。這種認識與決心，對於古時候的一位母親來說，實在是難能可貴的。遺憾的是，史料上並未記載這位母親的姓氏，以及她出身的家庭背景。我們只能推斷，這位母親的出身不會太差，她應該有些學問，因為她的眼光，不是一般平民家庭的母親所能具備的。這眼光不僅是對兒子前途的認識，更在於她為兒子拜求到的一位教書先生。

這位教書先生就是東漢時期文武雙全，赫赫有名的大儒盧植。以盧植的學問、聲望和名氣，作為平民家庭孩子的劉備，本是沒有希望拜其為師的。幸虧有一些機緣巧合——盧植也是涿郡涿縣（今河北省涿州市）人，與劉備同鄉。他知道劉備是「皇族後裔」，同鄉情分加「皇族後裔」的名頭，盧植將劉備收為學生。

盧植是研究儒學出身，他傳授給劉備的學問，亦是儒家學說。儒家學說中有很多經典，譬如《周易》《尚書》《論語》《詩經》《禮記》等等。盧植有一位師兄，名叫鄭玄。也是一位相當有名的儒學大家。

在中國歷史中，為儒家經典做注釋的人不勝枚舉，而個人注釋能夠作為官方教材長久流傳者，僅有鄭玄和明代的朱熹兩人。據說，鄭玄是一位奇才，他十二、三歲時便能講述儒家五經。作為這位奇才師弟的盧植，儒學的功底也十分深厚。《後漢書．盧植傳》中說：盧植「能通古今學，好研精而不守章句。」意思是盧植學問通古博今，精於研究但不墨守成規，有自己的見地。劉備得以拜這樣的大家為師，應該說是一種幸運。可是，這幸運中也有些尷尬——他要面臨一個學費的問題。

劉備上學的地方，在離京都洛陽不遠的緱氏山。離他的老家涿縣，距離就十分遙遠了。路途的開銷和學習食宿的費用，是一筆不小的數目。單是靠母親賣草鞋的收入，是遠遠不足以支撐的。

幸運的是，與劉備一同去讀書的，還有一個同鄉，他的名字叫劉德然。劉德然不僅是劉備的同鄉，而且還是同宗。劉德然的父親劉元起，是個挺有眼光的人。他認為，劉備能夠靠賣草鞋度日，是一種不同尋常的舉動。就劉備經商的表現來看，這個孩子身上有諸多優秀地方和閃光之處。

於是，劉元起主動資助劉備，負擔劉備上學的一切開銷。這種資助有同鄉同宗的情分，也不排除含有政治投資的動機。劉元起不會不清楚，這種投資不一定會帶來回報，但他堅持看好劉備，他相信這個孩子將來註定會有所作為。有了劉元起的資助，劉備能夠安心地讀書。

這段時光僅僅持續了兩年。因為盧植先生並非專職教授，他的身分是東漢帝國官員，時任九江太守。因身體欠佳，休假療養，才兼職教書。在盧植休養兩年後，東漢政府將他派遣到廬江擔任太守，主要工作內容是安撫廬江一帶造反的少數民族。隨著老師盧植的離去，劉備的就學時光也宣告終結。

儘管這段時光非常短暫，而劉備得到了三種收穫。

第一種收穫，是經濟收穫。有了劉元起的資助，他不必為生計憂慮和操勞。這對當時困窘的劉備來說，已經算是一筆相當可觀的財富了。

第二種收穫，是修養收穫。修養是學識與品性的綜合體。從盧植先生那裡，劉備領略到了儒家精髓。概括起來就是五個字：仁、義、禮、智、信。依據這五個字，來修身、齊家、治國、平天下。這五個字潛移默化地融入劉備的骨髓，成為他日後行事的理念。

品性方面，劉備也深受盧植的薰陶和感染。盧植先生是個一身正氣的人，他的老師是漢明帝皇后的侄子馬融。馬融在經學古文方面造詣極深，他門下的弟子曾有上千人之多。

與其他大師相比，馬融授課的方式有些特別。他常在學堂裡做「定力實驗」——讓弟子們靜心品讀詩書，同時安排一群侍女伴舞。侍女們美貌如花，姿態嫵媚，極具誘惑力。弟子們聽樂，辨味，觀美色，不由心神蕩漾，哪裡還讀得進詩書。唯獨盧植，從不斜目而視，全然沉浸在苦讀的世界裡，不受外界干擾。這份定力，自然很少有人能與之相提並論。

這樣的人，受到敬重。而盧植先生的聲望，不單單是依靠定力，還有勇氣。在後來董卓專權，企圖廢掉小皇帝時，滿朝群臣皆不敢言，唯獨盧植鏗鏘有力地提出抗議。那時，盧植的名望早已譽滿天下，四海皆知。董卓並不敢輕易殺他，只能在心裡將之千刀萬剮，面上卻始終保持著和顏悅色。

一代梟雄曹操，曾用十六個字評價盧植：「名著海內，學為儒宗，士之楷模，國之楨幹。」盧植先生的品性，在那個時代，具有強大的感染力，讓劉備從中受益。

劉備的第三種收穫，是友情收穫。就學期間，與劉備相處融洽的同學，除了同鄉劉德然外，還有另一位的同窗，名叫公孫瓚。

公孫瓚與劉備的家庭背景大不相同，他出身於貴族世家。就身分而言，自然比劉備高貴很多。但是，公孫瓚內心也有難言的痛楚。按照漢朝的制度，貴族的繼承人必須是嫡長子，即正室夫人所生的兒子。而公孫瓚的母親偏偏不是正室夫人，這使他失去了一個重要的機會。什麼重要的機會呢？這就牽涉到古代的讀書人，如何才能踏上仕途的問題。

二、高桌子低板凳都是木頭

在古代中國，最初進入仕途做官，實行的是世襲制。換句話說，就是家庭出身決定你的政治前途和地位。因此，對於普通平民子弟來說，做官是可望而不可即的，即便你再怎麼努力也沒用。所有的官職都被王公卿士壟斷了，幾乎沒有例外。普通平民子弟除非有過人的功績，才會破例被委以官職。這樣的幸運兒，實在是鳳毛麟角，就算是當了官，職位也不會高，在同僚中仍會遭到歧視。

到了公孫瓚和劉備生活的東漢時期，除了世襲制外，東漢王朝還實行了另外兩種選拔官員的制度，那就是察舉制和徵辟制。察舉是由州、郡等地方官員，在自己管轄區內進行考察，發現人才以後，再推薦給中央政府，經過一定的考核，任以相應的官職。徵辟則是由皇帝或地方長官直接進行徵聘。

這兩種方式，就是當時做官的途徑。大貴族家庭中的嫡子，很容易被推薦到中央政府。然後由中央政府委以他們較高的官職。庶子也會受到推薦，但官職通常不會太高。譬如身為庶子的公孫瓚，僅僅被任命為當地政府的一個主辦文書的佐官，稱為書佐。所以，公孫瓚失去的重要機會，就是一個擔任高官的機會。

這種待遇自然是不公平的。察舉制和徵辟制雖然比世襲制公平和透明，但只是相對而言。其公平和透明程度是有限的。

依據徵辟制，朝廷可以在全國各地徵召能人賢才。可是，執行徵召工作的，是官場的一些權貴人物。他們徵召來的所謂人才，多數都是一些權貴子弟，平民子弟很少。所以，徵辟制的興起，並沒有達到面向全社會招攬人才的目的。

到了魏晉時期，一個新的選官制度代替了徵辟制。這個制度叫「九品中正制」，也稱為「九品官人法」。九品是什麼意思呢？就是將人才分為上、中、下三等，一共九個級別，按照等級的不同，授予官職。所謂中正，指的是中正官，其工作就是負責對人才進行品評。中正官也分大小，在魏晉時期，州設大中正官，郡縣設小中正官。

這些大小中正官們，如何對人才進行品評呢？具體說來有三項。

第一項是家世，家庭背景和出身。譬如父輩祖輩的資歷，有沒有在仕途上混過，當過什麼官，受過什麼爵位等等。中正官掌握了詳實的材料，才能往上報。

第二項是品行。簡單地說，就是人品好不好。有點像如今學校的班主任給學生寫的品德評語。魏晉時期讚揚一個人品德和才能，一般都是四個字一句，如：「天材英博」「亮拔不群」「德優能少」

等等。

第三項是定品。顧名思義就是確定人才的品級。參考的依據，原本是人才的品行，家世只是一個輔助的參考。而到了晉朝後期，就基本變成完全以家世來品級了。

這麼一來，出身寒門的平民子弟，只能被定為「下品」。而出身權貴豪門之家的，即便品行很差，也能被定為「上品」。如此一來，就出現了「上品無寒門，下品無士族」的局面。

因此，從世襲制到察舉制和徵辟制，再到九品中正制，在形式上雖有了變化，但本質上並沒有多少改變。平民子弟要進入仕途做官，機會仍然非常渺茫，即便做了官，官職也很小，地位也很低。由於官職的分配被壟斷，權貴子弟很容易就能得到一個不錯的官職。猶如某首歌詞：高桌子低板凳都是木頭，他大舅他二舅都是他舅。

然而，權貴子弟中，很多人並沒有真才實學。而且，他們無論品行和體質都比較低劣。論吃苦耐勞，他們比不上平民子弟；論經驗，他們也不及從仕途底層一步步做起來的平民子弟。但是，他們年紀輕輕卻榮登高位，這顯然是極不公平的，對國家發展也不利。在這種情形和背景下，科舉制度橫空出世了。

三、每一股都崩潰

眾所周知，科舉制度出現於隋唐時期，與察舉制、徵辟制以及九品中正制相比，科舉制應該是相對公平、進步的選官制度了。

公平之處在於，無論權貴子弟還是平民子弟，都可以參加考試。不受出身、家世、種族等等的限制，甚至還不受年齡的限制，哪怕你只有三歲，如果是神童，也可以參加科考；哪怕你已是八十歲的高齡，只要有心有力，一樣可以參加科考。

進步之處在於，其姿態是開放的，面向全社會公開選取有真才實學的人才，而杜絕庸才。官職的分配，不再被權貴壟斷。

這讓很多人看到了希望。所以，科舉制度一經推出，就受到廣泛的擁護。不過，這只是科舉制光鮮的一面。在發展過程中，卻變了形，它的弊端逐漸暴露了出來。這與科舉考試的內容有關。

最早的科舉考試內容，是自由發揮，並沒有什麼固定的要求，能寫出好文章就行。這麼一來，考生各有各的觀點，各有各的風格，文辭也都不錯，其中甚至還體現了家學的積澱，頗有些百家爭鳴的意思。所謂文無第一，武無第二，很難說誰更勝一籌。這讓評判的官員們大傷腦筋。

這種情況一直延續了多年。直到明太祖朱元璋登基，才有了改變。怎麼改變的呢？兩個字：統一。我們知道，秦始皇統一天下後，實現了兩項統一，即車同軌，書同文。而朱元璋在科舉考試上實行的統一，也有兩項：一是文章體例格式的統一，二是文章內容的統一。這種統一後的標準科舉考試文章，叫做「八股文」。

為什麼叫「八股」呢？簡單地說，就是一篇參加科舉考試的文章，分為起股、中股、後股和束股。每一股要寫兩段，每一股的內容，必須一正一反、一虛一實、一深一淺來對比；所使用的句子，又必須是排比對偶句，所以稱為「八股文」。

不得不說，這八股文中的每一股，都讓人崩潰。最變態的是，還必須使用排比對偶句，多一個字不行，少一個字也不行。這種殺腦細胞，培養強迫症患者的規定，讓考生們痛苦不已。而且，八股文的題目也是有要求的，必須從四書五經裡找題目，或是從四書五經裡的段落裡找，或是從四書五經裡的句子裡找。這就不是考學子了，考的是老師。老師沒辦法，管它語句通不通，管它有理無理，更不管考生能不能看懂，翻開四書五經，東拼西湊弄出題目再說。

大家可能要問了，朱元璋為什麼會產生如此變態的想法？

眾所周知，朱元璋是個布衣天子，出身貧農。他當了皇帝以後，也試圖給自己鍍點金。於是，他想起了一個人，朱熹。此人是南宋理學大師。朱元璋琢磨：他姓朱，我也姓朱，不如認他為我的祖先，讓天下人都知道，朕的祖先也是有大學問的人，並不是無知的草根貧民。大臣們得知後，連忙勸諫，您這做法也太假了，裝不可恥，裝得不像就會讓人恥笑。朱熹的年代離咱們太近，陛下萬萬不可認他做祖先。

認祖失敗，朱元璋仍不甘心，認為朱熹即便不是我的祖先，但他也算是一個聖人，他曾經解讀過四書五經，我們必須按照聖人的思想去寫文章，去考試。如此一來，朱熹對四書五經的注解書，就變成了天下學子考取科舉的教科書。

從此，天下學子成天琢磨的，學習的，交流的，都是朱熹對於四書五經提出的看法。朱熹的觀點、理解，準確不準確，清晰不清晰，正確不正確暫且不論。單說如此變態的學習，就讓天下學子常做噩夢，夢裡出現的鬼，個個都叫朱熹。

當然，其中也有一些考試奇才，在如此變態的限制中，他們仍寫出了文辭華麗，觀點獨到，立意深刻的錦繡文章。而這樣的絕世好文，在漫長的科舉考試中，微乎其微，異常罕見。

到了清朝的中後期，八股文考試又升了級，朝廷推出一項新規定：考生所作的八股文章，以七百字為限，不能超過一個字。而且，必須用楷書寫，卷子必須工整、乾淨。一豎一勾都不能錯。一個彎鉤沒提好，對不起，你落榜了。科舉考試發展到這個階段，不僅考寫文章，還考書法。

可以說，科舉制最初的出發點是好的，本著開放、公平、公正的準則，讓天下貧寒子弟，發奮圖強，從而吸納天下賢才。遺憾的是，在其發展過程中，越來越變態，如八股文，禁錮人的思維，扼殺想像力，害人不淺，且影響深遠。儘管依靠這個制度，也確實選拔出一些人才，但畢竟是少數。而且，其中不乏「高分低能」的書呆子。因此，總體來講，科舉制是弊大於利。

四、一場轟動長安的炒作

實際上，科舉制剛在唐朝興起的時候，讀書人通過科舉考試進入仕途官場，是相對比較容易的。因為只考一次。不過，就算你考過關了，也只是得到一個做官的資格，並非直接被錄用為國家公務人員。要想成為正式的官員，還要經過吏部的一次考試。

吏部的官員錄用考試，不考學問，也不考寫文章。考什麼呢？一是考長相，看你五官是否端正，氣質如何；二是考言行舉止，看你談吐是否流暢，能不能操一口官腔，舉止是否有官樣；三是考書法，看你能不能寫一手好字；四是考判詞，簡單地說，就是考你公文寫作的能力。這四項都合格了，報給皇帝批准，皇帝批准了，再交給吏部，由吏部授予、安排官職。

吏部的這四項考試，稱為中試。也就是說，在唐朝，你立志當官，必須通過兩次考試，一是科舉考，二是中試。

唐朝錄用官員的科舉制度，還有一點與後世的朝代不同。那就是試卷。按規定，唐朝的科考試卷上，考生必須填寫上自己的姓名、籍貫、年齡等等。因為考官不單是看試卷，還要拿考生的出身、名聲以及家庭等情況作參考。

這麼做，有兩個弊端。一是會影響考官的判斷，如果考生的出身不好，名聲也一般，家境也貧寒，那麼考官可能會主觀認為考生整體素質較差。二是容易徇私舞弊，家境富有的人家，為了子弟能考個好成績，難免就會賄賂考官。考官一看考生的名字，哦，這家是出了錢的，給個高分。

所以，到了武則天時期，科舉考試的卷子改了，不准暴露真實姓名。但是，這樣仍然難以避免黑箱操作。因為吏部還有一次中試，在中試的時候，仍然要考查考生的出身、家庭、名聲等詳細情況。最終，唐朝的科舉制度造成了這樣一種結果，考生不僅要有真才實學，還要有靠山，才有可能通過考試，繼而走上仕途。

靠山分兩種，一種是天生命好，考生本人就出生在達官貴人之家，所以自帶靠山；另一種是命苦，出身低微，要到處找靠山，和達官貴人、社會名流拉關係。讓有名有權的大人物極力推薦自己。這種拉關係的具體做法就是「投卷」。

這裡的「卷」不是考卷，而是自己傾力所作的精品文章，俗稱代表作。向禮部投遞自己的代表作，叫做「官卷」；向達官貴人、社會名流投遞的代表作，叫做「行卷」。在唐朝，這種「投卷」的行為是朝廷允許的，也是公開的。一時間，攀附權貴，投機行賄，蔚然成風。

可是，很多考生學子，投卷並非一投就中，有的投上很多次，仍杳無音訊，連一句退稿意見都沒有。能一投就中的，除非特別有才，比如王維、白居易那樣的大才子。更多的讀書人，只能拿著自己的文稿，卑躬屈膝，一臉媚笑地四處奔走求人。

有的學子，學識一般，文章也很普通，但善於討好權貴，因而受到達官貴人吹捧和舉薦。用現代的話說，就是達官貴人搞炒作，包裝出一個「人才」。唐代著名的文學家韓愈就是其一，他策畫和炒作的一起事件，曾聞名於長安城，使天下皆知。

其實，韓愈本人也曾在科舉和仕途上屢屢受挫。後來，他成了文豪，又當上了大官，就有人攀附。也成了讀書人「投卷」的對象。在眾多「投卷」的讀書人中，有一名進士，極力討好韓愈。搞得韓愈有些感動，回想自己當年科考經歷的苦痛，也就動了惻隱之心。加之，那位進士的學識、文章都不差。韓愈就決定幫他一把。

韓愈是個極有才的人，他不會像一般的達官貴人一樣，毫無創意地胡亂吹捧一番了事。他要玩點兒絕的。於是，經過思考，韓愈制定出了一個炒作計畫：讓那位進士先住進長安城的一座寺廟裡，住上一段時間後，自己約上一位朝廷的大臣，一同前去寺廟拜訪進士。不過，拜訪一定要撲空，找不著人。

進士依計而行，到了約定的日子，他早早地就離開了寺廟，消失了一整天。此時，韓愈和朝廷的一位侍郎來了，沒找到人。於是，韓愈就在寺廟的大門上寫下一句話：侍郎韓愈、侍郎某某，至此拜訪某某進士不遇。

這個事一下就傳開了。大家紛紛議論：那位進士到底是什麼人？當朝的侍郎大人兼文豪親自來拜訪他，居然都找不到。莫非他是一位曠世奇才？人都有好奇心，天生喜歡打聽和傳播稀奇、八卦、神祕的事物。韓愈的策畫立見奇效，那位進士聲名遠揚，身價迅猛飆升。沒過多久，吏部的中試開始了，那位進士名列榜首。

這起炒作策畫案例非常經典，放到現代的廣告行銷中一樣實用。

五、所謂幸福時光

從韓愈炮製的「炒作事件」可以看出，唐朝實行的科舉，漏洞很多，根本沒有做到設想中的公平、公正。

到了宋朝的時候，對科舉考試進行了幾項改革。第一項改革：取消了唐朝實行的吏部中試。第二項改革：建立謄錄制度。

什麼叫謄錄制度呢？就是將考生試卷分為兩類卷子。一類是考生的原卷，稱為墨卷，有專職人員將考生試卷上的姓名遮住。可是，姓名雖然遮住了，也很難杜絕考生與考官勾結。因為考官可以識別考生的筆跡，或者根據考生故意在試卷上留下的記號來識別。因此，專職人員又將墨卷編成號，重新抄寫一遍，抄寫也叫謄錄。謄錄的卷子，稱為「朱卷」。

這個過程聽起來簡單，做起來卻很繁瑣。一張張編號，一張張抄寫，抄寫完畢，還得一張張校對。然後，將墨卷暫時存檔，朱卷則交給考官審閱。考官遴選出其中合格的，優秀的朱卷，再由專職人員根據朱卷上的編號，調出原始的墨卷，拆開被遮住姓名的封口，查看考生的姓名、籍貫等等。而後，才當眾發榜公布。

發榜之後，事還沒完，各地所有的試卷還要交給禮部再複查一遍，避免出現紕漏。這個程序，稱為磨勘。整個過程，有點像如今出版審稿，初審、複審、終審。初審是謄錄、複審是朱卷與墨卷校對；終審則是吏部複查。

第三項改革：實行鎖院制。鎖院，顧名思義就是鎖在院子裡。把什麼人鎖在院子裡呢？考官。宋朝負責科考的考官，是由皇帝臨時親自任命的。接到任命後，考官就被鎖進了貢院，不准與外界接觸。這是一個制度，稱為鎖院制，為的是儘量讓科考達到公平、公正的目的。

這三項科考改革，雖然程序很繁瑣，但非常有效。以宋高宗十八年為例，這一年，有三百餘名考生中舉，其中權貴子弟僅有三十人，皇室宗親也僅有二十餘人。其餘中舉的人，都是普普通通的平民子弟與地主子弟。

在宋朝，一個讀書人，只要用功讀書，憑藉真才實學通過科舉考試，就很有機會進入仕途，當官從政。從這個角度來說，宋朝的讀書人，是歷朝歷代讀書人中最幸福的。或者說，宋朝是讀書人的一段幸福時光。

與宋朝相比，明清時期的科舉考試，也同樣有著森嚴的制度。不過，程序更加繁瑣。這個程序，不是單指某一次科考的程序，而是指一個讀書人從應考到進入仕途，所經歷的整個科舉考試的程序。可以說，那是一場扒皮抽筋、絞盡腦汁、磨礪心靈的漫長過程。在這一過程中，有的讀書人，死在了半路上，有的走到了終點，卻已心智錯亂，癡呆瘋魔。

如果說，相對公正、公平的科考制度，能讓讀書人有機會當官，是一種幸福的話，那麼，這所謂幸福的背後，卻是深刻的辛酸和痛苦。

第三章：六幕悲喜劇

一、菁英的墳墓

看起來已經很清晰了，從苦讀四書五經，到前往衙門做官，中間有一條路，這條路就是科舉考試。這條路始於隋唐，經過宋代改革，到明清時期高度完善。換句話說，科舉在隋唐是雛形期，宋代是過渡期，到了明清則是成熟期。

所以，從明清時期的科舉考試，可以全面瞭解一個讀書人，是如何走完科舉這條辛酸艱險之路的。毫不誇張地說，其難度不亞於過關斬將。

第一關，叫童試。名字聽起來很萌，卻與兒童無關。參加考試者，被稱為童生，卻並不都是年輕人來考，五六十歲、七八十歲的童生也是很常見的。之所以稱為「童生」，是指尚未獲得功名。

童試每一年舉行一次，所以也叫「歲試」。這一關的考試，由縣裡組織。考什麼呢？主要是考文字水準，對四書五經的熟悉程度。考試的難度，看上去不大，但卻要經歷三次考試。縣試是第一次考試，接著是州府一級的「府試」，然後是省一級的「院試」，三次試你都合格了，才算真正通過了童試。

過了第一關，就可以獲得一個最初級的功名：秀才。

我們常在影視劇裡，聽到「酸秀才」的這個詞，說到這三個字時，人們對秀才充滿不屑和輕視。殊不知，如果穿越回古代，想當個秀才也是非常不容易的，要通過三級考試，沒點真才實學，根本不可能獲得這一功名。而且，秀才的地位和待遇，也遠比我們想像的要高。

譬如，遇到官員，秀才可以不跪拜。又譬如，如果遇到刑事案件，衙門是不能逮捕秀才的，只能傳喚。再譬如，秀才如果有違法行為，也不能馬上拘捕審訊，而是先要向本省的學政提出申請，剝奪了秀才的功名以後，才能對其進行審訊。這些待遇，都是普通老百姓無法享受到的。

不過，在科考的路上，考中秀才，僅僅是一個科考的序幕。接下來，真正的第一幕才上演，這一幕就是鄉試。聽名字有點土，卻不是在鄉村裡考試，而是到省裡去參加考試。能夠獲得鄉試資格者，都是成績優秀的秀才。

秀才都是通過了童試的，如何才能選出更為優秀的呢？有辦法，本省的學政會舉行巡迴考試，三年一次。成績名列前茅的秀才，就有資格到省裡去參加鄉試了。這三年一次的巡迴考試，稱為「科試」。這次考試，是科舉考試中的第二關。接下來，闖第三關。

第三關：鄉試，從縣裡到省裡，地域升級，考試的內容、難度也隨之全面升級。考試的主要內容：是對儒家經典、四書五經的理解程度。要連考三場，每場考兩天。以清朝為例，三場鄉試，主要是考核四書、五經和策問。

頭一場，考核與四書相關的內容，以八股文作答，被視為是對儒學精髓的考核。考試完畢，考官先審閱，成績優異者，即便在後兩場考試中成績不佳，最後也能中舉。相反，如果後兩場成績優異，但頭一場卻成績糟糕，最終也會落榜。因此，頭一場的考試十分關鍵。這麼做的結果，就使考生特別偏重四書和八股文。

顯而易見，與童試相比，鄉試的參與人數、時間和場面，也都升了級。所以，鄉試也稱為「大比」。鄉試和科試一樣，也是每三年舉行一次，時間都在秋季，陰曆八月左右。因此，民間也俗稱為「秋闈」。

大量的秀才在鄉試中激烈比拚，很多人止步於此，一輩子都只是秀才，再也不能往前多走一步。闖過鄉試這道難關的，只是少數秀才。為什麼這麼難呢？因為考題難只是一方面，另一方面，是錄取人數的限制。

以清朝為例，大省的錄取比例約為八十比一，也就是說，八十個人裡，只有一個人能過關；小省的錄取比例約為五十比一，五十個人裡，只有一個人能夠過關。

於是，有些考生乾脆改變籍貫，更有甚者是假冒籍貫。沒辦法，千軍萬馬過獨木橋，競爭實在太激烈了。不過，假冒籍貫者，一旦被查獲就慘了，不但要被取消鄉試的資格，連「秀才」這一功名，也隨之被剝奪。

對於參加鄉試的秀才們來說，考中即天堂，落榜即地獄。那麼，榮登「天堂」的秀才考生，會獲得一個新的功名：舉人。

能當上舉人，就已經很了不得了，已經擁有了做官的資格。不過，僅僅是一個「資格」而已，後面還要參加官府舉行的官員挑選。換言之，當上舉人，國家是不包分配的。

在如此激烈的競爭中獲勝，仍然不能確保自己能踏入仕途。想起來是不是有點沮喪呢？對不起，沒時間讓你沮喪，在鄉試結束後的次年春季，也就是陰曆三月時，第四關考試緊隨而至——由朝廷禮部舉行的「會試」，也稱「禮闈」或「春闈」。獲得參考資格者，都是各省鄉試中脫穎而出的舉人。其中，頭名舉人叫「解元」。

相比鄉試，會試的難度又升級了。考試內容不僅局限於儒家經典、文字寫作水準，以及對四書五經的見解，還包括對當時政策、時事的看法。最後，以儒家經典為依據，提出一些時政對策。考試難度增強了，競爭也更為激烈了。因為能參加會試者，都是來自全國各省的菁英。勝出者，是菁英中的菁英。現代有股市專家曾說：股市是各行各業菁英的墳墓。這話挪到古代，可以說：會試是讀書菁英的墳墓。

由於錄取的名額有限，所以會試光靠學識是遠遠不夠的，還需要一點運氣。因為考生來自全國各省，考卷就不能統一評判，如果統一評判，文教基礎落後的地方，中榜的人就少；而文教基礎強的地方，中榜的人又太多。

為了公平起見，從明朝仁宗時期開始，就實行了一個定額制。這個制度，到清朝也一直沿用。具體地說，就是以各省土地的多少，人才的多少作為定額。假定江西省的錄取定額是四十名，最後卻有五十二名考中，那麼對不起，排在前四十名的就錄取了，後十二名就直接落榜。

落榜的十二個人，也個個都是菁英，他們學識好，品行端，落榜的理由就一條：運氣差。說實話，能夠獲得會試資格的讀書人，哪一個不是滿腹經綸。然而，他們中的大多數，卻最終葬身在會試這一讀書菁英的墳墓中。

或許，他們從參加童試那一刻，就預見到了自己的未來。或許，想到遙不可知的未來，也曾讓他們感到徹骨寒冷。但最終，他們沒有畏懼，沒有膽怯，沒有退卻，都如飛蛾撲火一般，一路向前，撞得頭破血流也不回頭。是什麼信念，支撐他們如此義無反顧呢？還是那兩個字：做官。

二、復活賽

經過童試、科試、鄉試，到了第四關會試。通過這一關考試的舉人，一般稱為貢士。貢士中的第一名，稱為會元。一路走到會試，當上貢士，離成功就只差一步了。接下來，是最後一道關：殿試。

作為最高級別科考的殿試，從菁英中脫穎而出的菁英們，將直接面對當朝皇帝的親自考核。

考試時間：會試結束的第二個月，即當年陰曆四月。

考試地點：皇宮內。如清朝初期，在紫禁城的太和殿，後來改在保和殿。

考試內容：策問，即對朝廷政策的看法見解。

考試方式：由皇帝親自提問，考生作答。

對於考生來說，這是一個極大的挑戰，他們雖然個個滿腹經綸，學富五車，是菁英中的菁英，但畢竟還只是一個讀書人，並沒見過多少世面。突然要在當今皇上面前答題，沒有一個不緊張的。

有些平常口齒伶俐，思維敏捷者，到了皇宮大殿，遍體冒汗，手足無措，根本無法正常思考，就剩下渾身顫抖了。皇帝高高在上，考生是不能抬頭的，也不能亂動，一亂動，很可能被視為對皇上不敬。可想而知，在這種局促的情形下，還能對答如流者，別的且不說，起碼心理素質超一流。好在殿試實行的不是淘汰制，只要你能參加殿試，就可以中進士。

皇帝及當朝大臣根據貢士的表現，將進士們劃分為三個等級，即「三甲錄取」。

第一甲，恩賜進士及第。只有三個人。第一名，狀元；第二名，榜眼；第三名，探花。

第二甲，恩賜進士出身。人數一般是幾十名。其中，第一名稱為傳臚。

第三甲，恩賜同進士出身。就是沒有進入第一甲和第二甲的全部進士。

總之，當上進士就值得慶賀了，因為將會被朝廷委以官職了。從這一排名，也可以看出，狀元是冠軍中的冠軍。不過，狀元還不是最高的榮譽，最高的榮譽是「連中三元」，就是在鄉試、會試、殿試中都取得第一名，集解元、會元、狀元於一身。

這一榮譽，是古代所有讀書人的夢想。獲得這一榮譽的人，是讓天下學子崇拜的偶像級人物。當然，這樣的偶像級人物，在科舉考試歷史中，實屬鳳毛麟角。從隋唐實行科舉制度到清朝，僅僅只有十三個人，獲得了「連中三元」的榮譽。唐朝有兩個人，宋朝有六個人，元朝有兩個人，明朝有兩個人，清朝有兩個人。

如果說，能在會試中勝出者，是讀書人裡面菁英中的菁英。那麼，「連中三元」者，就是讀書人中的天才。科舉制度歷經了一千三百年的歷史，在這一千多年中，僅僅出了十三個天才。這樣的天才實在是罕有之物，可望而不可即。

對於眾多的讀書人來說，能在「三甲錄取」獲得第一甲，就等於一步登天了。因為在殿試以後，還有一道關要過。這道關就是「朝考」。相當於複試，考試的內容是對時政的看法，公文寫作能力，以及詩文、書法水準等等。

為什麼要複試呢？為了防止作弊，所以對已經錄取的進士再次考核。而榮獲第一甲的狀元、榜眼、探花三人是不用參加複試的。除此三人以外，其餘的進士，必須參加朝考，成績優異者，可進入翰林院。他們被稱為庶吉士。成績一般的也會被授予知縣、縣丞等職務。從此，踏入仕途，走進官場，到衙門裡吃皇糧。

到這裡，所有的考試已經結束。金榜題名者，自然是風光無限；而落榜者，也還沒有完全絕望。因為朝廷慈祥，在朝考結束後，還搞了一場「復活賽」。

什麼意思呢？就是在前面幾輪考試中的落榜者，譬如在鄉試中榜上有名的舉人。如果接連三次參加會試而落榜，就可以到吏部註冊。朝廷會在這些註冊人員當中，挑選一批人去當地方官。這種挑選，被稱為「大挑」。

怎麼個挑法呢？不考學問，只觀外表。擔任挑選工作者，是由皇帝欽點的大臣。他們安坐在內閣裡，觀察考生的長相、氣質、身段。概括起來就八個字：同、田、貫、日、身、甲、氣、由。同：就是長方臉；田：就是四方臉；貫：就是頭大身體長；日：就是長短肥瘦適中，站姿又十分端莊。凡符合這四個字的，都入選。

身：就是體斜不正；甲：就是大頭小身體；氣：就是單肩高聳；由：就是小頭大身體。凡符合這個四個字的，很不幸，都將落選。

這種面試，充分運用了漢字的象形特性。不過只是以貌取人，所謂三分天註定，七分靠打拚，剩下九十分就靠長相了。用今天的話說，這是一場看臉的考試。擔任面試的大臣，個個都是「外貌協會」的。

靠外貌在「大挑」中獲勝者，通常分為兩等出路。第一等，授予知縣、縣丞、鹽大使、藩庫大使等官職，共有九班。第二等，安排當教諭、學正、訓導等，共有三班。因此，有人給這批通過「復活賽」獲得官職的讀書人，取了個外號，叫「九流三教」。

那麼，能在大挑中獲得官職的舉人到底有多少呢？以清朝為例，大約有一半的舉人可以當官。另一半，做了鄉紳。什麼是鄉紳？就是地方鄉里的遺老仕紳。

如今大陸流行一句話：「和土豪做朋友」，卻沒有人說：「與鄉紳做朋友」。在我看來，土豪不如鄉紳，土豪是張揚的，遲早要被打倒，隨之而來還有人性的傾軋。而鄉紳雖然有食古不化的一面，但還是可以薰陶人的。在一些小鎮街頭，戴著老花眼鏡的老鄉紳們，坐在竹椅上悠閒地翻著《綱鑒易知錄》《奇門遁甲》之類的古書。他們身上，透出詩禮文化的厚重。

三、通往仕途的蹊徑

話說一部分舉人在「復活賽」中以外貌取勝，進入官場。可見，只要能考上舉人，當官的希望還是很大的，甚至就連舉人都沒考取的秀才，也有一些機會混仕途。譬如在明清時期，成績優秀或者表現優異的秀才，都會被選中進入京城的國子監讀書。

國子監最初的名字叫太學。在這裡念書的人，叫做「監生」。他們之中，多是一些落榜一次或多次的秀才。有的地方，兩三年就會推薦一批資深的老秀才進入國子監讀書。他們被稱為貢生。顧名思義，就是把人才貢獻給朝廷。

進入國子監的監生或貢生，是有機會被朝廷委以官職的。譬如《三言》的作者，大才子馮夢龍，五十七歲當上了貢生，六十一歲才被推薦去當了一名知縣。可見，國子監裡也是藏龍臥虎的，也有人才。

尤其是宋朝徽宗時期，國子監更是扮演了非常重要的角色。那會兒還不叫國子監，叫太學。學生也不叫監生，叫太學生。

西元一一〇〇年正月，大宋王朝的第七代皇帝宋哲宗歸天。緊接著，第八代皇帝宋徽宗粉墨登場。宋徽宗繼位時，年僅十八歲。十八歲的少年，心中充滿陽光和嚮往。他想做一個好皇帝，恩澤四方、造福於民、打造一片繁榮天下。這是他的理想。

理想這東西，你信它，它就價值連城；你不信它，它就一文不值。一開始，宋徽宗雄心勃勃，要為自己的理想而奮鬥。儘管幾年以後，這份雄心淡然了，幻滅了，不知去向，像水消失在水裡。但最初，宋徽宗十分虛心地納諫，讓大臣進諫時一點也不心虛。

宋徽宗很清楚，只有廣開言路，才能讓政治清明，只有招納賢士，方可使國家強大。於是，在西元一一〇四年的時候，宋徽宗改革教育體制，廢除了科舉制度，擴大了太學招生人數，繼而從中選拔人才。這一消息，使天下學子沸騰。科舉制度居然廢除了，太學成了朝廷官員的培訓基地，也成了天下學子的嚮往之地，夢想之地。

這個震動天下的喜訊，讓遠在江寧僻壤鄉村的一個人，徹夜難眠。這個人，就是將在後來的大宋王朝中，顛倒紅塵，權傾朝野的秦檜。而聽到科舉廢除消息時的秦檜，當時還只是一名窘困潦倒的鄉村教師。

他很清楚，太學的招生對象，是八品以下的官員子弟，以及平民中的優秀子弟。秦檜認定，這是一次改變自己命運的機會。然而，秦檜很快又得知，太學招生，只招三千八百個太學生。這讓他有些意外，泱泱大宋，人丁興旺，有才學子，遍布各地，卻只招收三千八百個後備公務員。沒辦法，自己只能在三千八百個名額中搶占一席之位。

怎麼搶？憑真本事搶唄。可太學招生偏偏不考學識，只要介紹信。所謂介紹信，就是當地官員、鄉紳、名流、儒士的聯名舉薦書。這有點像如今保送上大學的，光品學兼優還不行，得讓知道你品學兼優的人站出來證明你、讚賞你、謳歌你。可品學兼優的學子多了，非親非故人家憑什麼就得幫你。

以秦檜天生的聰慧，自然曉得其中的利害，他當前要做的事情，就是拉關係。族人、親戚、父親生前好友、學生家長，都是人脈資源。但是，這對秦檜而言，並不容易。儘管出身書香門第，父親又當過縣令，但名聲與輝煌都已過去。倘若他是舉家衣錦還鄉，根本不用拉關係，就有不少人會前來他助一臂之力。而當時的現實情況是，他是舉家落魄還鄉。

世態炎涼，他要看遍多少冷臉，遭受多少白眼，說盡多少好話，才能換來各類人等的一言舉薦？這些，秦檜都咬牙扛過來了。

他知道，自己只是一個沒有任何社會地位的鄉村教師。改變現狀，亟需機會，若要抓住這一機會，就得四處討好。討好並不是一個丟臉的事，反倒是一種生存智慧，也是混跡仕途需具備的基本技能。再說，家已破敗，窮得叮噹都不響，早就沒臉了，不在乎丟與不丟。

秦檜堅定不移，說幹就幹。許我三千筆墨，繪你絕世傾城；以我三寸之舌，讚你尊貴吉祥。——秦檜把一幫舉薦者哄得十分開心。待到舉薦會如期舉行，當地官員、鄉紳，名流、儒士紛至遝來，投了他一票。

這些人，誰也不會預見到，這個唯唯諾諾，卑躬屈膝，一味討好他們的窮教師，在未來的歲月裡，將會一飛沖天，手中權力大到不可想像，足以讓他們中的任何一位瞬間灰飛煙滅。他們更不知道，這段卑微的經歷，已深深烙在了秦檜的心裡。接到朝廷頒發的錄取通知書時，他欣喜若狂的內心泛起一股深刻的酸楚。

世間大多數的人，終身平淡無奇；而極少數的人，卻能生發出戲劇化的光輝，這也是一種天賦。有天賦的人只需要一個機會，他們平庸的現實便會被打破。秦檜也是有天賦的人，他如願以償地進入了太學。

當時的太學，學生分為三等：上舍生，內舍生和外舍生。新生來了，在外舍讀書，公試、私試都合格，升為內舍生。所謂公試，就是朝廷派官員來監考，每年一次，相當於期末考試；私試則是由太學的學官出題，每月一次，內部考核，相當於單元測驗。內舍生升為上舍生，兩年考一次，成績達優，才能上升。

上舍生也分等級，成績全優的，為上等上舍生；一優一平的，為中等上舍生，兩平一優一劣的，為下等上舍生。

秦檜跨進太學的大門，滿眼都是春色。生活向他展開了新鮮的一面，並且這樣的生活，是極有盼頭的。不管太學裡的臺階有多高，他都有足夠的信心一層一層地攀爬上去，達到最終的頂峰。

太學的新生，來自四面八方，家境品行各有不同。那些生活富足的學子，對進入太學並不上心，他們對《尚書》《春秋》《樂經》等詩書經文不感興趣，這些玩意兒讀上半月，也就讀完讀透了，可在太學裡，至少也得讀上數年。這實在是索然無味。

再說太學裡的伙食，一律平等，沒有單鍋小炒，比家裡的伙食差遠了，這更讓富足的學子們鬱悶。他們來太學，仿佛不是來求學的，而是來受罪的。但對秦檜來說，進入太學，猶如登天，這絲毫也不誇張。想當初，在鄉村當教書匠，只為幾斗米而勞碌；現如今，不但食宿無憂，每月還有補助費。他要做的，就是踏踏實實、勤勤懇懇讀下去，從外舍考到內舍，從內舍再考到上舍，最終踏上官途。

秦檜是個極聰明的人，不光學得好，人緣也不賴。在太學這個班集體裡，他表現出樂於助人、關心集體、手腳勤快等優秀品質。同窗平常有些跑腿的小事，總喜歡找他幫忙。而秦檜總是忙得不亦樂乎。

尤其碰上三月踏青、中秋賞月、重陽登高等集體活動時，秦檜便主動請纓，擔任義務總辦，不辭辛勞地跑前跑後，替大夥操辦一切，跑得還挺快，久而久之，同窗們送了他一個雅號：秦長腳。換到今天，也可以叫「快遞小哥」。

功夫不負有心人，最終，在宋徽宗政和五年（西元一一一五年），秦檜作為太學的上舍生，被直接保送參加了宋徽宗親自主持的殿試。他獲得了第三名，被徽宗賜進士及第，補密州教授。

密州教授是個什麼官職呢？就是主管教育的官員，等級為正八品。聽起來還不錯，如果放到今天，掌管招生錄取，算得上有實權。可在秦檜的年代，諸如教授之類的，都是清水衙門，負責的工作不過是訓導、考核，並沒什麼實質內容，說白了，就是一個閒職。

其實，這也很正常。在當時，太學畢業就想當個實權派，是絕對不可能的事情。怎麼也得在閒職上混幾年，積累了足夠的工作經驗，以後才能被委以重任。對於秦檜來說，這已經是一個很好的結果了。十年寒窗無人問，一舉成名天下知。秦檜終於進入了仕途，而且，他是正八品官員，比自己父親的從八品官職要高出一籌，已算是長江後浪推前浪，青出於藍勝於藍了。

從秦檜太學畢業，進入官場的經歷，我們可以看出，要在仕途上有所作為，並不單是科舉一條路。當然，秦檜是個特例，他有幸碰上了科舉制度廢除的年代。

不過，明清時期的一些秀才，在國子監就讀後擠進了官場，其發展並不遜色於通過科舉成為進士的官員。只是，他們不屬正途官員，而是「非正途官員」。

所謂正途官員，就是通過進士、舉人資格進入仕途的。他們可以在翰林院、都察院、詹事府，以及吏部、禮部等重要部門擔任官職。而「非正途官員」則不能擔任這些官職。所以，「非正途的官員」往往在官場上更為賣力，靠自己的能力登上更高的官位。清朝初期的著名文臣于成龍就是個例子。

于成龍其實是明朝的一個秀才。由於清朝剛立國，百廢待興，人才匱乏，不得不從明朝的秀才中挑選一批人出任地方官員。于成龍被選到廣西羅城縣，當了一名知縣。

在羅城縣，于成龍幹得十分出色，他愛民如子，不以任何名義盤剝百姓，並對當時的應試科舉者免除徭役。羅城縣民深感恩德，每次交納公糧都很積極，根本不需要衙門催促。

于成龍在羅城縣當了七年知縣，羅城縣風貌大變，鄉下荒地得到廣泛開墾，縣城內有了琅琅讀書聲，民生和悅。後來，于成龍被調往四川合州任知州。在合州任知州期間，依然政績顯著。

康熙八年時，他又被調往湖北黃州府任同知。黃州土地貧瘠，天災人禍不斷，可謂民不聊生。天災主要是地質災害，人禍是盜匪猖獗，總之，黃州府屬難治之地。于成龍巧妙地打擊匪徒集團，使局面好轉，後來又平定多起叛亂。由於政績斐然，得到湖北巡撫張朝珍的青睞和賞識，經過他的舉薦，于成龍出任了道臺。

就這樣，于成龍靠自己非凡的能力，官越做越大。因為政績突出，被康熙帝樹立為典範，最終成為兩江總督，將江蘇、安徽、江西三省整頓得吏治清明，百姓安樂。

秀才出身，最後做到封疆大吏，于成龍確實是「非正途官員」中的佼佼者。當然，「非正途官員」要做到高位，會付出和犧牲很多。不過，靠科舉考試從舉人到進士，最後獲取官職的讀書人，他們的付出和犧牲也不少，所承受的壓力，也一點不比「非正途官員」少，甚至更多。

其中，主要承受的是精神壓力。

四、精神壓力

精神壓力從何說起呢？不妨從科舉各輪考試的細節說起。對於經歷過的讀書人來說，其過程，其細節，都可以用「悲慘」二字來形容。

首先看各輪科考的時間，不是秋冬之際，就是初春時節。總之，都是一年中最寒冷的時候。而考生卻必須在凌晨入場。

凌晨時分，地上結冰，瓦上掛霜，寒風刺骨，考生們開始依次入場。入場前，考生先要脫掉衣褲、鞋襪，赤身裸體排成一條蜿蜒長龍，挨個接受兵丁的檢查。運氣好點的，先被叫到名字，就可以少挨一會兒凍。運氣不好的，最後才被叫到名字，就要在露天庭院裡凍上一兩個時辰。古代的一個時辰，等於現在的兩個小時。很難想像，一個身體孱弱的讀書人，光著身子在露天凍上幾個小時，會是什麼後果。

而考官們呢？他們身穿厚厚官袍，坐在燈燭輝煌的廳堂裡，圍著火爐烤火取暖，觀賞著眼前場面壯觀的「安檢」。

這「安檢」可比如今機場的安檢嚴格多了。兩個兵丁負責檢查一個考生，考生上至頭髮，下至腳趾頭，都要接受檢查，不會有任何遺漏。

在刺骨的寒風中，考生走完整個「安檢」程序，就已經凍得四肢冰涼了。身體強壯些的，全身顫抖，牙齒打戰；身子骨弱的，早凍得沒了感覺。而考生卻要在這種身體狀況下，進行考試。

有時候，童試或科試也會在酷暑時節舉行。考生們則要在烈日炎炎的炙烤下，排隊進入考場。他們不能帶扇子，穿戴還必須整齊。考場是固定的，一間酷熱的房子裡，坐著幾百個考生，揮汗如雨地答卷。整個房間裡，彌漫著汗味、腥味，狐臭味。

而省裡的學政及州縣的考官，則是身著輕便服裝，坐在樹蔭下喝茶、納涼。旁邊還有人為他們打扇。考官們也知道酷暑難耐，所以為考生準備了飲用水，並專門安排了負責給考生倒水的差役。可是，沒有一個考生敢去飲水。為什麼呢？因為，你一旦離座去飲水，考官就會在你的試卷上做上記號，懷疑你有作弊的行為。那樣的話，你考得再好也白搭。沒辦法，考生們只能忍受酷熱，口乾舌燥，坐在原地，老老實實地答卷。

考試開始，考官公布題目，先是宣讀，為了照顧聽力弱的考生，題目會寫在一塊牌上，由專人拿著牌像如今的運動會入場式一樣，在考場四周巡迴展示一遍。然而，一天會出好幾道題目，牌子又不能展示到所有地方。所以，總有些考生看不清，或者聽不清題目。但他們又不敢問其他考生。因為一旦被發現交頭接耳，考官就會在試卷上做標記，認定你有作弊的嫌疑。

不光不能交頭接耳，還不能仰視，不能四處張望，不能伸腰打哈欠，不能靠在桌上，不能側著身子。違反其中任何的一條，不管你是有意還是無意，都會被監考官懷疑是作弊。因此，考生們腰酸背痛，手腳麻木，卻不能動彈一下。

考生坐的席子，是官府統一安排採購的，負責採購的人貪污經費，買的席子又薄又窄小。身材稍微胖一些的考生，根本就不夠坐。而且，一排考生坐在一條長席上，一個人動了，所有人都能感覺到。

考生使用的硯臺，也是官府統一安排採購的，採購者同樣貪污經費。所以，硯臺品質也很差，常常磨不出墨來。有些考生要花大量時間磨墨，手都磨酸了也磨不出好墨來。有的考生則更倒楣，坐在屋簷下，又偏遭連天雨，就只能用衣服小心翼翼地遮住考卷，以最快的速度答完題，匆匆交卷了事。

這是童試和科試的大致情形。到了鄉試和會試，情形更為殘酷。鄉試和會試的考試場所，通常稱為貢院，始建於唐朝時期。貢院從表面看上去比較堂皇，可考生應試的房間卻完全不同。

以明清時期的貢院為例：貢院大門正中，懸一塊「貢院」墨字的匾額，大門東、西立兩坊，分別寫著「明經取士」和「為國求賢」。貢院大門外，為東、西兩座轅門，進大門後為龍門，龍門直通公堂。在龍門和公堂之間，有一座高樓聳立。此樓名為「明遠樓」。監考的考核官登上明遠樓，居高臨下，一覽無餘。倘若考生和執役人員有任何不軌行為，立刻就會被發現。

龍門、明遠樓兩側，則是考生考試的房間，稱為號舍。號舍從南到北，有若干排，每排有數十間，乃至上百間。一些大省的貢院，號舍甚至可以達到上萬間，中等省份也有上千間。

每一間號舍都是單間，三面都是圍牆，只有一面敞開。長五尺，寬四尺，高八尺，基本就是一個籠子。左右兩面圍牆上下各有一道凹槽，各嵌一塊活動木板，考生將下面的木板後挪，當作座椅，而上面的木板則前挪，當作桌案，人伏在上面答卷。

白天考完。夜裡，考生是不能走出號舍的。怎麼睡覺呢？將上面凹槽中的木板移到下面，與下面的木板搭成一張「硬板床」。考生蜷縮著身體，睡在「硬板床」上面，四肢根本無法伸展。總結起來，科舉考試的號舍，具有狹小逼仄、光線昏暗、漏風漏雨、冬寒夏熱等幾大特點。考生們就在這種「特色房」裡，吃喝拉撒，答卷寫作。

仔細想想，這和坐牢差不多。用我們現在的話說，叫臨時拘留。而貢院，則是一座看守所。在貢院四面的圍牆上，插滿了荊棘。四個角各有一個瞭望閣樓。考試期間，貢院四周派軍隊分段駐守巡邏。

在這種監牢一般場所的考試，屢有悲劇發生。有中暑死亡的，有自殘的，有發瘋的。光緒年間的浙江鄉試中，就有三名考生，難以承受考場的巨大壓力而自殺身亡。一個人在多大的痛苦和壓力，才會用自殺方式得以解脫？而且是如此殘酷的自殺方式。

毋庸置疑，科考的環境、科考的方式，科考的考題，都給考生帶來巨大的精神壓力。而在考試完畢之後，榜單公布之時，考生將要承受更大的精神壓力。

當然，金榜題名者，自然是風光無限。甚至可以說是「一人得道，雞犬升天」。在他的家鄉，有祝賀的，有說媒的，有求詩文的，有求對聯的，總之，各類人等蜂擁而至，一時間門庭若市。尤其是說媒拉線的，川流不息，地主家的，財主家的，佃農家的，都爭先恐後要把女兒嫁過來。那些託人說媒的人家，恨不得拉上條幅搞個遊行，條幅上書：嫁人就嫁狀元郎！

尋常百姓如此，高官也不落後。宋神宗時期，有個名叫蔡貶的讀書人中了榜首，王安石便讓他立刻娶了自己的女兒。以至於到了後來，高官們就開始「預定」了，只要看好某人有可能中榜，就先把婚事定下來，等到該人一中榜，就立刻成婚。宋朝的大文豪歐陽修就是這樣被人定下來的。在當時，這種特殊的「預定婚姻」被稱為「榜下捉婿」。

與此同時，朝廷也以各種方式來祝賀中榜者。在唐朝，皇帝會親自召見進士，按照名次傳唱他們的名字，這種傳唱，稱為「傳臚」。

「傳臚」從唐朝、宋朝，明朝，一直延續到清朝。開始場面還不大，到了清朝，簡直就成了一個盛大典禮。舉辦地點一般在紫禁城的太和殿舉行。王公大臣、文武百官整齊排列，全體新科進士到場亮相，鼓樂鞭炮齊鳴，皇帝開始檢閱。

現場最為風光者，當然是狀元，或者是超級天才「連中三元」者。皇帝叫到他的名字，他就要向前走，站到太和殿丹殿下雕刻著飛龍的位置，這個位置平常是只有皇帝才能經過的。而此時此刻，狀元就站在這裡，他身披兩條紅綢帶，帽子上插兩朵薄銅葉製成的金花。這叫「十字披紅雙插花」。可想而知，這是多麼大的榮耀。

而在唐朝，「傳臚」儀式之後，還有大型的慶賀宴會。到了宋朝，改了個名字，叫「恩榮宴」。皇帝會派皇親國戚來賜酒，賜果品，賜衣物，讓新科進士們嘗嘗御膳，品品御酒。參加宴會的，除了新科進士，一般還有禮部的尚書、侍郎，以及負責此次科舉考試的官員。

新科進士們吃了喝了，還會被留名。唐朝是在宴會後，到雁塔留名。宋朝改立碑。清朝由工部撥款，讓國子監給進士及第者留名。

這些是京城的熱鬧，與此同時，新科進士所在的家鄉也自有一番熱鬧。當地衙門一邊高豎彩旗，一邊派人敲鑼打鼓往進士家裡送捷報。

朝廷為何要花費這麼多心思和錢財來搞慶賀呢？很簡單，炒作。以此鼓舞天下士子、讀書人前赴後繼，不畏艱險地迷戀、追逐科考。

看上去很陽光，是吧？而在這陽光一面的背後，那些落榜者的黑暗處境，卻很少有人提及。落榜者即失敗者，他們只有兩條路，要麼就此放棄，再不涉足科考；要麼從頭再來，相信心若在夢就在，大不了從頭再來，繼續考，繼續考，一條道走到黑。而不管是選哪一條路，都會在周遭人等的冷眼和鄙視中度過。

我們最熟悉的科考落榜者，應該是《儒林外史》中描寫的范進了。這個倒楣的讀書人，雖是小說虛構的形象，但確實也是無數科考落榜考生真實形象的綜合。

《儒林外史》的作者吳敬梓本人，也曾經是參加過科舉考試的讀書人之一。二十九歲時，吳敬梓參加鄉試落榜，沒考上舉人，從此不再參加科舉考試。吳敬梓祖上本留下些田產房產，到了吳敬梓三十歲的時候，全都消耗光了。由此可見，科舉考試，不僅耗費的是人力、精力，還有一個家庭的財力。三十三歲時，吳敬梓開始賣文為生。

因為有切身的體驗，所以吳敬梓在塑造范進這一人物的時候，描繪得活靈活現：「范進面黃肌瘦，花白鬍子，戴著一頂破氈帽，穿著一件破舊的麻布直裰，在十二月的寒風裡凍得抖抖索索，一副失意潦倒的可憐樣。同鄉們都去慶祝考中的人了，沒有人知道五十多歲，不名一文的老范進是如何踉踉蹌蹌，蹣跚地回到自己的茅屋裡去的。」

而描寫科舉落榜考生形象，最傳神、最刻骨、最辛辣的古代作家，還不是吳敬梓，而是蒲松齡。蒲松齡在《聊齋志異》的一個故事中，對於參加科考的秀才，有一段極其經典的「七似」描寫：

> 初入時，白足提籃似丐。點名時，官呵隸罵似囚。坐在號舍答卷時，孔孔伸頭，房房露腳，似秋末之冷蜂。走出考場時，神情惝恍，天地異色，似出籠之病鳥。考完後，盼著結果公布，內心似草木皆驚，胡思亂想。一想到自己能高中，眼前似出現了海市蜃樓，榮華富貴撲面而來。一想自己要落榜，就瞬間身體冰涼，靈魂出竅，坐立不安，似被蜜蜂叮咬了一樣。
>
> 再看落榜的情形：
>
> 忽然，有差役快馬過來傳送喜報，考生們的神經一下蹦到了極限。如果沒有自己的喜報，考生神色猝變，嗒然若死，如中毒的蠅蟲，打他都沒感覺。落榜的考生，最初的時候是心灰意冷，

大罵考官瞎了眼睛，筆墨無靈，發誓要將案頭的書本、文具都燒了；燒了還不解恨，還要把灰燼碎踏成泥；踩踏了還不解恨，更要將灰燼倒到陰溝裡去。他們往往還發誓，從此要披髮入山，面向石壁，做一名隱者或苦行僧。誰膽敢再和自己談八股文，定當和他動刀子。過了幾天後，落榜者的怒氣漸漸平了，又對科舉考試心癢癢，又開始像破卵之鳥銜木重新營巢，再次投入科舉鏖戰之中。每次科舉發榜的時候，此情此景一再重現，當局者痛苦欲死，旁觀者看來卻非常可笑。

從這些活靈活現的描述中，不難看出，科舉考試對一個讀書人造成的精神壓力有多大，它完全能把一個正常人活生生地搞瘋掉。而考生們承受的，還不僅僅是精神壓力。參加科舉考試，對讀書人家庭的經濟壓力，也是不小的。如果他們金榜題名，花再多錢也不算虧；若落榜，他們就將承受更大的精神壓力。可以說是「雙重壓力」。

五、大生意

說起來，科舉考試又費腦子，又費銀子，精神壓力又大，時間也很漫長，成本實在太高，讓人望而生畏。可畏懼歸畏懼，還是想當官，怎麼辦呢？那就買官來當。

歷朝歷代，其實都有賣官的生意在做。只不過，有的朝代規模小，有的朝代規模大。規模最大的，當屬清朝中後期。不過，當時不叫「買官」或「賣官」，而是另有一個聽起來具有奉獻味道的名字——捐官。

捐官捐官，捐是美稱，意為捐款授官。這個詞在清朝中後期非常流行，也稱為「捐納」「捐班」。它的流行，當然要歸功於清政府。因為清政府公開推行用錢買官的制度。不過，清政府雖然頒布了這樣的制度，卻不是任何人都能買到官來做的。

譬如八旗戶的下人，漢人的家奴，優伶戲子等等，這些人就不能買官。實際上，就算制度規定他們可以買，他們也沒有經濟能力去購買。要知道，買官需要很大一筆錢，換句話說，捐官，是一筆大生意。

既然是生意，貨就要分貴賤。捐官這筆大生意也一樣，誰出的銀子多，誰買到的官就大；出的銀子少，買到的官就小。而且，價錢出得低，買到的官職只是個虛銜。反之，如果你捨得花錢，買到的官職就是有實權的官。

簡言之，花費成本越高，實惠就越多。因為是生意，所以能否進入仕途當官，就不需要通過科舉考試了，也不看個人能力了，只看財力。這非常具有誘惑力。所以，捐官生意非常火爆。有錢的花錢買，沒錢的借錢買，錢不夠的湊錢買。於是，有的人變賣家產，有的人向親友借貸，有的幾個人搭夥湊錢，還有的因為錢少，捐了個小官，上任以後大把撈錢，再捐個大官。

這樣的捐官事例不勝枚舉。譬如清朝的大名士李慈銘，賣掉了家裡的田產，捐了個京官；紹興有個叫蔣淵的遊民想捐官，但錢不夠，就和四個朋友商議湊錢買個官，說好買到官以後撈了錢，按照當初出資的多少分成。後來，蔣淵捐到了一個知縣，他自己擔任知縣一職，與他合資捐官的另外三個人，分別做了他的師爺和長隨。

那麼，捐來的官會丟嗎？這不是捐官的人擔心的問題，丟了就再買一個。唯一擔心的，只是有沒有足夠的錢，捐得一個像樣的官。清朝中後期的捐官生意，就一條定律：錢出，官必來。因此，特別是在晚清的官場上，大部分捐官的人，捐官的目的就是為了發財。

《清稗類鈔》記載：捐納，到同治光緒年間，流品益雜。早晨交錢，晚上就換上了頂戴花翎，根本不管買官者是販夫走卒，還是富家小廝。小康人家的子弟，不讀詩書，只想著積累資金捐職，作為將來吃飯謀食的工具。美其名曰「討飯碗」。至於富商巨賈家財萬貫的人家，即便是襁褓中的乳臭小兒，都有紅頂翠翎，家長給捐了候補道臺，又給加了捐了二品頂戴花翎。

常言道：錢不是萬能的，但沒錢是萬萬不能的。這話在晚清時期可謂是至理名言。所以，晚清時期，還流行一句話，叫「千里做官只為財」。捐官的人，放棄了自己本來的營生，而拿出積蓄去捐官，是因為他們知道「天下的買賣，只有做官的利錢最好」。做官，才是真正一本萬利的大生意。

《清朝野史大觀》裡記載了一件事。說是有一個富商，捐了個知府。大臣向道光皇帝引見時，道光皇帝忽然心血來潮，問他：「既然經商可以致富，你又何必捐官呢？」富商倒實誠，毫不掩飾地答道：「三年清知府，十萬雪花銀，經商獲雖多，但終不如做官獲利優厚，而且商人也不如當官體面，所以我才棄商捐官。」

道光帝聽完這話後，是怒是喜還是悲，不得而知。無論怎樣，富商的直言，道出了一個真相，那就是但凡捐官的人，一旦走馬上任，便會如狼似虎地貪污。

正如清代學者歐陽昱的《見聞瑣錄》中所說：「捐官者一旦得到官，既要在官任上將捐官時借的款還清，又要為以後積儲。所以貪黷至極，如委群羊於餓虎之口，雖有強弓毒矢在其後，亦必吞噬而所顧」。至於貪污的名目和手法，那是花樣百出，五彩繽紛，我們後面會一一說到。

接著說買官，那也不是說買就買的，首先得找對路子。捐官生意火爆，官職在有些時候屬緊俏商品。晚清時期，誰要是拿著大把銀子找到慶親王奕劻，那就算找對人了。

這位老人家，大有與和珅媲美的架勢，對前來買官的人一概不拒，盡數拿下。慶親王奕劻所賣的官職不計其數。也許，他自己都不清楚自己一生到底賣了多少官。有些讀書人見他賣官像賣白菜一樣，就將他和他的府邸稱之為「老慶記公司」。

在「老慶記公司」，買官者所出的價格和官職成正比。出的價格越高，官職也就越高。當時，南方有個叫盛宣懷的實業家，來找慶親王奕劻買官。奕劻說：「別人三十萬兩銀子就可以，你非六十萬兩銀子不可。」

盛宣懷很生氣，只好去找張之洞。在張之洞的周旋勸說之下，奕劻總算答應了，給盛宣懷回話道：「三十萬兩銀子可以，但必須交現金，不收他物。」於是，盛宣懷又從各個地方挪來了現金，千辛萬苦地把金銀抬到了奕劻府上。最終，他捐得了一個尚書的職位。

這位慶親王奕劻，厚顏無恥的程度可令日月無光。一般情況下，行賄者來買官，都要用紅紙封裝上銀票，當面呈交給他。同時還要說上句客套話：「請王爺備賞。」慶親王奕劻接閱，仔細清點後，才回覆道：「您還要費心。」說完，奕劻將銀票塞進坐墊下，一場交易就算達成了。

一個親王都如此貪得無厭，底下官員的貪婪就可想而知了。

而花錢捐官的人，也是肆無忌憚。清末筆記《埋憂集》裡，記載了一件事：松江的一名布販子，捐了個通判。在引見時，光緒皇帝看了他的履歷，一時好奇，就問：「你為什麼要捐官？」布販子答：「我想做官這檔子買賣，要比販布買賣賺頭大。」

光緒皇帝大怒，當場下令予以革職。這布販子不思悔過，居然跑到吏部去大吵大鬧，說既然奪了我的官，就該把我捐官的銀子退還給我。吏部尚書聽了，又好氣又好笑，下令把布販子抓到管理京城治安的九門提督那裡，打了四十大板，又掌嘴五十，逐出京城。

一個布販子都如此瘋狂，如此肆無忌憚。可見，在晚清時期，官場如市場，又如同一個大賄賂場。官職可以買賣，很多事情非賄賂不能辦成。買賣和賄賂時，或公開交易，明碼實價，露骨地進行行賄索賄；或偷偷摸摸，暗地成交，將行賄受賄裝扮得儒雅含蓄。上至朝廷，下至各級衙門，都腐敗到了極端。

第四章：赴任之旅

一、官員身分證

回顧一下，歷朝歷代進入仕途、官場的方式：從最初的世襲制，到察舉制、徵辟制，再到科舉制，再到捐官。無論以哪種制度進入官場，走馬上任時，都會面臨一個問題：依靠什麼憑證證明自己是新任的官員？

要知道，古代沒有完備的人事檔案，關於官員的履歷，通常只有一份簡單的文件。而要調閱文件，也是很麻煩的。那時候又沒有電腦，沒有網絡，不可能發封郵件就傳過去了。

古代的官員履歷文件，都保存在京城，要從京城發往地方政府機關，耗時耗力且不說，中途如果文件丟失，或者被調換，是很難查找和鑒別的。那麼，不用文件證明，用人證行不行呢？不行。

一開始，我們就說到過州縣衙門的大堂兩邊，有兩面虎頭牌分立左右。上寫「迴避」「肅靜」字樣。通常看來，這兩面虎頭牌是用來警戒老百姓的。實際上，「迴避」也指迴避制度。這個制度是針對官員的。什麼意思呢？就是說官員不能在本省，或者有親屬的地區任職，要迴避。

關於這一制度的形成，要追溯到夏商、西周時期。當時任用官職的主要依據，是看被用者與君主血緣關係的親疏程度。到了戰國時期，一些有作為的君主，開始用「任人唯賢」來取代「任人唯親」。這就是兩漢時期任官迴避制的雛形。再往後，越搞越精緻，頒布了一連串的迴避——宗室迴避、親屬迴避、籍貫迴避，以及職務迴避等多種名目。

親屬迴避，指的是三代以內的宗親，姻親，不能在同一個衙門裡任職。凡是職責相連或監察的官職，親族內都要實行職務迴避。後來，親屬迴避擴大到了師生、朋友、故友。凡是有過師生、同學、同門、同年關係的，都必須迴避。

對於出任地方官員的人來說，最絕的是籍貫迴避。說白了，就是本地人不准在本地做官。所以，明朝時期，就形成了「南人官北、北人官南」的格局。到了清朝，迴避制稍微寬鬆一些，規定本省人不許當本省的官，如果是鄰省，起碼也得距離老家五百里之外才行。

為什麼要確立這種迴避制度呢？很簡單，就是怕你在當地的社會關係太多，編織起一張違背王法的人情網來。

可是，這種迴避制度卻帶來另一個問題，就是我們開始提到的：依靠什麼憑證來證明自己是新任的官員？人事檔案傳遞麻煩，本地人又不能在本地做官，人證也沒有，怎麼辦呢？

憑兩件東西，一件是吏部發給的委任書，二是身分證。這兩樣東西，合稱官憑。這兩樣東西，在不同朝代，稱呼不同。在唐代，委任書叫「旨授」；身分證叫「告身」。到了宋朝，身分證叫「出身」。叫法大同小異，東西都是一樣的。

委任書有兩份，一份官員自己保存，一份朝廷備案。委任書上注明了委任某人為某衙某官，具有時效性。

身分證和委任書不同，身分證是沒有時效性，由朝廷頒發，可以永久保存。官員本人死後也不收回，可留給子孫做個紀念。

那麼，身分證上有些什麼東西呢？有官員的籍貫、出身、職務、履歷、容貌說明，以及所在衙門等等。其中，最有意思的是容貌說明。古代沒有攝影技術，不可能在這種「官員身分證」上貼照片。而且，如果給每個赴任的官員畫一張全身像，也是有相當大的難度。

那麼，如何證明持有證件者就是本人呢？只能靠文字描述。但是，能用來勾勒容貌身段的詞匯，總脫不了大小短長、胖瘦高矮、有鬚無鬚，面白皮黑這些形容詞。譬如「長身品紫堂，有髭鬚，大眼，面有若干痕」，或者「短小無髭，眼小，面無斑痕」之類。

諸如此類的描述，通用性很強。如果有人蓄意要冒充的話，沒鬍鬚的可以蓄鬍鬚，有鬍鬚的也可以剃掉。另外，有疤無痕，胖瘦長短，也沒有一個確定的計量標準。所以，歷朝歷代都發生過冒充官員的案子。

康熙初年，曾發生過一樁公案。一名前往池州赴任的郭知府，在途中被強盜所害，隨行的妻子則被強盜弄上山，當了壓寨夫人。強盜很開心，人財兩得。再一翻搶奪來的物件，更有驚喜——他發現了官憑。於是，強盜決定，暫且放棄黑道生涯，到池州出任知府去了。

強盜上任後，居然就無人識破。可討厭的是，隔三差五總有郭知府的親戚朋友前來拜訪或投奔。不讓這些人進，是說不過去的。那就進來吧，到內衙來，來一個殺一個，來一對殺一雙。

要說這假冒知府的強盜還真有些本事。前文說過，內衙是個機關大院，很多官吏、辦事人員住在一起，有點什麼事，大家都知道。可這強盜居然就能瞞得過去，簡直到了殺人於無形的境界。

更厲害的是，這強盜治理州縣竟也是一把好手。池州被他治理得井井有條，百業興旺發達，人民安居樂業，州縣內極少有重大案件發生。到了年終，上級嘉獎這位假冒的知府，讚譽其「政理清明」。唯一令上級官員不爽的是，這池州府的錢糧收齊了，總是遲遲不上交。

強盜終歸是強盜，他可沒打算幹一輩子知府，畢竟一直冒充下去，並非長久之計。他有一套自己的計畫——先把池州治理好，地方富有了，才能撈到更多的錢糧，然後捲款潛逃。直到有一天，郭知府的小舅子發現，身邊的親友只要去了池州，就如肉包子打狗，沒一個回來的，覺得事情蹊蹺。想來想去，他也跑到池州去了。

這位小舅子很精明，他沒有直接去求見姐夫，而是在路邊觀察知府的模樣。一看，這池州知府根本不是自己的姐夫。隨後，他混進知府衙門，見到了自己的姐姐，從而得知真相，於是火速趕往省衙門裡報案。

安徽省衙調集重兵殺入池州衙門，抓獲了假冒知府的強盜。接著搜查池州府衙，發現內衙裡存了八萬兩白銀。事後，強盜交代，他打算是撈夠十萬兩白銀就潛逃，去過衣食無憂的日子。都怪自己太貪，才功虧一簣。

這樁公案，沒有記載到清朝的正史裡。畢竟對於朝廷來說，這不是一件光彩的事。所以，只在清朝野史裡記錄了一筆。

而從這椿公案裡，我們可以發現兩個問題。一是古代官員的身分證明制度存在漏洞。二是某些經科舉考試進入仕途的讀書人，理論知識一大堆，實際能力和社會經驗並沒有多少。相反，一個強盜出身，冒充知府的人，卻將州縣治理得風生水起。其行政能力，管理能力都非常強。這和他走南闖北，社會經驗豐富大有關係。

二、兇險高利貸與神祕禁忌

發生在康熙年間的池州公案，還透露出一個細節：就是官員赴任，路途艱辛，具有很多風險，如風雨水旱，盜賊堵路等等。

明清時期，新官赴任時，為了避免赴任途中的風險，就想辦法組成一個龐大的「團隊」，人多勢眾地去赴任。譬如一個縣官，會帶上自己的師爺、長隨等等。所以，往往一上任就是五六十個人。隊伍如此龐大，路途又遙遠，食宿便需要一筆很大的開銷。朝廷慈祥，會給一部分費用。這筆費用，稱為「道里費」。

《典故紀聞》中記載：明朝法律規定，知州赴任，給三十五兩「道里費」；知縣給三十兩；縣丞、主簿給十五兩，典史給十兩。並根據新任官員家屬的人數，再給予一筆為數不等的安家費用。

可對於赴任里程太過遙遠的官員來說，這筆費用顯然是遠遠不夠的。而且，新任州縣官的月俸祿，要到任以後才發給。有的新上任官員，為了早點拿到月俸，就拚命趕路。

《清代野記》中，記載了一篇寫在江西安義縣驛館牆上的小文。這篇小文只有短短百餘字，作者是個少婦。她自稱是某新任縣官的妻子，三日前，自己才分娩，而其夫為了早日上任，能拿到一個月的月俸，根本不顧她的身體，只是催著全家趕路。現在，她病倒在安義縣驛館內，眼看就快要死了，特寫下一份遺書，貼在驛館的牆上，要讓過往留宿的人，都知道自己死亡的真相。

說起來有些淒慘，赴任費用遠遠不夠，月俸又不能拿到。怎麼辦呢？只能借債。明清時期，在京城裡，就有一批專門放「京債」的高利貸者。有的赴任官員借債後，不能還清。就有債主堵在衙門口討債，使新任州縣官員的威信和名聲大受傷害。

乾隆四十八年（一七八三年），因為赴任官員借債，曾發生了一樁轟動山西的大案。當時，有個名叫張有蘊的貴州舉人，到山西去赴任知縣。張有蘊先從貴州到北京，這一路就非常遙遠，所以到了京城，他就花完了盤纏，再趕赴山西，費用就沒有了。於是，張有蘊只得找放「京債」的借錢。

找來找去，找到一個經營「京債」的商人，叫馬延壁。此人是個奸猾之徒，一眼就看出這個來自貴州的舉人不懂行情。於是，馬延壁就放了「四扣三分」的「京債」。什麼意思呢？打個比方說，名義上是借給你七百兩，但實際支付的是「四扣」（也就是七百兩的百分之四十），算下來，只有二百八十兩。可還要按照每月三分，即百分之三的利率生息。這樣一來，每月的利息就要二十一兩。

這是純粹的高利貸。利滾利，張有蘊到山西上任後，根本還不上錢。馬延壁就趕到山西來逼債。張有蘊只得請馬延壁到內衙居住，商量先還一半的錢，可馬延壁非要一次性付清。

張有蘊被逼債逼得太緊，終日心情抑鬱，不能釋懷，一時想不開，竟然上吊自殺了。官員自殺不是小事，這樁案子轟動了山西官場。官員們一致要求嚴懲債主馬延壁。

然而，按照當時的法律，「違禁取利」之罪最高不過是判處三年徒刑。但他逼死的不是普通百姓，而是朝廷命官。所以刑部加重了對馬延壁的處罰，杖一百，流放三千里，發配到黑龍江為奴。

無獨有偶，就在張有蘊案發後兩年，山西放債人又逼死了湖北黃陂縣典史任朝恩。乾隆皇帝為此發布上諭，感嘆說「似此已非一案，實屬不成事體」。什麼意思呢？就是說，這種放債逼死官員的事，實在不成體統，有損官威，有損朝廷的尊嚴。於是，乾隆皇帝要求「赴任命官，務宜各知自愛，謹守節用，勿墮市儈奸計之中」。

同時，在制度上，要求嚴禁債主到所任衙署逼債，有債主逼債的，官員應立即呈報上司。按照上述條例處置債主。如果有隱忍不呈報的官員，被逼索釀成事端的，後果自負。

借債赴任這條路，解了燃眉之急，卻留下嚴重後患，看來是走不通的。所以，一些趕赴州縣的新任官員，就想出另一個辦法——招收有錢的幕僚和師爺。這些人非但不需要負擔他們的食宿，反過來，他們還會給官員墊付旅費，且也不計利息，不計償還期限。如果幕僚和師爺離職，官員只需要歸還本金就可以了。

一開始，赴任的州縣官很高興，樂得有這麼一筆旅費。可是到任以後，他們才發現，自己幾乎事事都要受到這些幕僚掣肘，感覺是在負重前行。這類「債主身分」的幕僚有個外號，叫「帶馱子」。後來，有很多官員都在自己的筆記裡，警示後來者，不要輕信「帶馱子」師爺和幕僚。

由此可見，僅從費用方面來說，官員赴任就非常不容易了。其次，就算費用問題解決了，還要面臨一個問題，就是時間問題。官員赴任都是有時間限定的。若過了期限未到指定地點，輕者行政處分，重者撤職。

在清朝，就有一項規定：譬如一個新科進士出任江蘇知縣，必須在五十天內風雨兼程趕到縣衙。這就像一款電腦遊戲，必須在規定的時間內，到達目的地，否則你就over了。

如果在路上生病怎麼辦呢？那就需要當地官府出具證明，到任以後，還要逐級向上呈文備案，送到吏部。這樣，才不會受到處罰。

其實，在歷朝歷代，一般的州縣官員赴任，都盡可能地走水路。一來輕鬆許多，二來可以找到商船貨主，自願免費提供船隻。有了赴任官員在船上，船家就能在船上掛起某某州縣正堂之類的紅燈籠，以官船的身分，逃避一路上的關卡的勒索騷擾。這種互惠互利的方式，用現在的話來說，就是「雙贏」。

然而，坐船走水路，也未必不會遇到危險。

馮夢龍所著的《警世恆言》裡，寫過一樁案子，說的是明朝永樂年間，新科進士蘇雲赴任浙江蘭溪知縣，在途中，遭遇強盜徐能。徐能搶劫殺人，將蘇知縣推入江中，並將蘇知縣之妻霸占。當時蘇妻已經懷有身孕，幾個月後生下了一個兒子。強盜徐能將其收為養子，取名徐繼祖。十九年後，徐繼祖考中了進士，當上了監察御史，經過一番周折，才報了殺父之仇。

所以，儘管朝廷所制定的赴任期限很嚴格，要求風雨兼程，但還是有一些官員無法按時到任。出乎意料的是，有的赴任官員甚至會冒著受罰的危險，故意拖延時間。

這跟古代官場的一條神祕禁忌有關。據說，凡是在正月、五月、九月這三個月裡上任的官員，都要倒大楣。至於為什麼這三個月份會給官員帶來厄運，誰也說不清。

明朝有個藏書家，叫郎瑛，他在自己的《七修類稿》一書中，曾分析過這一禁忌。據郎瑛推測：因為正月、五月、九月這三個月，為寅、午、戌，都屬「火運」，而大臣的「臣」字，古音為「商」，商為精，按五行相剋的原理，正好是火剋金。所以，官員們唯恐避之不及。一些官員，寧願錯過赴任期限被處罰，也不在這三個月上任。

事實上，這純屬無稽之談。那些不信邪的，在正月、五月、九月上任的官員，也沒碰到什麼厄運。郎瑛的推測，只不過是一種臆測，或者說一種迷信。因為早在隋唐時期，正月、五月、九月，就被定為了「禁屠月」，不得屠宰，更不得執行死刑。這麼看來，這三個月，並沒有什麼「血光」之相。

三、神鬼莫辯

由新官赴任的各種遭遇可以看出，在中國古代，到衙門裡做官確實很不容易。先要為費工勞神奔忙，迫不得已還要借債；迷信的官員，還要躲避禁忌，簡直搞得身心俱疲。不過，這才是辛勞的開始。到任以後，需要做的事情更為繁雜。

首先是上任的形式：接印。全衙門的官員、書吏、皂隸等人，都要來到城門口，按品級、班次站好，等前任的長官把官印做一個象徵性揭下的動作，然後趕緊派司印長隨送到新官員落腳休息的地方。

新任長官接印時，場面很熱鬧，鼓樂喧天，吹吹打打，坐著轎子前往衙門。行轎的路線，一律是由東門進城，從東往西而來，這叫「紫氣東來」。圖個吉利。

有的官員，到了衙門，並不急著進衙，而是圍著「八字」牆繞上半圈，這叫「兜青龍」。

按慣例，第一天晚上，新任長官要到城隍廟燒香，齋戒宿廟，獨自睡在城隍廟的宰牲房裡。隨行的家屬，則先在衙門的內衙裡安住。次日清晨，一大早，新任長官再正式祭祀城隍廟。

上午在城隍廟完成了祭祀，下午還不能閒著，要祭祀衙門裡的「鬼神」。首先要拜的是衙門大門院落裡的土地廟，其次是內衙院落裡的宅神、門神、灶神等等。而且，各地衙門的情況不同，有些衙門，還有不少莫名其妙的「鬼神」，這些「鬼神」，都不得不拜。

關於新任官員祭祀城隍廟和衙門裡的「鬼神」，有許多逸聞趣事。先說一則新任官員祭祀城隍廟的奇聞。事情要從清朝名臣丁寶楨說起。

丁寶楨在山東做總督時，殺了慈禧太后最寵信的太監安德海。慈禧心中鬱悶，想了一個出氣的辦法，把丁寶楨調離山東，讓他改任四川總督。

丁寶楨在赴四川當總督之前，就調任了自己的親信——山東泰安州知州張和到成都任知府。

張和乘官船上任，經過豐都鬼城時，遇見一個叫李玉的人，和自己坐同一式樣的官船。結果，李玉居然是陰曹派去成都城隍廟當城隍的「鬼官」。

張和到了成都上任後，就按慣例去城隍廟祭祀。當晚，張和就住在了城隍廟裡。半夜時分，城隍李玉現身，並帶著張和去陰曹的衙門裡走了一圈——只見陰曹衙門的大堂兩邊有一排廊房。每間廊房裡，都有一幫赤身裸體的青面小鬼，毛髮倒立，齜牙咧嘴。有的拿鋸子在鋸人，有的把人往油鍋裡扔，有的把人扔進刀山刺。

最恐怖的是，一個白髮老太婆，身穿綾羅綢緞，佩戴金銀首飾。看樣子，像是一位貴婦人。可她卻像街市肉攤上的豬肉一般，背上掛一個鐵鉤，被吊在廊坊的大梁上，腳不沾地。

李玉告訴張和，這婦人打死了一個使喚丫頭，可她陽壽未盡，就把她吊起來，讓她在陽間受點活罪。在陰曹，懲罰惡人的辦法有三種報，來世報、今世報和現世報。這老婦人，就是現世報。

張和聽後，嚇得不輕。這件事過去後，轉眼到了九月，四川總督丁寶楨母親的壽辰到了。各道衙門的官員都帶了壽禮去朝賀。張和自然也不例外。可奇怪的是，給丁寶楨母親賀壽，卻始終不見老夫人。

丁寶楨說，前一陣，家母發現手鐲不見了，懷疑是貼身丫鬟小翠偷的，於是叫人打小翠，不料下手過重，竟將小翠打死了。晚上，家母歇息時，才發現手鐲在枕頭下，一時間懊悔不已。自此，家母就長了背瘡，終日疼痛不已。

張和忽然想起，自己在陰曹衙門看到的情形，便講給丁寶楨細聽。丁寶楨十分驚異，向張和求助，讓城隍李玉饒了家母。

上司發了話，豈能不照辦，可陽間有陽間的王法，陰間有陰間的規矩，陰陽不同路，無法通融。張和只好硬著頭皮去求李玉。最後，李玉徇私，放過了丁寶楨的老母親，而自己卻被閻王革了職。

這類異聞，十分荒誕，而在明清筆記裡，卻有大量的記載。

清代詩人袁枚在《子不語》一書中，搜集很多長官祭祀衙門「鬼神」的事情。其中一則，說的是浙江上虞縣衙門的後院裡，有一座古墓，每任知縣到任都必須禮拜。可是，誰也不知道，這座古墓裡到底埋葬的是哪位聖賢。

乾隆年間，有個姓冉的知縣，新到上虞縣衙上任。禮房的書吏告訴冉知縣，按慣例，新任長官都要到古墓前禮拜。冉知縣個性很強，認為要祭拜這個無名的古墓實在有些荒唐。於是就問禮房書吏：有沒有前任沒祭拜過這座古墓的？

書吏想了片刻，說，「只有一位前任張知縣沒有祭拜過。」

冉知縣又問：「那這位張知縣現在怎麼樣了？」

書吏說：「現任湖北布政使。」

冉知縣心想，這位前任官運不錯，從知縣做到布政使。看來，不祭拜這座古墓會官運亨通。於是，他也堅決不祭拜了。

不料，幾天後的一個晚上，冉知縣做了個噩夢，夢見一個裝扮古怪的人來罵他，來人說自己姓蘇名松，元朝就在此地做縣官，死後也葬在這裡，連劉伯溫都是我的後輩，你竟敢不拜我！

冉知縣不服，還爭辯說：「前任張知縣不是也沒拜你嗎？」

蘇松氣憤道：「張某人當時年輕氣盛，如今他運氣已衰，我正要去取他的眼睛。」

冉知縣嚇出了一身冷汗，驚醒過來。翌日清晨穿上公服，恭恭敬敬地到古墓前祭拜了一番。沒過多久，傳來一個消息，那位任湖北布政使的張某被革職，雙眼也無緣無故地瞎了。

另一個故事，則與衙門的主簿有關。

故事發生在江夏。這地方就是現今武漢的漢口。宋代的時候，江夏衙門裡有一個馮主簿，脾氣暴躁，為人刻薄。在衙門裡，馮主簿對手下的衙役，經常辱罵；在家裡，對奴僕則動輒以拳腳相加。

可再兇狠的人，也有柔軟的一面。對自己的女兒，馮主簿是疼愛有加，可謂抱在懷裡怕摔了，含在嘴裡怕化了。

馮主簿的女兒很乖巧，也挺懂事，卻有一個癖好，特別喜歡吃雞。於是，馮主簿就吩咐家裡的廚子，每天殺兩隻雞，做成雞湯給女兒吃。

有一天，廚子正要殺雞，那隻雞不知怎麼就掙脫了，撲扇著翅膀從廚房一直跑到後院。此時，馮主簿的女兒正在後院玩耍，眼見一隻雞跑過，覺得有趣，就去追，一直追到後院的一口枯井邊。枯井邊雜草叢生，井沿邊長滿了一圈滑溜溜的青苔。那知雞跳到井沿上，腳下一滑，就落入了井中。馮主簿的女兒也跑過去，探頭往井裡觀瞧，也不小心掉進了井裡。

有人忙跑去告知馮主簿，馮主簿心急如焚，鞋都來不及穿就往後院跑。跑到井邊，命奴僕們下井撈人，可奴僕挺害怕，都站著不動。

沒辦法，馮主簿只好自己下井救女兒。可他剛一下去，井裡突然冒出一股濃郁的青煙，接著，井裡就像開了鍋似的，汩汩沸騰起來。奴僕們都嚇傻了，明明是一口枯井，怎麼會水燒開了一樣沸騰呢？

等了很久，熱氣散去，井裡終於平息了。奴僕們往井裡一看，只看見一大一小兩具人骨，另外還有一具雞骨。

後來，主簿的府宅被一位縣丞買去。那縣丞住了幾個月，府裡連連發生怪事，家裡養的貓狗，無緣無故地死掉，而且都死在那口枯井邊。縣丞就命人把枯井封了，然後在井邊燒香祭拜。此後，府裡就再沒出過怪異的事情。

再後來，江夏新到任的官員，上任前都要到這口枯井前來祭拜一番。因為，當地傳言說，如不到底祭拜，仕途會很兇險。而且，祭拜的當天，絕對不能進食雞肉。

諸如此類，地方官員上任拜「鬼神」的荒唐事，發生最多的衙署是廣東肇慶府衙。

宋朝時，肇慶府叫端州。包拯就曾擔任過端州刺史，自宋元以來，民間一直傳說包公是白天治民，晚上治鬼的活神仙。所以，肇慶府的鬼神遺跡就特別多。

在清代筆記《留仙外史》裡，記載了肇慶府署的幾件異物。

第一件異物，是肇慶衙署的大堂前的一個大石甕，傳說是包公的鎮妖之物。

第二件異物，大堂暖閣後，一個蓋著鐵板的古井，傳說是包公用來鎮水怪的。

第三件異物，大堂後的一棵奇形怪狀的大樹，據說是一棵「搖錢樹」。

第四件異物，是衙署東側一座用鑽石封閉的高樓，名為「烏臺」，據說是包公斷陰事審鬼的地方。

由於傳說中的「異物」存在，以至於後來每一任地方官員都必須對這些遺跡一一禮拜。歷朝的這些官員，尤其是新任官員，為何要誠惶誠恐地祭拜這些荒誕的「鬼神」呢？

說起來原因也很簡單，作為一個新任官員，初到一方衙署，人生地不熟，必須遵循一些老「習俗」，必須中規中矩。其次，祭拜所謂的「鬼神」，也是一種迷信，一種心理恐懼，害怕遇到對自己仕途有危害的事情。

由此可見，古代官員新到一個地方上任，需要熟悉和遵守的東西很多。而對一個新任官員來說，更需要熟悉的，是衙門內部的環境，以及一些「特殊信號」。

四、特殊信號

一開始，我們粗略瀏覽過衙門內外的風景。但如果你是一個新到任的官員，光憑粗略瀏覽，恐怕進入衙門以後就會迷路。

前文講過，康熙初年發生在池州的一樁公案。這樁公案裡，還有一個不可忽視的細節——「安徽省衙調集重兵殺入池州衙門」。一座州縣衙門，居然要派重兵攻打。這說明，州縣衙門內部的布局和構造，比我們想像的要複雜和堅固很多。

說到這裡，不妨再講一樁隱祕公案，從這一案件的細節中，來瞭解衙門內部的構造。這樁公案，發生在雍正年間。直隸總督唐執玉到下屬的一個縣裡視察。在視察中，偶然發現該縣的一樁殺人案，有諸多疑點。於是，唐執玉住在縣衙裡，熬夜審閱卷宗。

半夜時分，窗外下起濛濛細雨，忽然，雨中傳來一陣隱約的哭泣聲，那聲音由遠及近，飄忽不定。唐執玉叫丫頭去看看是誰在哭。那丫頭一到門外，就驚叫一聲暈倒在地。

唐執玉趕緊手持蠟燭到門口去觀瞧，只見門外跪著一個披頭散髮，滿臉血污的人。唐執玉心裡一驚，大喝道：「你是誰？」那人在地上邊磕頭邊說：我是大人所審那件殺人案裡，被人殺死的鬼。縣官抓錯了人，殺我者是某某某。懇請大人下令翻案，抓住真凶，讓我死而瞑目。死鬼說完，起身就走，翻過圍牆，消失不見。

唐執玉愣在原地，半晌才回過神。翌日，唐執玉親自提審了在押的嫌疑犯，以及相關證人。經審訊，唐執玉確定，這樁殺人案中的死者，所穿衣服鞋襪的顏色、樣式，都與昨夜自己所見的那個死鬼相同。

於是，唐執玉將在押的嫌疑犯放了。然後下令，逮捕了死鬼所說的那個真凶，嚴加審訊。可無論怎麼審訊，那位真凶就是死不招認。縣官認為唐執玉抓錯了人，屢次申辯，唐執玉都不理睬。

唐執玉的一位師爺，也覺得有些莫名其妙。就偷偷詢問唐執玉翻案的原因。唐執玉就把遇到死鬼的情況說了。

師爺問：「那死鬼是怎麼走的？」

唐執玉說：「翻牆走的。」

師爺說：「鬼有形而無質，來去飄忽無蹤，不該翻牆。」說完，他和唐執玉一起到牆邊查看，果然發現牆上泥跡。再一路查看幾重牆上，都有泥跡，直到外牆。

唐執玉恍然大悟——顯然是那個在押的嫌疑犯，託人買通了有輕功的小偷，假扮死鬼，以謀翻案。於是，唐執玉又下令，把這個案子再翻回來。不過，這事若傳出去，難免會讓人恥笑。因此，唐執玉閉口不提將案件翻來翻去的真實原因。

這樁公案，記錄在清代文豪紀曉嵐的《灤陽消夏錄》裡。從此案中，我們不難看出，當時的衙門，有眾多的院落和圍牆。衙門的內部，是院落套院落，圍牆連圍牆構成的複雜布局。而牆，是衙門建築中的第一要素。

衙門內部建築群的每一個功能區域，都是由大大小小的一道道圍牆圍成的四合院落。一般來說，一座衙門裡，有十多個四合院落。這些院落，按照傳統的南北對軸布局方式分布。從南到北依次為大門院落、大堂院落、二堂院落、三堂院落、內衙院落。其中，大堂院落占地面積最大。集中了衙門的事務處理功能，是整個衙門建築群的中心。

這些院落，都被一圈高大、厚實的圍牆包圍。重重設障的牆壁，明顯具有防禦的功能。如果發生民變，或遭遇外敵攻擊，城牆一旦被突破，州縣官吏們還可以逐次抵抗。同時，這種深不可測的重重封閉性的建築格局，也營造出一種威嚴的氣勢，使得草民百姓到了衙門口，就心生畏懼，自覺卑微渺小。再有，重重設障的牆壁，也象徵著等級制度。每跨越一道門，進入一個院落，就算是上了一個等級。

明清時期，法律就有明確的規定：如奴婢、皂隸之類的賤民不得走衙門的正門，更不得坐長官的公座。違者要被杖打七十，關押一年半。就連來訪的客人，也要視其等級，按照與長官的關係，在不同的院落，受到不同檔次的迎接和款待。

那麼，衙門裡牆連牆，院套院，布局複雜，又怎麼迅速地傳遞訊息呢？衙門裡自有一套音響發聲的特殊信號。這套信號不是國家法律規定的，只是各地衙門自己約定俗成的。

一般來說，州縣衙門經常使用的音響工具，有鼓、鐘、梆、點等幾種。

鼓通常分三種，設在譙樓上的叫「更鼓」，設在大堂內的叫「堂鼓」，懸掛在大門屋簷下的叫「門鼓」，也就是俗稱的「喊冤鼓」。

「更鼓」是用來報時的，古代將日落到日出的夜晚，平均劃分為五個時段，每一個時段叫一「更」，合稱「五更」。每天晚上，轉更之時，就要擂動「更鼓」報時。

大堂裡的「堂鼓」，一般掛在一個高高的鼓架上。其功能，是用來宣布長官升堂問事、退堂回衙。

「門鼓」，則不是每個州縣衙門都有的，有的衙門掛的是一面銅鑼。也有的什麼都不掛，喊冤的直接靠嗓子喊。當然，喊冤是不能亂喊的，「門鼓」也不是隨便擂的，「無端擊鼓，驚擾聽聞」

是要被打一頓的。

接著說「鐘」。「鐘」和「更鼓」一樣，也是用來報時的。按照中國的傳統習俗，鼓進鐘退，報時就是「晨鐘暮鼓」。

清代筆記《蝶階外史》裡記載了一段傳說。說的是嘉道年間，通州衙門每天暮鐘一響，監獄裡在押的囚犯就要被關上匣床。匣床是一種刑具，造型如木床，囚犯仰臥其上，手腳被緊緊地夾住，全身不能轉動，異常痛苦。

通州衙門裡有個更鐘鼓夫，是個非常善良的人，他每天見到囚犯受罪的情形，就動了惻隱之心，每晚都推遲四刻敲鐘，好讓囚犯們少受點兒罪。就這樣，幾十年如一日，鐘鼓夫積了不少陰德，後來得到神仙指引，飛升成仙。當然，這也只是一種所謂「善有善報」的傳說。

接著說「梆」，這是衙門使用最普遍的音響工具。大梆子掛在木架上，稱為「懸梆」。衙門裡的衙役巡邏，傳信一般都以擊梆子為號。

另外一種和梆子一樣的便攜式音響工具，是「鑼」，最常見的用途是「鳴鑼開道」，遇到緊急情況，也以鳴鑼來報警。

還有一種傳遞信息兼發號施令的工具是「點」。也叫「雲板」。這是一塊懸掛的鐵板，用榔頭敲擊會發出清脆的聲響，音調高，傳送也很遠。因為敲打鐵板是一個點擊動作，所以就叫「點」。「點」一般掛在內衙宅門之內，由長官的親信僕役掌管，從內衙向全衙門發號施令。

有了這些形形色色的發聲工具，一來可以指揮衙門工作人員，二來也是百姓生活計時的信號。

古代人不能和現代人一樣，大晚上還能在街上閒逛，那時候有「夜禁」律條。譬如明清時期的規定，無論京城或省州府縣城，晚上一更三點之後，至次日清晨五更三點之前，凡是無故上街行走者，就違反了「夜禁」律條，若你是在京城，就處笞三十。若你是在外省的府州縣城，鞭笞二十。

如果你硬要在二、三、四更天上街，除非是幾種特殊情況，譬如你是衙門捕快、差役，有緊急公務要辦；如果你是平頭百姓，除非遇到疾病，生孩子，死喪等情況，才不會受到處罰。

另外，如果觸犯了「夜禁」律條，有拒捕行為，就會被處以杖一百；拒捕傷人者，處以絞刑；打死人者，處斬。

五、有一種交接叫盤點

作為初到一方的州縣新任長官，拜完了城隍廟，祭完了各類「鬼神」，熟悉了衙門內部的構造，以及形形色色的特殊信號後，還有一件大事要做，就是與前任長官辦理交接工作。

這件工作，聽起來簡單，實則十分繁瑣、磨人。這件工作，類似於我們現在的「盤點」。前文說過「三班六房」，六房即「吏、戶、禮、兵、刑、工」六個書吏房。與前任長官交接的內容，就是把這「六房」統計的數據，都一一交代清楚。

譬如戶房，要交接的內容大致是：倉庫現存的錢糧數目，本地農桑的情況，植了多少桑樹？

每年產多少絲？產多少棉？倉庫中的儲糧有多少？屬官有的房屋數目是多少？各鄉里長的人數是多少？本年度賦稅的徵收，已徵收的數目是多少？民眾欠交的數目是多少？

光看看這一系列的名目，頭就有點大。而這才僅僅是戶房要「盤點」的項目。

接著是禮房。大致內容是：本州縣境內神壇、廟場的數目；官辦養濟院裡，收留孤寡老人的數目，每月支放米糧的數目；本地有名望的學者數目，每年選拔去國子監的人數等等。

再接著是兵房，內容相對簡單一些：本州縣書吏、皂隸等內勤工作人員的人數，驛館的數目等等。

到了刑房，要交接盤點的內容就多了：在押囚犯的人數，案件的數目，包括已經審結和尚未審結的各類案件；以及本地「線人」的名單；閒居在本地，被革職官員的名單，死刑犯家屬的名單等等。

這裡，要特別說明一下的是「線人」。我們常在電視劇裡看到「線人」這種角色，古代的「線人」與如今協助警方辦案的「線人」有相似之處。一般是指因犯盜竊罪，被處以徒流刑的罪犯，在服刑期滿後，要在本地充當「線人」五年，協助衙門警戒、追蹤盜賊。明清時期，官方稱這類「線人」為「警跡人」。

最後說說工房。工房會開列出衙門房屋的間數，公用家具的數目，以及本州縣工匠的名單等等。

六房開列的這些名單，有個名稱叫《須知冊》，這就是「盤點」的冊子，需要各房書吏共同簽名畫押，並確保沒有差錯。新到任的州縣長官，就按照六房所提交的《須知冊》，與原存的帳冊進行一一核對。

如果單是靠長官本人，去做如此繁瑣的核對工作，除非有分身術，否則還沒有戴穩頭上的官帽，人就已經累癱了。因此，核對工作，新任長官一般會交給自己的幾位師爺來做。

前文我們提到過，一個州縣衙門長官會自己出資聘用人手，譬如聘用一些師爺和長隨。這時候，師爺們就派上用場了。新任長官派師爺，前任長官當然也派。於是，新任長官和前任長官的交接，實際上就變成了師爺對師爺之間的交接。

其中，錢穀師爺是最重要的人物。因為交接盤點，主要就是財務的交接。如明清時期的法律規定，如果帳目不清，虧空公款，州縣長官一律要填賠。如果數目太大的，還要被革職罷官，並且抄沒其家產。

因此，新任官員初上任，最怕的一件事就是帳目不清，接到一筆糊塗帳。而且，在州縣衙門裡，新舊長官的交接盤點工作是有時間限定的，不能讓你慢悠悠地做，更不能無限期地拖延。

如明清時期的法律規定，交接工作必須在一個月內完成。如果一個月內沒能完成，或者新舊兩任長官在交接時，產生了糾紛，那麼就要由上級派官員來處理。怎麼處理呢？監察交接工作，直到交接清楚為止。

當然，無論是新任官員，還是前任官員，都不願意走到這一步。驚動了上級，將會給自己仕途生涯帶來不良的影響。所以，有時候，彼此都會各讓一步，或者其中一方讓一步，最後皆大歡喜。

《儒林外史》裡寫過一段故事：說南昌府新到一名王知府，在與前任知府交接的時候，出了點經濟問題。前任知府沒辦法，就叫自己的兒子前去交涉。這兒子挺機靈，與新到任的王知府一對話，就知道，這個王知府無非是想趁此機會撈幾個錢。於是，他對王知府說：「家父在此地任知府數年，歷年所積蓄下來的俸祿，大約有兩千多銀子。這裡的倉穀、馬匹之類，若有缺少，就用這兩千兩銀子來填補。」

此話正中王知府下懷，他不由心中暗喜。這正是他想要的結果。轉過天來，前任知府的兒子果然送來了兩千兩銀子。王知府收了銀子，前任知府父子這才得以順利還鄉。

這段故事，明顯是前任知府吃了虧，而新任官員占便宜，撈了油水。為什麼新任長官反而可以壓制前任長官呢？

因為明清時期的法律規定，新任長官和前任長官交接完畢後，新任長官要出具一份證明，這份證明稱為「保結」，意思是保證一切事務均已交接清楚。前任官員拿到「保結」才可以放心離開。以後若出了什麼問題，都由新任官員負責，與自己無關。

不過，《儒林外史》這段故事中的王知府，很顯然是官場「老油條」。若是新科進士初到州縣衙門當長官，大多都會是吃虧的一方。

交接工作這件勞心費神大事做完，新任的州縣長官還有幾件事情要做。第一件是查看城牆是否堅固，治安防範措施是否完善。第二件是查看監獄，把外監、內監、女監等等，都仔細審查一遍。第三件是傳考生童，也稱為「觀風試」，凡在縣學讀書的學生，都要參加考試。考試的內容，一般與本地民風、吏治、學風有關。新任州縣長官借此瞭解當地的情況，以及評品學生的才學優劣。第四件是回拜當地鄉紳。新任州縣官上任的時候，一般當地的鄉紳、豪門望族等等，都會來拜賀，或者遞交名帖。禮尚往來，作為新任官員自然就要一一回拜。

幹完了以上四件事以後，新任官員就可以「懸牌放告」——宣布某日某時正式開始接收訴訟。至此，新任官員才算真正開始了日常工作。

第五章：爺們的世界

一、師爺就是這麼威

一般來說，古代新任州縣官上任以後，最重要的日常工作，大致有三項：徵收錢糧、司法審訊和官場應酬。

說起來，這三項工作，一項比一項艱巨，一項比一項辛苦。要完成這些工作，主要是和人打交道。說得明確一點，就是作為一個州縣長官，與胥吏、師爺，以及同僚打交道。

所謂胥吏，就是官府衙門裡的各類基層辦事人員和差役。譬如「六房」的書吏，「三班」的衙役等等。這批辦事人員和師爺、長隨等人，是有本質區別的。用現在的話說，胥吏是正式工，編制內公務員，吃的是公家飯。而師爺、長隨則是臨時工，編制外公務員，是官員私人聘僱的幫手。他們和官員之間，是一種僱傭關係，而不是一種簡單的上司與下屬的關係。

前文提到過，州縣官員出資聘僱師爺、長隨的原因：由於政務繁多，僅靠有限的基礎辦事人員，是遠遠不夠的，而國家又只支付編制內公務員的「役俸」，因此，官員就只能自己掏錢聘請了。

這只是原因之一。另一個原因，我們也說過，趕赴州縣的新任官員，因為費用不足，便招收有錢的幕僚和師爺。他們為官員墊付旅費。這類人，實際上是新任官員「債主」。他們有一個外號，叫「帶馱子」。

除此之外，還有第三個最重要的原因，就是很多通過科舉考試當官的官員，在當官之前，並沒有多少社會閱歷和經驗，科舉考試獲取功名後，就派到地方上當知縣。儘管他們飽讀詩書，學富五車，卻缺乏實際的政治經驗，對於地方的治理，以及當朝的法律等等，更是兩眼一抹黑。因此，這些新任官員就急需師爺的鼎力幫助。能力差的州縣官一般會請十幾個師爺，能力一般的，會請五六個，最少也要請兩三個師爺。

那麼，師爺這類角色起源於什麼時候呢？具體地說，是起始於明朝中晚期，到了清朝一代十分興旺，沒落、衰亡於清末民初。算起來，師爺在中國官場歷史中，活躍了三百多年的時間。

明清時期，尤其是清代，浙江籍的紹興師爺名揚天下，他們幾乎遍布全國各地的大、小衙門。州縣官員要聘請他們，可不是召之即來的，而是必須禮聘——選好日子，寫好請帖，準備聘禮，以表示對師傅的尊重和禮遇。可見，師爺這一角色，在衙門裡是何等的重要。他們也被稱作「幕府」「幕賓」「幕僚」。他們和官員的關係，是聘用者和被聘用者的關係，也是「幕友」與「幕主」的關係。

為什麼師爺會被稱「幕府」「幕賓」等名字呢？說起來歷史久遠。古時，天子或將帥率領部隊出征，沒有固定的辦公地點，就在野外搭建一個帳篷，作為指揮部。所謂「運籌帷幄之中，決勝千里之外」，便是由此而來。

最早，幄幕被稱為幕府。後來，高級一點的軍政大員官署，也被稱為幕府。從秦漢直到隋唐，凡是一個方面的軍政主管，都有按一定程序自行聘用參謀的權利。這類參謀，又被稱作幕僚。簡單地說，師爺就是參謀，相當於現代的智囊。是衙門長官的得力助手。

還有一點很關鍵，由於師爺不屬國家編制內的公務員。因此，他們和衙門中的官員，沒有爭寵奪官之嫌。他們來時是師爺，去時也是一介平民，對官員構不成大的威脅和傷害。

不過，雖然沒有威脅和傷害，可官員必須依賴師爺，而師爺並不一定要依賴某一個官員。清末的報刊出版家汪康年，在他的《汪穰卿筆記》中，記錄過這樣一段事：

清末年間，無錫縣來了一名姓錢的新知縣。這位錢知縣，也是通過科舉考試，獲取功名後當上知縣的。他和很多類似的新任州縣長官一樣，閱歷淺薄，缺乏經驗，又不熟悉當地情況。因此，就聘請了一名姓金的師爺，幫助自己處理政務。

一開始，錢知縣與金師爺相洽甚歡，合作十分愉快。金師爺頭腦靈活，經驗豐富，辦事也很麻利。可人無完人，這位金師爺有一個多數男人都有的癖好：好色風流。到縣衙工作沒多久，他就和惠泉山尼姑庵裡的一個小尼姑好上了。

要說這小尼姑也不是盞省油的燈，把金師爺迷得五迷三道的。以至於金師爺常常去私會小尼姑，把衙門的公務拋到了腦後。

有一天，縣裡發生一起緊急案件，錢知縣需要金師爺幫忙，可到處都找不到這位金師爺。錢知縣急得在大堂上打轉，忍不住就埋怨了金師爺幾句。

過了幾日，金師爺春風滿面地回到縣衙。有僕人就把錢知縣埋怨的話，傳給了金師爺聽。金師爺聽後，又羞又怒：此處不留爺，自有留爺處，處處不留爺，老子上山路。就這麼著，這位金師爺脾氣一上來，不管不顧，立馬就打點行李走人。

這下錢知縣慌了神，連忙追去道歉。可無論他怎麼挽留，金師爺就是不為所動。末了，錢知縣也沒辦法，只好送金師爺遠走，臨別時還給了一百兩銀子送行費。

金師爺頭也不回，心安理得地拿了銀子，瀟灑而去。去哪兒了呢？他真的上了山路——又到惠泉山的尼姑庵裡找小尼姑去了。

那小尼姑倒是對金師爺情深意切，見金師爺果然也是對自己一片癡情，於是就還俗，嫁給了金師爺。後來，金師爺花光了自己的錢，眼看生活一天比一天拮据。沒想到，這小尼姑竟也積蓄不少私房錢，還挺大方，都拿了出來，給金師爺捐了一個知縣。

金師爺本就是非常能幹的人，處理政務得心應手。所以當官以後，步步高升，從知縣升到了鎮江知府。東邊日出西邊雨，此時，以前的幕主錢知縣卻因事獲了罪。金師爺終究是個念情的人，他出錢又出力，幫錢知縣保住了官職。

在明清時期的官場上，師爺就是這麼威。當然，威有威的道理，人家有真本事、真能力，不得不服。而且，師爺的本事和能力也分類。如前文所說，師爺也分很多類。有錢穀師爺，有刑名師爺，還有帳房師爺，帳房師爺、書啟師爺等等。

其中，為首的，也是最威的，是刑名師爺。

二、首席幕僚

刑名師爺，可謂衙門長官僱傭的首席幕僚。

在一系列師爺中，刑名師爺的地位最高，拿的報酬也最多。清朝時期，一個刑名師爺每年所得的報酬（當時稱為束脩），高達一千兩左右。

刑名師爺為什麼這麼威，待遇這麼高呢？

我們知道，衙門長官的一項日常工作，就是司法審訊。這也是州縣衙門的第一要務。這項工作，不像我們想像中，或在影視劇中見到的升堂斷案那麼簡單。

整個司法審訊，包括確定是否受理訴訟，指導偵查，分析供詞，擬定判詞等等。一位州縣官無法獨自勝任其中的全部工作，通常就會聘請至少一名刑名師爺幫助處理。刑名師爺除了不能親自參與坐堂審案外，其他每一件案件處理的全部過程，都由他在幕後操作。

作為一名刑名師爺，首先要具備的條件，是精通當朝的法律。

以明清時期為例，法律非常複雜。除了正式的法典《大明律》、《大清律例》以外，還有成百上千條單行條例。這些條例和條例之間，又不是完全統一的。要正確地引用於判案，就要對每一條律例都了如指掌。這叫「引律」。除此之外，還有能夠「避律」。

所謂「避律」，簡單地說，就是活用律法，避開疑難，最終妥善處理好案件。

清朝雍正年間，徐州新沂縣曾發生了一起私鑄銅錢案。按照當時的律法，其主犯當被處以斬立決，而其他從犯則要發配到邊陲之地。可是，那主犯很狡猾，其他從犯都落網了，他卻跑掉了。新沂知縣只好先將該案的從犯發配了邊陲之地，繼續命捕快捉拿主犯。然而，卻一直沒有抓到那個主犯。

過了三年，才終於將主犯捕獲。可這主犯始終不承認自己是主犯，無論怎樣嚴刑拷打就是死不招認。不招認也罷了，他反而指認已被發配的其中一個從犯，說該人才是主犯。

案子結不了，知縣急得不知如何是好，他的刑名師爺反覆閱讀卷宗後，想出一個主意：說將該主犯改為「緝拿自首」。說白了，就是讓那主犯合作，承認自己是該案的主謀，但自己是自首的。按照清代的律法，作案者在案發後，主動自首的，可以罪減一等。

知縣依照刑名師爺的之計而行，讓那主犯合作。最終，主犯承認自己是主謀，本該被判處死罪，而由於有自首情節，罪減一等，於是像從犯一樣，也被發配到邊陲之地，保住了一條命。這個案子，自此就算圓滿了結了。這就是利用「避律」，妥善處理疑案的一個典型例子。

而對於熟讀八股文，科舉考試出身的官員來說，律法是他們所不擅長的。這就必須依靠法律方面的專業人士——刑名師爺。

所謂聞道有先後，術業有專攻。刑名師爺也有一套專門的學問，叫「刑名之學」，也被稱為「幕道」。「刑名之學」包含的內容很廣：譬如熟讀各類法律條文，掌握各種司法文書的格式，熟悉各地官府辦案的慣例等等。這些東西，不單是要能死記硬背，還要會靈活運用，融會貫通。說起來，比寫八股文還要艱難許多。

更困難的是，當時並沒有專門傳授「刑名之學」的學校。就算有學校，也充其量能傳授一些基礎知識，沒法實踐。因此，要學習「刑名之學」，只能是老師爺帶小徒弟，一對一地帶，手把手地教。

這是刑名師爺行當的傳統。小徒弟跟老師爺學本事，叫見習。見習一般是兩三年，在這兩三年中，不但沒有報酬，還要孝敬師傅。一般每年最少要孝敬師傅上百兩銀子，逢過年過節，還要給師傅送上「節禮」。所以，一般貧寒家庭的讀書人，是沒有條件學習「刑名之學」的。

在這個行當裡，有兩本關於「刑名之學」的教材，曾一度被師爺界奉為寶典。這兩本寶典的作者，名叫汪輝祖。此人很小的時候，父親就去世了，家裡的日子過得很艱難。好在汪輝祖聰明好學，十七歲的時候就考中了秀才，接著參加鄉試，可連續考了六年，直到二十三歲也沒能中舉。無奈之下，汪輝祖只好跟著舅父開始學習「刑名之學」。

別人想學習「刑名之學」，苦於沒條件。汪輝祖有條件，卻有點心不甘情不願。雖然理想和志向不在於此，但他卻頗有天賦，經過四年的學習，便成了成為一名刑名師爺。至此，汪輝祖開始了自己三十四年的刑名師爺生涯。

在這三十四年時間裡，汪輝祖曾為十六個州縣官員當過刑名師爺。他熟悉律例，且博通經史，經常以儒家經典的經義和歷史知識破解疑案。被譽為「江南名幕」。

儘管汪輝祖在師爺界混得風生水起，但他心裡並不滿足。他的夢想是做一名朝廷命官。於是，在此期間，他一邊當師爺，一邊攻考科舉。終於在三十九歲這一年，汪輝祖考中了舉人。四十六歲的時候，又考中了進士。可此時，又恰逢母親去世，汪輝祖服喪丁憂，沒有立即選官，這一拖，就拖到五十八歲。

五十八歲那年，汪輝祖被任命為湖南寧遠知縣，他終於從刑名師爺，轉型為朝廷命官，從幕後走到了前臺。可他剛一上任，就遇到了棘手的事情，這讓他不得不與一幫流氓惡棍展開交鋒。

當時，寧遠縣有一幫流氓惡棍，經常把無名的屍首扔到別人家門口，然後揚言要告官，以此敲詐。被敲詐的，都是些老實巴交的人家，他們被流氓惡棍糾纏得實在沒辦法，最後，都只好花錢消災，私下與流氓們了結。

就在汪輝祖到寧遠縣衙門上任沒多久，衙門裡來了一個地保，地保報案說，發現村裡有人被謀殺了。汪輝祖當即叫上仵作，準備一同去驗屍。

孰料，那個地保有些慌亂地說：「今日天色已晚，那地方又遠，路不好走，老爺不如明天再動身吧。」汪輝祖很不高興，說你做主還是本官做主。

那地保一時無語，心說，你的地盤你做主唄。就在前面帶路，引領汪輝祖等一干人馬，連夜趕路，天亮時才趕到了案發現場。經過仵作驗屍，結果發現，那死屍分明是一具從大河上游沖下來的爛屍，被當地的無賴拿來敲詐良民。

汪輝祖當即命人把地保和那些無賴叫來，當場痛打了一頓，然後將他們帶回衙門戴上枷鎖示眾。經過汪輝祖的整治，從此，寧遠縣這種敲詐之風就漸漸平息了。

後來，隨著年齡越來越大，汪輝祖辭官回鄉，著書立說。寫出了兩本談論「刑名之學」，以及州縣長官做官經驗的書籍。一本叫《佐治藥言》，一本叫《學治臆說》。這兩本書，曾經風行一時。師爺們讀，州縣官們也讀。

師爺們讀，是為了在師爺這一行裡混得更出色，瞭解「刑名之學」中更多的東西。州縣官們讀，是為了與手下的胥吏們打交道時，多一份經驗，能夠從容不迫，遊刃有餘。

我們不妨來賞析一下《佐治藥言》中的幾段經典講述。譬如〈檢點書吏〉一節中的話：

「衙門必有六房書吏，刑名掌在刑書，錢穀掌在戶書，非無話習之人，而唯幕友是傳者，所以佐官而檢吏也。諺云，清官難逃猾吏手，蓋官統群吏，而群吏各以精力，相與乘官之隙，官之為事甚繁，勢不能一一而察之，唯幕友則各有專司，可以察吏之弊。吏樂百姓之擾，而後得藉為利，幕樂百姓之和，而後能安於無事，無端。故約束書吏。是幕友第一要事。」

這段話雖簡短，卻講述了很多東西，主要是說：衙門有六房書吏，個個都挺狡猾。哪怕是一個清官，也沒有精力去跟每一個胥吏鬥心眼。而胥吏們就趁機做出一些貪贓枉法的事。一個州縣官，事務繁瑣，根本不可能一一都檢查到。只有咱們師爺，各司其職，可以發現胥吏所幹的壞事。

胥吏喜歡擾民，敲詐百姓，而從中得利，他們是衙門的正式編制人員，也不怕丟飯碗，而咱們師爺，要讓百姓安樂，地方太平，才能保住飯碗，相安無事。因此，約束胥吏，不讓他們搞破壞，是咱們師爺的第一件要緊事。

由此可見，師爺是不好當的，衙門也真的不好混。作為一名師爺，除了要輔助幕主官員完成好日常的公務外，還要和狡詐的胥吏們鬥智鬥勇。

汪輝祖的這段話，非常真實。衙門裡的胥吏，是長官最難對付的一類人。即便是能力強悍的長官，有時也會落進胥吏設下的圈套。《夢溪筆談》裡，就記錄了一則清官包拯與書吏的故事。

當時，包拯任開封府尹，有「明察秋毫」的美稱。一日，有個人犯，按律法當處於杖責。人犯得知自己要被痛打，就事先去賄賂值堂的書吏。書吏收受了人犯的賄賂後，就吩咐人犯說：「審訊以後，包大人會命我寫責狀，此時你就高聲喊冤。我自然就會站出來替你辯解。」

所謂「責狀」，責，即責罰；責狀，就是用刑前的文書。

翌日，包拯升堂問案，提審人犯。果然不出書吏所料，包拯審清案情後，就讓書吏擬寫責狀。此時，人犯按照書吏的吩咐，大聲喊起冤枉來。

包拯正欲開口呵斥，可還沒等他開口。那書吏便高聲責罵人犯道：「快受了責杖滾出去，少在這裡囉嗦！」

包拯一聽，不樂意了。心說這書吏不知天高地厚，公然在自己面前賣弄權勢。於是，包拯心生厭惡，將人犯從輕發落，反把值堂書吏訓斥了一番。

在包拯看來，自己是壓制了書吏的權勢。而《夢溪筆談》的作者沈括卻認為，包拯「不知為吏所賣」。意思是：包拯沒意識到，自己實際上已經被書吏出賣了。

從《夢溪筆談》記錄這樁公案可以看出，書吏是何等狡猾。正所謂：「清如水的清官，也難敵滑如油的滑吏。」尤其是新到一座州縣衙門任職的官員，有時候完全被胥吏們擺布。

其中一個很大的因素，是因為胥吏們長期在一個地方衙門裡任職，熟悉當地的人情，以及各種風俗習慣。形成了「地頭蛇」的勢力。而被朝廷派到州縣衙門來任長官的，基本是外鄉人。上任伊始，連語言交流都有障礙，就根本談不上熟悉民情，明察秋毫了。

上任一段時間後，終於有點兒熟悉了，又被朝廷調走，再派來新的官員，一切從頭開始循環。所謂「強龍難壓地頭蛇」，再精明的官員，也無法擺脫胥吏的干擾和欺瞞。

因此，在一座州縣衙門裡，一些資深的胥吏認為，州縣衙門真正的主人是他們，朝廷派來的長官不過是一個傀儡而已。尤其是明清時期，州縣衙門的長官和胥吏之間，可以說是一種貓和老鼠的關係。

作為州縣衙門的長官，既要靠書吏辦事，又要時刻提防書吏的干擾和欺瞞。結果是，誰也吃不了誰，誰也制服不了誰。形成兩種勢力共存的局面。《明史·循吏傳》中，記錄了很多州縣長官與胥吏相鬥的事例。

其中一個事例，說的是明朝宣德年間曹州的知州范希正，此人是一位正直清廉的清官。然而，曹州衙門裡卻有一個無惡不作，貪贓枉法的書吏。按理說，范希正作為知州，可以當即懲治該書吏。可他沒有這麼做，而是將該書吏交送給朝廷，由朝廷來處置。

讓范希正始料未及的是，這書吏一到京城，就反咬一口，竟然信口雌黃誣告自己貪贓枉法。朝廷難辨真偽，就派人將范希正押送到京城。幸運的是，明宣宗朱瞻基親自過問了這起案件，最終還了范希正一個清白。

另一個事例，發生在明朝中期，句容縣衙門有一名書吏，為了謀取私利而盜用官印。時任句容知縣的徐九思要嚴懲這名書吏，沒想到，此時衙門裡的所有書吏都站出來，為盜用官印的書吏求情。說白了，這不是求情，而是集體要挾。如果徐九思不放過自己的同僚，他們將集體罷工。徐知縣沒辦法，最後只好妥協，將那名盜用官印的書吏從輕發落。

所以，作為州縣長官，聘請和僱傭師爺及長隨等人，也是為了加強與胥吏鬥法的力量。

再看〈省事〉一節中的話：

「諺云：衙門六扇開，有理無錢莫進來。非謂官之必貪，吏之必墨也，一詞難理，差役到家，則有饋贈之資，探信入城，則有舟車之費，及示審有期，而訟師詞證以及關切親朋相率而前，無不給予具呈之人，或審期更換，則費將重出，其他差房，陋規名目不一，諺云在山靠山，在水靠水，有官法之所不能禁者，索許之髒，又無論已。其累人造孽多在詞訟，如鄉民田十畝，夫耕婦織可給數目，一訟之累，費錢三平文，便須假子錢以濟，不二年，必至賣田。賣一畝則少一畝之入。輾轉借售，不七八年，而無以為生。諺云堂上一點朱，民間千點血，下筆時多費一刻之心，涉訟者已受無窮之惠云。故幕友之存心，以省事為上，地方命盜重案，非所常有，惟詞訟源源相繼，實民事之最繁最急者，乃幕中第一要盡心之要務也。」

從汪輝祖的這段講述中，可以看出，平民百姓打官司的艱難。

首先是費錢。差役到家裡來調查，要給他們小費。託人到縣城裡打探消息，要負擔人家的車馬費。到了衙門升堂審案的前夕，證人以及相關的親朋好友，一起前往縣衙門，等候具體開庭的時間，這一等，要吃要喝要住，又是一筆大費用。

而且，衙門各房的胥吏，靠山吃山，靠水吃水，以各種名目向打官司者索取錢財。譬如一個鄉民，原本有十畝田地，來打官司，第一次訴訟完畢了，就得借錢。兩年沒結案，就得賣田。賣一畝田，則少一畝田的收入。如此賣田還債，再借錢。拖延個七八年，這鄉民便無以為生了。因此，作為刑名師爺，應該儘快幫助幕主官員審清案件，讓打官司者省一些事，這將讓他們受益無窮。

畢竟，在地方上，不是經常發生命案、盜竊案等重大案件。只有民事糾紛訴訟案是源源不斷的。所以，及時審核處理好這類案件，是刑名師爺第一要盡心的公務。

僅通過這兩段精簡的敘述，我們就可以看出，衙門裡刑名師爺的重要性。「首席幕僚」的名號，不是憑空得來的。

在衙門裡，刑名師爺要發揮兩個最關鍵的作用：一是約束胥吏，為幕主官員分憂；二是在幕後，幫助幕主官員審案，為涉及官司的平民百姓解難。尤其是後者，百姓安寧，一方才太平。百姓無所為生，地方便會動亂，地方動亂，朝廷就會亂，加在一起，便是天下大亂。

所以說，在中國古代，一座州縣衙門，就是天下興衰的風向球。

三、神探是一個傳說

由於精通律法，刑名師爺在處理民事訴訟官司上得心應手。可這還不夠，作為一名全面、出色的刑名師爺，還要協助幕主官員偵破疑案、大案。如前文所說的命案、盜竊案等案件。

在宋朝的評話，金元的雜劇，明清的小說，以及歷代文人紳士的筆記中，都記載和保留著州縣官親自出馬，偵查破案的傳奇故事。甚至，在沒有原告，沒有報案的情況下，也有特別精明能幹的州縣官，自己發現案件，繼而親自破獲案件，抓住真凶。

清朝人許奉恩所著的《留仙外史》裡，就講述了這樣一個縣官。此縣官名叫倪廷謨，時任安徽潛山知縣。特別精明強幹，又十分廉潔。在當地獲得了「倪青天」的稱譽。

冬日的一天，倪知縣到鄉間去巡查。他無意間發現，一座新墳的墳頭上，有一大群蒼蠅在嗡嗡打轉。倪知縣心生疑惑，就叫皂隸去打聽，這是誰家的新墳？皂隸詢問了當地鄉民，回報說，是鄉裡一個年輕人的墳墓。那年輕人身體羸弱，長年患病，好不容易託人說媒，娶了個媳婦。可新婚不久，就突然去世了。

倪知縣聽後，就率皂隸前去那戶人家中查看。那剛死了丈夫的小寡婦，聽說知縣老爺來了，慌忙出門迎接。

倪知縣見這小寡婦神色緊張，一臉慌亂，模樣又長得幾分風騷，疑心就更加重了幾分。他猜測，這小寡婦的丈夫，可能不是死於患病，而是其中另有隱情。可光憑猜測無濟於事，必須得有證據，或者有人報案，才能立案，繼而追查。

於是，倪知縣就想出了一個辦法。他叫來年輕死者的族人，要他們出面狀告小寡婦。這一告狀，就能立案了。

案子一立，開棺驗屍。倪知縣指望從年輕死者的屍首上找到疑點，可結果令他大失所望。那年輕死者雖骨瘦如柴，身體上卻沒有任何傷痕。這下小寡婦不依了，撒潑打滾，高聲責罵，鬧得滿城皆知。

要知道，在中國古代，死者的屍體被翻弄，是奇恥大辱。因此，明清時期的法律規定，如果死者親屬不願意驗屍，可以呈遞「免檢狀」，但呈遞了「免檢狀」以後，就不得控告他人死罪。

而倪知縣是自己發現的這樁「疑案」，在開棺驗屍時，他並未徵得死者家屬的同意。若是驗屍查出一些蛛絲馬跡尚且好說，可又什麼也沒發現。這就沒法交代了。

沒辦法，倪知縣只得向上級報告實情，請求處分。同時，又請求延期三個月，繼續對此案進行調查。然而，兩個月過去了，案子毫無進展。

倪知縣成天茶飯不思，坐臥不安。這一日，倪知縣好不容易睡著，做了個夢，夢見自己城隍廟的城隍給他送來了一盆萬年青。

翌日醒來，倪知縣靈機一動，喬裝打扮，扮成一個算命先生，下鄉去暗訪。在暗訪中，倪知縣無意間聽說有個打魚人，外號叫「萬年輕」。於是，倪知縣裝神弄鬼，取得了「萬年輕」的信任。

晚上，倪知縣就住在了「萬年輕」的家裡。兩人聊天，倪知縣慢慢把話題引到那樁棘手的案子上。「萬年輕」說，自己常常幹些偷雞摸狗的勾當。有天夜裡，他到一對新婚夫婦家行竊，不料，卻看到令他吃驚的一幕——他看到，新娘和一個男子，把自己的丈夫綁起來，然後把一條小蛇放在竹筒裡，對準丈夫的肛門，接著用香火燙小蛇的尾部，小蛇被燙得疼，猛然竄入肛門內。那丈夫慘叫一聲，當場氣絕身亡。

倪知縣聽得驚心動魄，翌日回到衙門，派人將「萬年輕」抓了起來。而後，倪知縣以不治「萬年輕」的偷竊罪為交換條件，要求他出面控告小寡婦謀殺親夫。「萬年輕」只得遵從倪知縣的吩咐，控告小寡婦。

倪知縣再度審案，又開棺驗屍。此時已是春天，屍體開始腐爛，經勘驗發現，死者腹腔裡果然有一條死蛇。又經嚴刑拷打，小寡婦終於承認自己與表兄素有姦情，共同謀害了親夫。倪知縣破獲了這樁疑案，名聲大振。後來，這樁公案被編成戲曲，廣為流傳。

這類州縣衙門長官親自出馬，破獲奇案、怪案的故事，不勝枚舉。在中國古典文學中，就有很多描寫州縣衙門長官斷案的偵探小說，如「包公案」「狄公案」「施公案」等等。這些小說故事，具有很強的戲劇性。然而，這並非真實的情況，杜撰的成分居多。事實上，作為一個州縣長官，幾乎是沒有足夠的時間和精力去親自破案的。

就拿開封府尹包拯來說，當時他要掌管京畿的治安、經濟、農業等等。根本不可能一天到晚，花很多時間在破案上。另外，州縣長官斷案，很少是自己去偵查，自己抓案犯。大多是由負責偵破的捕快抓到嫌疑犯後，州縣長官才升堂審案。

審案，多數時候就是審訊口供。這也是一門技術，古代州縣衙門長官常用的審訊大致有五種。

第一種，在案犯心慌意亂時，抓住破綻連續發問。這稱之為「襲問」。

第二種，暗示案犯，審案者已掌握了其情況，並觀察案犯的反應，然後突然發問。這稱之為

「鉤問」。

第三種，在案犯恐懼，意志軟弱時，用刑逼問。這是我們比較熟悉的「逼供」。

第四種，將涉案雙方的證人，分開詢問，看證詞是否相合。這稱之為「合問」。

第五種，用證人提供的證詞，迫使案犯招認，這稱之為「撓問」。

第六種，先與案犯說些與不相關的事情，待案犯放鬆警惕時，突然轉入正題，進行逼問。這稱之為「誘問」。

在歷史上，審訊犯人口供方面，清代有「神探」之稱的張問陶，可謂其中的佼佼者。《留仙外史》裡記載：有一回，山東巡撫抓到一個強盜，讓巡撫頭疼的是，該強盜屢次翻供，一會兒認罪，一會兒又否認。巡撫被搞得沒辦法，就請張問陶來相助。

張問陶問清案情後，跟巡撫拍胸脯說：「此案三天之內，我就能審理妥當。」

巡撫有點兒不大相信，問張問陶：「需要本官怎麼配合？」

張問陶說：「不需要勞煩大人，只在衙門花廳布置一個審訊室，再準備一大盤火腿，和一壇老酒即可。」

次日，審案開始。強盜跪在地上，張問陶坐著，喝著酒吃著肉，也不詢問與案子有關的問題，只與那強盜聊些家常事。比如，你家多少口人啊？兒子乖不乖啊？等等。

就這樣，天天如此，連著聊了三天家常。到了第三天下午，肉也吃光了，酒也喝完了。張問陶猛然一拍桌子，對強盜厲聲大喝道：「你完了！巡撫大人說你異常狡猾。看來沒錯。我與你談了三天，這三天的事，你說得自相矛盾，前言不搭後語。家常事尚且如此，更何況是你犯下的大案！」

強盜沒想到，張問陶會來這麼一招，一時惶恐不知如何是好。張問陶接著說：「你如果再敢翻供，我就將你這三天所談之事，來證明你反覆無常。就算活活打死你也不過分！」

話音剛落，守在門衛的皂隸，手持刑具將強盜往外就拖。強盜趕緊磕頭求饒，賭咒發誓再不敢翻供了。張問陶便叫強盜再次招供，然後畫押。後來，那強盜果然沒有再敢翻供了。

張問陶審訊強盜，運用了「誘問」和「襲問」這兩種方法。這種方法，也是州縣官審訊犯人時，比較常用的。前文提到的刑名師爺汪輝祖，他在寧遠當知縣時，也遇到一樁案子，他審訊所採用的方法，與張問陶如出一轍。

寧遠縣有戶姓陳的窮人，生了個兒子，取名陳學義。可家裡很窮，孩子養不活，於是，就送到一戶姓匡的人家去給人當養子。匡家無後，老爺死了之後，就託付陳學義當管家，並且送給陳學義五畝地。

從此，陳學義就幫著匡家管理、經營。這匡家是個富戶，原本有二百畝地。經過陳學義多年盡心盡力地經營，增加到了三百畝地。可是，匡家的寡婦卻意外地發現，新買的一百畝地的地契上，寫的是陳學義與自己合買的。

匡家的寡婦不幹了，你陳學義只是一個管家，只是管理、經營，怎麼能在地契上寫為合買呢？到時候分田產，你豈不是要占一份？於是，匡家的寡婦就和陳學義理論。陳學義此時腰桿也粗了，來了個翻臉不認帳。

匡家的寡婦就到衙門去告狀。可是，她沒有證據證明，那一百畝不是與陳學義合買的。所以，每一次打官司都是敗訴。待到汪輝祖到寧遠縣上任，匡家的寡婦又去縣衙門告狀。

汪輝祖先是調取前任知縣的判決書來看，做出沒有疑義的樣子，仍判匡家的寡婦敗訴。將那新買的一百畝地，判給了陳學義五十畝。匡家的寡婦痛哭流涕，哀求無效，只得走了。她離開了衙門，汪輝祖卻把陳學義留了下來。

留下來幹什麼呢？汪輝祖先對陳學義一通誇獎，誇其聰明能幹，誇其理財有方。誇得陳學義心裡美滋滋的。誇完，汪輝祖又和陳學義拉家常。問一些看似無關緊要的問題，諸如家裡有多少口人啊？有多少畝地啊？每年收多少斤糧食啊？等等。

陳學義一一作答。汪輝祖一邊聽，一邊算帳，算了片刻，汪輝祖對陳學義說：「你這日子過得不容易啊。」

陳學義接話道：「是啊，我這日子過得捉襟見肘。」

聽到這裡，汪輝祖臉色突變，一拍桌案：「那你哪裡來的錢買五十畝地？莫非錢是偷來的不成。」說罷，就吩咐刑房書吏，去查查歷年未破的盜竊案。

陳學義嚇壞了，看這架勢，是要把自己當作盜賊來審，於是他趕緊跪下求饒招供，說那匡家的寡婦不識字，所以自己在買地時，寫下了合買的字樣。以謀取五十畝地。汪輝祖當即派人召回匡家的寡婦，當場改換地契，一百畝地盡歸匡家所有。

從張問陶和汪輝祖的事例可以看出，作為衙門的官員，審案是一件非常重要的公務。而所謂的「神探」，不是在於破案，而是在於審案。

而且，在審訊工作中，還有一些必須注意的事項。譬如傳喚證人，如果證人是婦女，就得謹慎。因為在傳統觀念中，婦女在大庭廣眾之下受審，是一種奇恥大辱。因此，明清法律規定，即便是姦情案，只要「犯姦尚存疑似者，亦免喚訊，只就現犯迅結。」什麼意思呢？就是說，還沒有確定此婦女是否與人通姦的時候，就免於傳喚審訊。

清朝乾隆年間，曾發生過一樁奇案。案子發生在河北館陶縣，當地有一個秀才，他妻子十分美貌，遭到地方上一個流氓的調戲。秀才不堪受辱，就到縣衙門去狀告流氓。縣衙門長官接了案子，準備審案，就吩咐刑名師爺擬定傳喚的名單。

刑名師爺姓葉，他在擬定傳喚人名單時，首先就把受害婦女的名字勾去了，不讓這婦女到庭接受詢問。可另一位師爺卻說：「聽說那秀才的妻子，長得美貌如花，是當地有名的美人，何不傳喚來看看。」

葉師爺想了想，雖然有規定，遇到這種案子，婦女可以免於傳喚，可傳喚受害人本人到庭，也是合法的事。於是，他就把婦女的名字又列在了傳喚名單裡。

孰料，翌日衙役去受害人家裡傳喚，那婦女一聽說要傳喚自己到堂，一時羞憤難當，當天夜裡竟然上吊自縊了。刑名葉師爺聽聞後，大驚失色，趕緊通報知縣，說一定要判處被告重罪，否則難以安撫受害人家屬。

按清朝律法，調戲婦女而使受害者羞憤自盡的，應判處絞刑。於是，那流氓被處死了。這樁案子也就這麼了結了。可事情並未就此結束，幾年後的一天夜裡，葉師爺和知縣一起喝酒，喝著喝著，葉師爺忽然一頭栽倒在地，頓時就昏迷了過去。

恍惚間，葉師爺被一個小鬼帶到了城隍廟。原來，幾年前被處決的流氓，到城隍神那裡告狀說，自己並未犯死罪，那婦女羞憤自縊的原因，是因為被衙門傳喚所致，與自己無關。因此，給那婦人抵命的，應該是葉師爺。

城隍神審問葉師爺。葉師爺心裡慌亂，連忙說，傳喚婦女是另一個師爺出的主意，與自己無關。城隍神卻不聽葉師爺的辯解，他判決說，主謀雖然不是你，可最後落筆的還是你，所以你死罪難逃。葉師爺猛然驚醒，向知縣說了自己剛才夢裡所見的情形。當晚，不知何故，葉師爺就暴死在床上了。

這個頗為離奇荒誕故事，記錄在汪輝祖的《佐治藥言》，故事雖然很無稽，但從中可以反映出，在明清時期，審案時，傳訊婦女是非常謹慎的。

審訊需要注意的另一個事項，就是時間問題。

在明清時期，州縣衙門長官不是每天都能升堂問案的。當時的法律，把一些日子定為「不理刑名日」。譬如朝廷慶賀節日，朝廷定的祭祀日，封印期，每年的上元、端午、中秋、重陽節，以及每月的初一、初二等等。這樣算下來，一年當中，州縣衙門長官實際能夠審案的日子僅有一百多天而已。

儘管如此，卻仍然還有很多州縣衙門的長官，千方百計要找幾件大案來破，都想當一個神探。為什麼呢？原因很簡單，司法審判是最容易出政績。如果一個州縣長官上任就能破獲幾個大案，那將名聲大振，今後的仕途就會一帆風順，平步青雲。

然而，大多數的州縣衙門長官，能力有限。遇到司法審判的公務，必須依靠刑名師爺。就連開審的日期，都要先和刑名師爺商量，然後提前幾天發出通知，由刑房書吏製作「示審牌」，明示某某案件於某日的「早堂」或「午堂」或「晚堂」開審。

這個「示審牌」就掛在衙門外的照壁上。審案的地方，一般都是在大堂。遇到一些與姦情有關的案子，不宜公開，就在二堂審理。

審案時，只能由長官一個人坐大堂，師爺只能躲在屏風後面旁聽。而作為長官堅強後盾的刑名師爺，在司法審判方面，也不是萬能的。他時常會遇到一個強勁的對手，那就是訟師。這位爺，有的比刑名師爺更精通律法，更能言善辯，讓州縣長官頭疼不已。

四、一半是正義，一半是流氓

說起來，訟師也是個歷史悠久的行當。早在春秋時期就出現了。春秋時期，訟師叫做「助訟」。顧名思義，就是運用自己掌握的法律知識和技能，幫助別人進行訴訟。

春秋時期是奴隸社會，「助訟」幫助的對象，當然是新興的地主階級，他們要訴訟的對象，通常都是平民百姓。這麼說來，中國古代的訟師，有點類似於西方的律師。準確地說，在中國古代社會，訟師算不上真正意義上的律師，他們只不過是扮演了一個「準律師」的角色。

訟師通常分兩類，一類是依法維護權利，給當事雙方提出建議；一類是為金錢而訴訟，繼而從中牟利。前者，被尊稱為訟師；後者，則被稱為訟棍。

訟師與訟棍是有本質區別的。言簡意賅地說，訟師是維護法律公平、正義的；而訟棍，是純粹的流氓。但不管是訟師還是訟棍，都有自己的一套真本事。他們精通法律，有的還精通法醫檢驗。因此，往往都能提供有利於當事人的證據，幫助當事人贏得官司。

訟棍是認錢不認人的。所以，很多時候，他們利用自己的才學為惡人辯護，在打官司時，胡攪蠻纏。

清朝道光年間，在山西平定州，有個著名的訟棍叫郭嗣宗。此人出身訟師世家，打小就在父親的影響下學習法律。成年後，學有所成，對司法瞭如指掌。最早，郭嗣宗參加過科舉考試，曾考取過秀才。後來遇上一件官司，遭人誣告，被革除了功名，並判處徒刑。刑滿以後，他就專門替人打官司。他精通法律，後來又學習了法醫檢驗，所以打官司屢戰屢勝，名氣越來越大。搞得很多地方官都挺害怕這個著名的訟棍。

郭嗣宗有個女兒，嫁給了當地一個讀書人。婚後不久，就生了一個兒子。孩子四歲的時候，有一天，婆婆因為孫子太吵，就責怪郭嗣宗的女兒。一時間，婆媳唇槍舌劍，出言不遜。郭嗣宗的女婿正巧回家，見妻子對自己母親出言不遜，不由怒從心頭起，衝上前去就打了妻子兩拳。

郭嗣宗的女兒挨了丈夫的打，一怒之下，跑進裡屋，拿了一把剃刀架在自己脖子上，威脅丈夫道：「你敢打我，我死給你看！」為了恐嚇丈夫，她把剃刀往脖子上輕輕一抹，豈料那剃刀異常鋒利，又碰巧割到了動脈，瞬間就血流如注，搶救都來不及。就這樣，郭嗣宗的女兒假戲真做，沒想到真把自己的命給丟了。

郭嗣宗的女婿嚇壞了，害怕岳父責怪自己。便謊稱妻子因為病重而不治身亡，派人前往衙門請人驗屍。衙門的仵作當場檢驗，發現死者脖子上的傷口是「入重出輕」，肩膀上有兩處拳頭擊打的痕跡，確定是自刎身亡。

可還沒等衙門的判決下來，郭嗣宗就往省按察司遞了狀子。他依據大宋提刑官宋慈所著的《洗冤集錄》裡的內容，對檢驗結果提出疑問。說死者「傷口入重出重」，「兩手皆曲，血流滿坑」，要求再次檢驗屍體。

由於對案子的訴訟程序，以及對《洗冤集錄》的內容非常熟悉，郭嗣宗先後到省裡狀告了四次，到欽差大臣的行轅上也狀告了兩次，後來又到京城狀告了三次。一樁案子就這樣拖了幾年都沒有決斷，以至於當時驗屍的仵作，被反覆提審，最後病死在監獄裡。

更絕的是，郭嗣宗每一次上堂，都把自己七十多歲的老母親帶上，主審官稍微有點嚴厲，這位老母親就擺出撞牆尋死的架勢。郭嗣宗則站在一旁，面露得意之色。搞得主審官無可奈何。

正當此案拖延難決定時候，太原府來一個代理知府，名叫張集磐。張知府仔細閱讀了卷宗，又瞭解了郭嗣宗的背景，然後找來《洗冤集錄》苦苦研究。最後，才決定升堂問案。

第一堂是初審，一開始，張知府就對郭嗣宗好言相勸，說，你痛惜女兒，要討個公道，本是人之常情。可你又何苦拖累白髮老人呢？不如先回家安頓好老母親，再來複審吧。這番話說得入情入理，還有幾分體貼。郭嗣宗無法反駁，只好將老母親送回了家中。

二審複審開始，張知府故意拿出一本《洗冤集錄》，當面向郭嗣宗逐條分析自刎的基本特徵，分析完後，臉色猝然一變，厲聲對郭嗣宗說：「你訴狀中所言，自相矛盾。今日，你必須講清楚，你到底認為女兒是自殺，還是被殺？如果承認自殺，那麼就立刻結案；如果認為是他殺，就必須指控明確的被告，官府就會開棺驗屍。驗屍結果，若不是他殺，本府就判你誣告罪名。」

儘管郭嗣宗深諳法律，可面對這樣有理有據的凌厲逼問，也一時張口結舌，支支吾吾起來。見郭嗣宗這般模樣，張知府立刻拍案而起，大聲下令：「來人，掌嘴！」就這樣，郭嗣宗挨了一頓嘴巴，一貫囂張的氣焰被壓了下去。

這就叫以暴制暴，以法制法。郭嗣宗自恃熟悉《洗冤集錄》，用書中的法律條文來做文章，沒想到，這位代理知府卻更加詳細地對他提出的條文予以批駁，讓郭嗣宗無法爭辯。

訟棍郭嗣宗和張知府之間的爭鬥，很像現代律師之間的爭辯，誰更熟知法律，誰的反應越機敏，誰就越有說服力。不過，像太原知府張集磐這樣，能夠對付訟棍的官員，畢竟是少數。更多的官員，都讓訟棍搞得頭痛。南宋的時候，有一個訟棍，甚至驚動了當朝的宰相。

南宋時，在浙西，也就是錢塘江以北的浙江一帶，出現了特別多的流氓訟棍。他們有兩樣共同的伎倆，一是抓住普通人害怕打官司、破錢財的恐懼的心理，蓄意挑釁，動輒便以打官司相脅訛詐。二是挑唆別人打官司，繼而從中渾水摸魚，牟取暴利。

當地州縣衙門的長官遇到的大多是良民、愚民，一旦碰上流氓訟棍這等難纏的角色，一時都沒什麼好的對策。就連師爺也沒有什麼良策對付。這就導致了訟棍們愈發變本加厲，專幹謀私營利，與地方官府作對的勾當。

話說當時有位驚動了當朝宰相的訟棍，名叫婁元英。此人可以說是浙西一帶流氓訟棍中的老大，其能量非一般訟棍可比。

婁元英既熟知衙門的辦事規則，善於鑽法律的空子；又和很多當地衙門的一些皂隸、獄卒熟識，二者甚至狼狽為奸。因此，他能夠第一時間獲取衙門的內部消息。此外，婁元英練就了一身不怕受刑的本事，一般人聞之膽寒色變的嚴刑拷打，對他而言，如同家常便飯一般。這就是俗話說的「死豬不怕開水燙」。人莫予毒，誰也不能把我怎麼樣。憑藉這種本事，婁元英在訟棍界奠定了「江湖大哥」的地位。

有一回，一個流浪乞丐胡四，到浙西來乞討，無意中闖進了一戶居民的家裡。這家的戶主叫曹十一，最忌諱乞丐之類的下賤人踏入自家的客堂。於是，曹十一叫人把乞丐胡四捆綁起來，毒打了一頓。胡四挨了打，滿身都是傷。兩個月後，又得了一場病，沒多久就一命嗚呼了。恰在此時，他的兄弟胡三也來到了浙西。

婁元英得知此事後，如獲至寶。立即挑唆胡三，讓他去曹家吵鬧。說胡四的死是因為遭受了曹家毒打，傷重不治而身亡的。威脅曹家，說要告官。

胡三鬧完後，婁元英立即登門，擺出一副息事寧人的姿態，說自己願意充當和事佬，為胡三和曹家調解。曹十一極怕打官司，情願拿出田產和錢財，私了此事。私了之事，自然由婁元英一手來經辦。由此，婁元英狠狠地賺了一把，旋即將胡四的屍首焚化。

本來，這種事在婁元英的訟棍生涯中，是稀鬆平常的事情。按他以往的經驗，事情到此，就算了結了。

豈料，就在他焚屍的時候，被曹十一的兩個兒子曹暉和曹升看見了。婁元英也心虛，怕這兩人去衙門報官。於是，他仗著衙門裡有人，就來了個惡人先告狀，與胡三一起聯名狀告曹暉和曹升，包庇其父曹十一，打殺了胡四。

婁元英的訟棍惡名早已名揚浙西，當地知縣接到報案以後，知道這次婁元英玩弄的又是其一貫的伎倆。若自己硬往裡鑽，別說是為民做主了，恐怕最後自身都難保。算了，惹不起，躲得起。知縣走過場似的，馬馬虎虎地過了一下堂。

婁元英得到衙門的內部情報，知道事情完全在自己的掌控之中，此番又可以大賺一筆，不由得心花怒放。衙門長官又如何，不過是只紙老虎，一樣被我玩弄得團團轉。

正當婁元英得意忘形之際，時任當朝宰相的馬光祖來到浙西巡查。一查就恰好查到這樁命案。

馬光祖是南宋寶慶二年（一二二六年）的進士，為官清廉，體恤百姓，性情也剛烈，一貫不畏豪強。尤其難能可貴的是，馬光祖的辦案能力也很強。在來浙西巡查之前，馬光祖就多次聽聞浙西流氓訟棍們的惡行。因此他早有打算，要來個殺一儆百，以正當地民風，恰巧碰到「胡四命案」。馬光祖調閱所有卷宗，徹夜研讀，一一找出其中的破綻後，才命人將婁元英等一干人重新提審。

打官司，上公堂，受審訊，吃棍杖，此等事情，對於久經沙場的老流氓婁元英來說，壓根兒就不叫事兒，簡直就是小菜一碟。因此，他來到公堂之上，面不改色心不跳，且擺出一副正義的嘴臉，巧言誣陷曹家包庇殺人。

馬光祖冷眼觀看婁元英煞有介事的表演。聽到關鍵處，馬光祖猛然拍案而起：「好你個婁元英！一開始，教唆胡三鬧事訛詐的是你，繼而捲曲袖管撮合兩家私了的也是你。最後公然誣告曹暉、曹升的，還是你。本官倒要問問你，這胡四之死，同你有何干係？」

這句話，切中了要害。婁元英聽了後，心裡不免有些發慌：沒想到，這位當官的不好糊弄。看來，我尋常慣用的招數不頂用。那就換一招。婁元英拿出一貫耍無賴的本事，在公堂上撒潑打滾，胡攪蠻纏起來。

可他哪兒知道，馬光祖能做到宰相的位置，那是在官場上歷練了多年的，什麼厲害的角色沒見過？什麼樣的人物沒見過？豈是一般地方衙門的小官員可比。就婁元英這等下三濫的伎倆，根本嚇不倒馬光祖。

馬關祖看著婁元英，冷笑開罵：「似你這等無籍訛徒，沒半點手藝，全憑搬弄詞訟，逐臭聞腥，索瘢尋垢，倒橫豎直，顛倒是非過日子，你從中攫取利益，倒教別人承擔災禍，今日本官定要將你嚴辦！不然，這普天之下，哪裡還有王法！」

這番言辭，犀利如刀，揭穿流氓訟棍的老底。在婁元英聽來，五雷轟頂，他臉色慘白，半晌說不出一句話，只得認罪伏法。

一個流氓訟棍，竟然驚動了當朝宰相。說起來，這訟棍也算是真有些能耐和本事的。一般地方衙門的長官，能力差些，就不是他們的對手，時常被搞得焦頭爛額。從中也可以看出，作為一名州縣長官，要做好司法審判的工作，確實不易。對內，要依靠刑名師爺；對外，要應付流氓訟棍。這兩種角色，都是爺，誰都得罪不起。

換句話說，一個州縣長官，若自身的能力不行，那就是孫子。只能在「爺們的世界」裡掙扎求存。當然，在「爺們」的群體中，還不只是刑名師爺和流氓訟棍。我們說過，州縣長官的日常公務有幾項，司法審訊、徵收錢糧、官場應酬等等。

徵收錢糧是與司法審訊同樣重要的公務。錢穀師爺，也是除刑名師爺外，頂頂重要的一位人物。

五、搞錢

如果說，刑名師爺是州縣衙門長官的首席幕僚；那麼，錢穀師爺就是幕僚中的二號人物。其主要職責有兩項，一項是協助長官處理稅收，另一項是協助管理衙門的公共財政開支。

稅收這事十分繁瑣。明清時期，朝廷最重要的稅收，是土地稅。傳統的叫法，叫田賦。田賦在唐朝以前，歷代都是徵收糧食實物。到唐朝安史之亂後，經過了「兩稅法」改革，田賦既要徵收糧食，又要徵收銅錢。民間就把田賦稱為「錢糧」。

當時實行「兩稅法」的目的，是為了改善朝廷的財政狀況，也為了減輕一些農民的負擔。這一改革，也確實改變了一些過去亂收費、亂攤派以及賦稅負擔不均衡、不合理的現象。可惜的是，好景不長，由於各種因素，「兩稅法」最終沒能實施下去。

到了明朝，在賦稅上，又實行了一個改革，歷史上稱為「一條鞭法」。這項改革，是明朝開國兩百多年後，張居正提出的。「鞭」就是編排，整齊的意思。所謂「一條鞭法」，簡單地說，就是將賦役統一化，貨幣化。把過去一些徵收實物和徵發勞務的賦役改為徵收白銀。

譬如，以前有一項為朝廷提供勤雜事務的「均徭」，就是十六到六十歲的男子，都要為朝廷當差役、勤雜工。而為地方衙門當勤雜工，則叫「雜泛夫役」。張居正提出了「一條鞭法」後，「均徭」就改成了按丁男數徵收「丁銀」，換句話說，這就成了男子的人頭稅，不去當勤雜工，那就交納白銀。同時，田賦也不再徵收糧食，也改為徵收白銀。

一句話：就是搞錢。

當時，只有長江中下游以及大運河沿線交通方便的省區，另徵「漕糧」，向京城運送。其餘地方都徵收白銀。

各州縣衙門的勤雜工，也按照每個州縣每年所需的勞動力計算僱傭的工錢，再平攤到全州縣的土地和田賦銀一起徵收。這麼一來，實際上就成了田賦的附加稅。以前所有的賦稅徵收、解送，都由百姓輪流承包。「一條鞭法」實行後，就由各州縣衙門負責組織。

到了清朝，賦稅又實行了進一步的改革。其改革主要的內容是：不再徵收康熙五十年以後出生男丁的「丁銀」，而是將各省的「丁銀」數額，平攤到該省的田賦銀上，一併徵收，合稱為「地丁銀」。名義上，「地丁銀」分夏、秋兩季徵收，但到了後來，都是分期繳納。從每年的四月開始，一直到年底的十二月。

徵收賦稅事務的時間跨度長達八個月，過完了年，就要開始新的準備工作。譬如印製各種單據，加蓋官印，核對帳目，填寫單據，還要做年底的總結核算，清理帳目，並向上級報告。這些事務，都由州縣衙門的錢穀師爺和戶部書吏完成。

所謂「國計民生首重財賦，財賦之源，首在州縣」，朝廷對州縣的賦稅徵收事務，高度重視，若州縣長官徵收不力，輕則記過處分，重則丟官回家。所以，每一年，各州縣衙門都必須設法在年底以前完成當年的賦稅徵收事務。如此繁雜瑣碎的事務，靠州縣長官是不可能完成的，他只能依靠錢穀師爺，以及戶房書吏。

而且，在一些賦稅比較繁重的州縣，一名錢穀師爺還不夠，往往要聘請兩位錢穀師爺。有的州縣，漕糧徵集輸送任務繁重，州縣長官就還得聘請一位「漕總」，專門負責漕糧的運輸事務。

可想而知，錢穀師爺負責的事務，既重要又繁重。因此，他每年所拿的報酬，即「束脩」，基本和刑名師爺上是一樣多的。明清時期，一般州縣衙門的裡的錢穀師爺，每年的束脩都在上千兩銀子左右。

不過，錢穀師爺和刑名師爺一樣，都不是好當的，都要跟從老師學習，先要做一兩年的見習生。作為錢穀師爺，首先要具備的技能，是打得一手好算盤，要算得清、軋得平各種複雜的帳冊。其次，你得有一個耐得住寂寞的好性情。因為作為一名錢穀師爺，終日面對一遝遝厚重的帳冊，極其枯燥無味。

清代有一本名為《長隨論》的書，裡面記錄了錢穀師爺要處理的事務，雜七雜八算下來，一共竟然有六十項之多。可以說。錢穀師爺是州縣衙門的大管家。

而在州縣衙門裡，還有一個小管家。那就是帳房師爺。帳房師爺也是「搞錢」的爺，不過，這位爺和錢穀師爺分工不同，錢穀師爺管理的是公開的財政帳目，而帳房師爺管理的，則是不公開的財政帳目。說白了，帳戶師爺就是專門幫州縣衙門長官管理「小金庫」的。

小金庫裡，一般有兩筆帳，一筆是衙門長官孝敬上級的禮金，另一筆是衙門長官收受下級孝敬自己的禮金。管理這兩筆帳的出納者，就是帳房師爺。另外，帳房師爺還要負責給內衙的僕役、長隨，以及外衙的衙役發放工資。

帳房師爺的工作，看起來沒有錢穀師爺那麼繁瑣，但其重要性一點不比錢穀師爺小。這麼說吧，錢穀師爺若在工作上出點差錯，尚有回旋的餘地；而帳房師爺若出點紕漏，衙門長官則可能會有丟官的危險。

清朝筆記小說《汪穰卿筆記》裡，講過一個與帳房師爺有關的事。

事情發生在清道光年間。當時，直隸有一名貪婪成性的知府。這一天，這位知府駕臨下屬的一個縣衙門。知縣慌忙出來迎接，一路畢恭畢敬地將知府迎進內宅。待知府安坐後，知縣小心翼翼地請教：「不知知府大人所為何來？」

知府輕描淡寫地說：「其實也沒什麼大事，今日是本官生日，承蒙你日前送來的禮金，特來致謝。」知縣正要回答說：「不謝，您太客氣。」豈料知府臉色一沉，陰笑道：「只是，你的帳房師爺好像從中揩油了，送來的銀子分量不足啊。」

就這一句話，說得知縣直冒冷汗，立馬請罪，誠惶誠恐道：「卑職調查，卑職調查，回頭立即補足。」知府道：「為了省去你的麻煩，我帶了天平來，你現在就可以把銀子秤給我。」說完，知府一揮手，跟班變戲法似的拿出一架天平，放在桌子上。知縣瞠目結舌，沒想到這知府辦事如此嚴謹，如此注重效率。只好叫出帳房師爺，送上銀子。知府驗足成色，秤足分量，這才心滿意足地打道回府。

從這個小事就可以看出，帳房師爺的重要性。其實，帳房師爺這個角色，在清朝以前是沒有的，直到嘉慶年間才出現。到了道光、咸豐以後，帳房師爺在州縣衙門地位，僅次於刑名師爺和錢穀師爺，成為州縣衙門幕僚群體中的三號人物。這說明，晚清時期的州縣吏治普遍變壞。

據《中國紳士》一書的考證，在太平天國戰爭後，「非正途官員」和「正途官員」的比例為三比四，各級官員基本信奉一條「座右銘」——千里為官只為錢。因此，州縣衙門內衙的收入和支出，都大大增加了。這就必須一個專職會計。如此一來，帳房師爺就成為一個重要的幕僚。

而在晚清時期之前，真正排在州縣衙門幕僚席第三位的，是書啟師爺。這位爺，也是一位重要的人物。

六、玩的就是文筆

與刑名師爺和錢穀師爺相比，書啟師爺的工作，其實並不算難，就是讀書人常做的事，不用專門的培訓和見習。

工作輕鬆些，待遇自然也就不高，一個書啟師爺一年的束脩，也不過幾十兩銀子。有的衙門乾脆就讓刑名師爺或者錢穀師爺所帶的見習徒弟來擔任書啟師爺。還有的書啟師爺，則是由衙門長官的親屬，比如外甥、女婿之類的晚輩來擔任。儘管待遇不高，但書啟師爺卻絕對是一個不可或缺的角色。正所謂「衙門公事，全憑文案」。意思很明確，諸多政務，最後都要落實到文件案牘上。

而作為一個州縣長官，所要做的事情太多，要費腦筋，花時間來寫作，批閱文案，實在忙不過來。朝廷也不給配備祕書。所以，州縣長官只能直接出資聘請一位或幾位起草公文書劄，具有祕書性質的書啟師爺。

可別小看這個差事，就拿明清時期來說，一個州縣長官要保住官位，都要和上司套近乎。怎麼套呢？簡單，時常要寫些禮節性的請安稟帖，如到任、賀節、祝壽、賀喜、民情、氣候等等，這樣才會讓上級對自己留下深刻印象。尤其是請安稟帖，原本是無聊的文章，卻要引經據典，堆砌辭藻，來掩蓋貧乏的內容。書啟師爺的任務，就是把這種拍馬屁的文書寫漂亮。

簡言之，書啟師爺玩的就是文筆。而對於古代的官吏來說，文筆可不是雕蟲小技。可以這麼說，一個官吏文字水準的高低，對自己的仕途影響是很大的。

以乾隆年間發生一件事為例，當時，新疆準噶爾部發生叛亂。軍情急報傳到京城的時候，已經是深夜了。乾隆皇帝得知後，急命太監將值班的軍機章京巴延三叫來，面授了平叛的機宜後，命巴延三火速擬旨。

原來這不是難事，可巴延三恰恰是個沒文化的無能庸才，文字水準極差。他能當上軍機章京，完全是靠鑽營，投機取巧混上來的，屬濫竽充數的角色。可這一回，巴延三遇到真正的考驗了。關於平叛事宜，乾隆皇帝講了幾百句話。巴延三回到軍機處，卻寫不出一個字來，急得遍體流汗，心裡惶恐不安。

站在一旁等著取稿的小太監鄂羅里也跟著發急，若不能按時覆命，自己也會跟著受牽連。於是，一急之下，鄂羅里乾脆自己動手擬起稿來。就這樣，憑著記憶，小太監鄂羅里把乾隆皇帝的意思，整理後擬成了旨。乾隆讀過之後，非常滿意，讚歎不已。

幾日後，乾隆皇帝又當著軍機大臣傅恆的面，誇獎了巴延三一番。說朕真沒想到，此人堪稱良才，怎麼不早點推薦來做文牘的工作？傅恆一聽汗都下來了，為什麼呢？他知道巴延三是個什麼貨色。把此人推薦上去，早晚自己得落個欺君的罪名。想來想去，傅恆覺得，乾脆讓巴延三外放，免生是非。最後，不學無術巴延三居然做到了兩廣總督。

回過頭來，再說書啟師爺。起草公文書劄是他們的工作之一，還有一項工作，就是會議記錄。要知道，古代州縣衙門裡的會議是非常多的。衙門每天都要開的例會，稱為「衙會」。衙門長官一把手親自主持，主要內容是討論下屬官員請示的一些公務要事。會議上討論的東西，自然就要記錄，書啟師爺有時候就負責記錄。

總結一下，在州縣衙門裡，有四位重要的「爺」，他們以長官為中心，緊密團結在長官周圍。他們分別是刑名師爺、錢穀師爺、帳房師爺和書啟師爺。有了這些「爺們」，衙門長官才能妥善地完成公務，否則單靠編制內的胥吏，這個官是當不下去的。

因此，州縣衙門長官必須和各類師爺相處融洽，彼此配合得當。所以說，州縣衙門長官完成公務，主要就是和人打交道。這些人裡面，師爺僅是其中一類。還有一些編制外的另類人物，也是必不可少的。這些另類人物，也被稱作「爺」。

第六章：另類人物

一、小門房大能量

在中國古代社會，尤其是明清時期，普通老百姓對州縣衙門的長官有幾種尊稱。一般稱呼衙門長官為「老爺」；更尊重一些的，稱之為「大老爺」；近乎膜拜並帶有強烈感情色彩的，稱為「青天大老爺」。

而長官的幕僚，則稱之為「師爺」，或者「師老爺」。其他的，哪怕是編制內的書吏，都稱不上「爺」。除此之外，還有一類人，也被稱為「爺」，這類人就是長官身邊的「長隨」。他們被稱為「二爺」或者是「大爺」。

這類「二爺」「大爺」在衙門的世界裡，是很另類的一撥人。從字面上看，長隨長隨，好像就是長期跟隨、長久跟隨的意思。其實不然，長隨，就是衙門長官的私人僕從。有些讀書人和仕紳，是極其厭惡長隨的，他們常常把長隨貶稱為「家人奴才」。

而這類「家人奴才」，並不會長久地跟隨一個長官。在州縣衙門裡，長隨一般只跟隨一個長官一任。長官若升職或繼續留任，長隨一般都不會繼續跟隨。因此，所謂的「長」，實際上指的是上班時間。長隨和衙門裡輪班執勤的皂隸不同，皂隸是輪換上班，早班晚班輪流來。而長隨，只上白班。有種說法叫「長白班」，所以，長隨是這個意思。

那麼，長隨為什麼不長期跟隨一個長官呢？是他們天生不忠誠嗎？不是。長隨之所以這樣做，是出於一種很現實的考慮。

如果長期伺候一個長官，那就真成家奴了。按照明朝時期的法律，奴婢被劃分為賤民一類。所以，作為在衙門工作人員之一的長隨，總是努力不讓自己的地位降到賤民的檔次。其實，從本質上來講，長隨也確實和一般的家奴截然不同。

首先是工作性質不同，長隨專門拋頭露面，在公眾場合為長官服務。而家奴，幹的是粗笨家務，屬賤民，是不能在公眾場合露面的。

其次是專業技能，長隨都有一技之長，他們和師爺一樣，也是要經過一定的培訓。在清朝，就有很多關於長隨的「教科書」，這些「教科書」都是以手抄本的形式流傳，如《長隨論》《公門要略》《門無摘要》《交代祕訣》《政餘雜記》等等。

可見，做長隨也是不容易的。一個長隨，至少要經過一兩年的見習，才能當上。這裡有個問題，州縣長官已經聘請了師爺，為何還要聘請長隨呢？很簡單，一位新任的州縣長官，來到人生地不熟的衙門，靠師爺出主意，而長隨則監督執行。當然，監督的不是師爺，而是監督衙門原有的書吏、皂隸等胥吏。可以說，一個新任州縣衙門的長官，靠師爺和長隨，建立起了以自己內衙控制整個州縣衙門的體制。

為什麼又說長隨很另類呢？從名義上說，長隨是長官的私人僕從，連吏都算不上，卻可以代表長官監督，甚至指揮胥吏。因此，被尊稱為「二爺」或「大爺」。更厲害一些的長隨，甚至和長官以下的縣丞、主簿、典史等官員，稱兄道弟。

然而，長隨受僱於長官，一年最多又只能拿十幾兩銀子，比書啟師爺還低，和「二爺」「大爺」的尊稱完全不匹配。不過，作為長隨，根本不會把這十幾兩銀子放在眼裡，他們有的是辦法增添收入。

其中，收入最豐富的是門子長隨，也稱為：門房。

門房的收入，主要來自「門包」。什麼是「門包」呢？就是來客向門房送上的禮金。這是一個公開的慣例，州縣衙門長官去拜見上級，也同樣要給上級衙門的門房塞「門包」。每逢過年過節，還要給門房送上「門敬」。「門包」是小禮，一般是一兩銀子左右；「門敬」是大禮，數額較大。

這是公開的陋習。你要求見長官，就得遵守這一陋習。別看門房是個小人物，可位置重要，他控制著衙門內衙的咽喉。也有官員不信邪，想改變這一陋習，可最終沒能實現。這個官員，就是清朝同治年間的江蘇巡撫譚鈞培。

譚鈞培為官清廉，上任後，有心拿前任留下的門子長隨開一刀，煞煞衙門裡的不正之風。當然，譚巡撫倒也不是貿然行事，他做了兩手準備：一方面明令禁止門子長隨索要「門包」；一方面通知財務，給門子長隨多開工錢，打算來個高薪養廉。

這一辦法實施後不久，上海的知縣莫某帶著名片來求見譚鈞培。門房依舊如以前一樣勒索。

莫知縣滿臉義憤，質問道：「巡撫大人不是已經通告，禁止索要門包了嗎？你怎麼還來這一套？」

門房昂首答道：「這是我們的鐵飯碗，即使大人有命，我也不能遵守。」沒辦法，莫知縣只得央求門房，讓自己先進衙署去見巡撫大人，等辦完了事，馬上回去取了銀子來補上。可門房依然不依不饒，任憑莫知縣磨破嘴皮，苦苦央求，門房就是不答應。

莫知縣怒不可遏，就跑到大堂門前大力擊鼓。一陣鼓響，驚動了譚巡撫。譚鈞培瞭解情況後，火冒三丈，當即就把那門房打入了牢房，準備治罪。沒想到，一波未平，一波又起。翌日，全衙門的門房竟然全部請假告退，大夥都不幹了。

譚鈞培沒想到這些長隨如此團結，一時抓了瞎，只得向同僚緊急商借了一個門房，來應付場面。所以，千萬別拿豆包不當乾糧，別拿小人物不當人物，尤其是別拿大官手下的小人物不當人物。

老話說：「宰相門前七品官」。一個門子長隨，實屬小人物，卻有大能量。其職責，絕不僅僅是站在門口收費，他還兼管傳入內衙的文書文件的收發。對於進出的文件，門房都會仔細點檢，看看其中是否有夾帶。

一切出入內衙的文件書劄，都要分類登記。房間裡還要掛了一面粉牌，記錄每日的重要事項，以及各房書吏的輪班表，以及朝廷的忌辰、節慶、日期等等。作為門房，所有事情，都要安排得妥妥當當，井井有條。所有事情，都要分緩急，量其輕重，察其大小。言談舉止，要不卑不亢。如果隨同官員新到州縣衙門上任，就要先細閱地界遠近，村莊疏密，民情風俗，了然於胸，以備不時之需。

可見，門子長隨也不是好當的，一方面，能力要強。一方面，還得深受長官信任。所以，門子長隨往往都是長官從自己親信的家人中，選拔出來的「老成親信」者，加以提升而委任的。這樣一來，有的門子長隨，就利用自己與長官的親密關係，做一些壞事，比如假公濟私。

《聊齋志異》裡，就描寫了一個門子長隨狐假虎威，害人害己的故事。

故事發生在山東鄒平縣，縣裡有一個叫李匡九的讀書人，進士及第後當了知縣。上任後，李匡九一心想當個清官。因此，他為官一向清正廉明。可是，有一回，當地的一個富戶被人誣告。李匡九手下的門子長隨得知後，就跑到富戶家中去恐嚇說：「大老爺要你家出二百兩銀子，而且要快，否則就要照訴狀辦你的罪。」

這富戶一聽嚇壞了，可他又很吝嗇，捨不得花銀子，就去央求門子長隨，讓門子長隨去跟知縣李匡九討價還價，看是不是可以少出點錢。

門子長隨把頭搖得跟撥浪鼓似的。經過富戶反覆地苦苦哀求，門子長隨才假惺惺地道：「我去試試看，答應不答應，最終還是要大老爺說了算。你在開審的時候看著。」

轉過天來，衙門開審，富戶的案子被排在後面審理。富戶本人跪在臺階下候審，遠遠地，他看見知縣坐在大堂公案之上，門子長隨站立一旁伺候。那門子長隨知道知縣李匡九最近戒了煙，卻故意湊到李知縣耳邊，輕聲問：「老爺，您要點煙嗎？」李知縣正忙著審案，於是極不耐煩地搖搖頭。

片刻後，門子長隨下堂來，走到富戶身邊，說：瞧見沒，我跟大老爺講你的價，大老爺直搖頭。沒辦法，富戶只好答應出二百兩銀子。

須臾，門子又到大堂上，悄聲問李知縣：老爺，您要喝茶嗎？李知縣剛審完一個案子，正口乾舌燥，就連連點頭。

門子長隨上了茶，旋即又找了個藉口下堂，到富戶身邊說：看到沒，大老爺已經點頭同意了。富戶這才放下心來，到得堂上受審，為自己百般辯護。

蒙在鼓裡的李知縣聽了富戶的申辯，覺得這完全是一樁無中生有的案子，當下就判了富戶無罪。翌日，門子長隨就去富戶家中，取了二百兩銀子，順帶還要求富戶給自己一筆辛苦費。富戶全都給了。

就這樣，門子長隨暗地裡發了一筆橫財，而知縣李匡久青天大老爺的名聲，卻被「大爺」門子長隨給敗壞了。

二、官印就是命

門子長隨叫「大爺」，掌管官印的「司印長隨」則被稱為「二爺」。

官印也要專門叫一個長隨負責保管，是不是太誇張了呢？一點都不誇張。要知道，一方官印，是官府權力的象徵，也是衙門長官的命根子，片刻不能離身。

有一齣傳統戲劇，叫《空印盒》。故事講的是巡按何文秀，在去按察院上任之前，奉旨到杭州府察訪。察訪察訪，明察暗訪。明察為虛，暗訪為實。何文秀決定喬裝改扮，微服私訪。何文秀把自己裝扮成一個算卦相面的術士。他的隨從老僕人周能，則化裝成一個遊方的道士。二人裝扮妥當，前往杭州。

杭州知府叫陳堅。此人依仗自己的岳父是吏部尚書，在杭州貪贓枉法，為非作歹，而且還勾結當地的水賊孫龍，在三江渡口殺了人。被害者是何文秀的前任巡按——王巡按。

不久前，陳堅從他岳父那裡得知，新任的巡按何文秀要到杭州微服私訪。陳堅怕事情敗露，便又指使水賊孫龍，前往三江渡口埋伏，他囑咐孫龍說：「凡遇到面白無鬚，形跡可疑的書生，當即謀殺，拋入江中。」

再說何文秀與周能，主僕二人來到三江渡口，恰好遇上了孫龍。孫龍見到何文秀，觀其面相舉止，心裡懷疑，莫非這就是微服私訪的巡按？於是，他殷勤邀請何文秀主僕二人上了自己的賊船。

何文秀也不是吃素的，見孫龍滿臉殺氣，知道此人不善，決定小心應付。於是，二人在船上展開較量，孫龍以山歌試探何文秀，何文秀以山歌暗罵孫龍。孫龍是個老流氓，與何文秀對罵不過，惱羞成怒之下，他掏出一把尖刀對準何文秀。老僕人周能一看情況不妙，趕忙上前解圍相勸。孫龍哪裡肯聽勸，當即索要巨額船費，還要搜查何文秀。老僕人周能趁機接過何文秀手中的巡撫金印。如此，一方官印才沒落入孫龍之手。

長話短說，何文秀主僕二人最終脫險，兩人分頭到杭州城內私訪。無意中，發現杭州城內有一民女李月英，被水賊孫龍霸占為妻。李月英的父親也是被孫龍殺害的。李月英無法報仇，終日苦悶，偶然見到何文秀在街頭算命，便將何文秀喚入府中問卦。從李月英那裡，何文秀得知陳堅勾結孫龍，所犯下的諸多罪行。

二人正在交談之時，孫龍突然回到家中，李月英冒死掩護何文秀脫險。孫龍趕緊將事情報告給知府陳堅。陳堅為了阻止何文秀，下令所有客店不得留住客人，何文秀主僕二人只好去煙花院暫住一夜。可是，何文秀卻不小心將巡撫官印遺失在了煙花院房中。

次日天明，何文秀帶上老僕周能去按察院上任，才發現官印丟了，四處尋找也未見蹤跡。無奈之下，何文秀只好先上任，再設法尋找官印。

再說陳堅、孫龍二人，得知何文秀已經上任，十分惶恐。恰在此時，煙花院的老鴇送來一枚官印。陳堅一看，是巡撫的官印，心裡頓時有了主意。他想：何文秀沒了官印，便不能證明自己是巡撫，不如先下手為強，趁機將其捉拿問罪。於是，陳堅帶兵包圍了按察院。

從陳堅的行動中，何文秀料定官印定在陳堅手中。他急忙喚來周能商議對策。

夜半三更，主僕二人商議來，商議去，也沒商議出應對之策。何文秀看見案牘上李月英所寫的狀子，怕自己有所閃失，連累李月英遭孫龍的毒手，於是就想把狀子燒掉。

老僕人周能看見，忽然想出了一條奪印妙計。而後，在周能的安排下，按察院內宅裡燃起了大火。陳堅率兵闖入按察院內宅，何文秀將一個空印盒交給了陳堅，令其看守。陳堅接過空印盒，傻了。莫非煙花院老鴇所交的那方官印是假的？何文秀交給自己的才真的官印？於是他打開印盒一看，裡面是空的，方知中計。

片刻後，何文秀與大小官員救火回來，令周能驗印。周能當著眾官員的面，打開印盒，眾官員見官印不在盒中，都盯著陳堅。何文秀當即令陳堅明日交還金印，否則滿門抄斬。

翌日天明，何文秀升堂，陳堅不得不把金印送回。隨後，何文秀將陳堅、孫龍的案件審理清楚，上報朝廷，最終將陳堅、孫龍二人處以斬刑。

明末的小說《刑世言》裡，也描寫過一個與《空印盒》類似的故事。說的是無錫縣一個菜農的兒子，名叫張繼良。張繼良十六歲時，父母雙亡，無依無靠，流落街頭。張繼良的長相很秀氣，很乖巧，用現代的話說，就是一個英俊小正太。錫山寺有一個喜愛男色的老和尚，無意間看到了張繼良，當即就把他收留了。

不久，無錫縣來一個新任知縣，姓何。無獨有偶，這何知縣也是一個喜好男色的傢伙。何知縣到錫山寺燒香的時候，一眼就看中了張繼良，就把張繼良帶回了衙門，給自己當了門子長隨。張繼良也挺能幹，深受何知縣的寵愛，成了衙門裡的紅人。衙門裡的胥吏們都來討好張繼良。

漸漸地，張繼良弄懂了衙門裡的各種門道，成了無錫縣衙名副其實的「大爺」、大管家。連當時縣裡的鄉紳都說，「錫山有張良，縣裡無知縣。」

不久，朝廷派巡按御史到無錫縣巡視，何知縣平日做了不少貪贓枉法的事兒，唯恐被巡按御史彈劾，便讓張繼良化名為周德，送到巡按的按院衙門裡當門子。

故事發生到這裡，愈發離奇，離奇之處就在於，那巡按御史碰巧也是個喜好男色的，於是張繼良又得到了巡按御史的寵愛。

張繼良倒也是個念舊情的人，他為了保護何知縣，偷了巡按御史的官印，交給了何知縣。使巡按御史沒法將彈劾何知縣的公文發出。巡按御史急得沒辦法，找到常州府學的曾教官商量，終於想出一個主意——召見何知縣時，故意在按院衙門裡放了一把火，把空印盒交給何知縣保管。最終，何知縣只得偷偷將官印放了回去。

事情過後，雙方心知肚明，巡按御史也不再追究何知縣了。最後，巡按御史給張繼良安排了一個無錫縣書吏的職務。按說，門子長隨這種身分，是不能當書吏的。可張繼良就當上了。不僅當了，他手上還捏著何知縣的把柄。這麼一來，在無錫縣衙門裡，何知縣成了傀儡，凡事要聽張繼良擺布。後來，張繼良唆使無錫縣的地方仕紳，把何知縣貪贓枉法的事揭發了出來。何知縣被罷了官。

傳統戲劇《空印盒》和《刑世言》中的故事，雖有些傳奇色彩，但從中可以看出，官印對一個官員是非常重要的，要時時注意。如果讓書吏或者衙役偷走盜用，那後果會很嚴重。

所以，明朝有個官員蔣延碧就提出了一個建議：州縣長官要親自保管官印，為了安全起見，最好做一個可以露出官印印柄的印盒，抬眼就能看見，晚上睡覺放床上，時時都能摸到，這才睡得安穩。

話雖如此，可作為一個州縣衙門長官，是不可能時時刻刻帶著官印的。因此，州縣衙門長官平時都將官印放在印盒中，由司印長隨妥善保管。每日，無論長官是坐堂，還是到簽押房辦公，司印長隨都要捧著印盒相隨。

這一工作其實並不輕鬆，以明清時期為例，州縣的官印使用頻率非常高。譬如發布告示，各種存檔的檔案，各類公文，各類帳冊，民間買賣房屋、土地、奴婢的契約，檢驗屍體的屍格（驗屍單），以及祭祀城隍的祭文等等，都必須加蓋官印。

因此，除了「封印期」之外，官印幾乎是天天都要使用的。什麼是「封印期」呢？按清朝法律的規定，每年年底到次年歲初，大約就是十二月下旬至來年元月下旬前後，州縣衙門都要「封印」，就是將官印封存。除非有緊急事件外，一律停止辦公。這一時期，便是各州縣的衙門的「封印期」。

再說加蓋官印，也是有很多講究的。蓋在文件上方，叫「天印」；蓋在文件下方，叫「地印」。交付上級衙門的文件，都要在正面蓋上「天印」。檢驗屍體的屍格，每一頁上都要蓋「地印」。凡是填注傷痕處，尤其是致命傷痕處，要用紅印，力求紅印蓋滿字跡，不讓文字漏出。

說到這裡，你可能會認為，司印長隨的工作其實挺單調，只需細緻，也沒有油水可撈，收入肯定也不及門子長隨。恰恰相反，司印長隨的收入是非常多的。每用一次官印，就有一筆所謂的「辦公費用」進帳。

這筆「辦公費用」稱為「心紅銀」。尤其是民間土地、房屋、奴婢買賣契約蓋印，司印長隨所拿的「心紅銀」最多。

三、辦差很實惠

在衙門的一系列「長隨」中，除了門子長隨和司印長隨這兩類重要角色外，還有一些地位不高，但同樣重要的長隨。譬如跟班長隨、管事長隨等等。

跟班長隨，顧名思義就是當個跟班，跟隨長官，隨叫隨到，隨時伺候。其主要的工作是給長官擺排場，傳命令，當護衛。要熟悉各種接送禮儀，見什麼樣的客人，要穿什麼樣的服裝，坐哪一個位置等等。簡單地說，跟班長隨就是一個熟悉官場禮儀的高級服務生。

既然是服務生，就會頻頻露面，當然也就對外表有一定的要求。所以，長官一般挑選跟班長隨，對其外在的條件，都有一些要求。首先，跟班長隨的身材要適中，與長官本人相稱，若比長官高太多，顯得長官很猥瑣；若比長官矮太多，顯得自己很猥瑣，也丟長官的臉。其次，跟班長隨五官要端正，舉止要大方，動作要利落，口齒要清楚，最好是一口京片子。平日裡，跟班長隨要注意個人衛生，穿著要整潔，不能吃大蒜、韭菜之類的刺激性食物。

一般來說，一個州縣長官身邊的跟班長隨少則一兩個，多則七八個。完全看長官本人的喜好，喜好大場面的，身邊的跟班長隨就多些；不喜歡鋪張排場的，身邊的跟班長隨也就一兩個。

跟班長隨雖然也被稱為「二爺」，但地位遠遠低於門子長隨和司印長隨，也不能參與辦公。當然，收入也不多，長官若高興，偶爾會額外賞幾個小錢。儘管如此，跟班長隨也不是隨便什麼人都能當的。作為跟班長隨，外在條件合適，還必須聰明機警，人情練達。如果幹得特別好，特別討長官的歡心，也有可能提升為門子長隨。對於跟班長隨來說，升為門子長隨，那就好比讀書人中了舉。

接著說說管事長隨，其實這不是指一類長隨，而是多個長隨的統稱。譬如，管倉的，管庫的，管號的，管監的，管廚的等等。這些「管」字號的長隨，統稱為「管事長隨」。

不看不知道，一看不得了，一個州縣長官身邊竟然需要這麼多的長隨。而這些眾多的長隨，沒有一個是閒人，都是一個蘿蔔一個坑，各司其職，沒有尸位素餐之徒。

就拿最不起眼的官廚長隨來說，工作是專門管理內衙的伙食。衙門裡的公務人員很多，伙食當然就是大鍋飯。眾口難調，伙食節儉些，大夥都抱怨；伙食太豐盛，長官又說太浪費，官廚長隨就得受責罰，總之這差事不太好幹。

要弄大鍋飯，自然也得購買食材。這樣就又多了一個「買辦長隨」，專門負責採購內衙所需的食品和日用品。買辦長隨也歸屬於「管」字號的長隨，屬管事長隨的一類。別小看這些不起眼的管事長隨們，他們的「灰色收入」一點也不少，譬如管廚的，可以撈油水，買辦可以剋扣貨款，反正各有的招數。

除此之外，還有一個比較特別的長隨，叫「辦差長隨」。

聽起來有些奇怪，衙門的公務員，編制內的胥吏，編制外的師爺、各類長隨，不都是給長官辦差的嗎？為何還要再專門設立一個辦差長隨呢？這裡說的「辦差」，所辦的差事，是指在衙門各種正常司法、行政事務以外的，臨時性或監管性的事務。這樣的事務不少，州縣長官分身乏術，一般就由辦差長隨去管理。譬如管理陸路驛館，或者辦理陸路迎送事宜等等。

在清朝以前，驛館招待的事宜，一般都有一個小吏負責，這個小吏的職務名稱叫「驛丞」。

在古代，驛就是官方的招待所，一般都設立在大路上。驛館的功能，就是為過往的官員提供食宿，以及交通工具。明朝時期，設在陸路上的驛館，叫做馬驛；沿水路設置的驛館，叫做水驛。

驛丞是驛館的負責人，手下也管著幾十號人，比如馬夫、水夫，驛卒等等。這些人，基本是從當地百姓中徵集而應役充當的。明清時期，也有一些囚犯被發配到驛館去幹活，比如打掃衛生，修整道路，搬運貨物，飼養馬匹等種種雜活。他們白天從監獄裡放出來幹活，晚上又被關進獄中。

雖說驛丞手下管著幾十號人，自己大小也是個官。可卻是一個「賤官」，因為作為驛丞，一般來說接待的都是過往的大官，一旦伺候不周，就會遭到打罵，甚至還發生過驛丞被官員活活打死的事。

當然，有的驛丞會得罪官員，也有的驛丞會得到官員的好感。另外，驛館有專門負責招待的費用，這筆費用是無法精確核算的。因此，驛丞便可以從中渾水摸魚。

甚至，驛丞還要盤剝在驛館附近住家的百姓。按照明朝中期以前的法律規定，衙門的公差，或者是到衙門赴任的官員，都只能騎馬，而不准乘轎。關於這一點，有一條「使役民夫抬轎」的專有條文，規定出使的公務人員如果奴役百姓，讓百姓抬轎者，杖六十。

但是，到了明朝中期以後，在官路上過往的官員，基本乘坐轎子，讓百姓抬著轎子走。這些抬轎的百姓，都是沿途驛館的驛丞從當地百姓家中徵集來的。百姓給官員抬轎子，官員要給賞錢，但這筆賞錢卻落在了驛丞手裡。

到清朝時期，大部分州縣都裁撤了驛丞這一職務，將驛館交給州縣長官監管。州縣長官不可能離開衙門，就只有派自己的「辦差長隨」前去管理驛館。

晚清官員陳其元，在他的《庸閒齋筆記》裡記錄了一件逸聞，說的就是辦差長隨出彩，受到獎賞的趣事。

事情發生在嘉慶元年（一七九六年），陳其元的祖父因為辦理公務，到了四川。在四川一個邊境的驛館休憩。此時，恰逢當時聲望顯赫的統帥福康安要經過這個驛館。因此，驛館上上下下，忙忙碌碌，人來人往，準備迎接福康安大人的到來。

福康安是個極喜歡排場的人，口味也刁，平生最愛吃的一道菜是白片肉。這道菜看起來簡單，做起來很麻煩。簡單地說，就是要用一頭整豬煮爛後再開片，肉味才會鮮嫩。

驛館裡上上下下的人，都知道福康安的口味，於是一大早就架起一口大鍋，將一頭整豬放進去，用文火慢慢地熬煮。原本熬到晚上就能出鍋，開片了。可哪裡想到，臨近中午時分，福康安的一個長隨飛馬趕到，說福統帥一會兒就到，到了就要用午餐。吃完就走，趕到下一個驛館去休息。

這可把驛館的廚子急壞了。原本定的是晚上到，這福統帥怎麼提前了？提前就提前吧，要命的是鍋裡那頭豬還沒有煮爛。廚子思來想去，忽然做出一個驚人的舉動——他爬上灶台，解開褲子，對準大鍋，撒了一泡尿。

周圍的人都傻了。陳其元的祖父也大驚失色，驚愕地盯著廚子：「你小子這是要瘋啊？」廚子倒很冷靜：「我忘了帶皮硝，只好這麼幹了。」

皮硝，也叫芒硝，可以讓鍋裡的肉加速熟爛。現在，我們常看到一些關於食品安全的新聞，比如「黑心商販製熟食用芒硝」。芒硝過量，會讓人的腸胃大受傷害。那廚子倒真有些本事，知道芒硝的功用，沒芒硝，竟然用尿代替。

正午時分，福康安到了驛館，下馬落座，當即就吩咐上菜。說來也巧，那豬肉居然真的煮爛了，白片肉端上了桌。福康安開吃，吃到一半，忽然傳令驛館的辦差人上堂。

陳其元的祖父心想，壞了，篤定是福統帥吃出尿騷的味道了，要懲辦驛館的辦差人。這辦差人是當地衙門長官的「辦差長隨」，搞不好連那衙門長官也要跟著倒楣。可過了一會兒，只見那辦差長隨滿臉歡喜，手拿一匹綢緞下了堂。

原來，是福康安傳話，說飯菜味道極佳，一路上，自己就沒吃過這麼好吃的白片肉。所以，他一時高興，賞賜了辦差長隨一匹綢緞。那個辦差長隨受了誇獎和賞賜，衙門長官臉上也有光。所以，儘管辦差長隨不是衙門裡有權勢的長隨，但如果差事辦砸了，就會讓長官跟著倒楣。相反，如果差事辦得漂亮，也會給長官帶來意想不到的好運。

《子不語》裡，就講了這樣一個故事。

故事的主人公是淮寧縣知縣華雍，他得知欽差大臣要經過本縣，就派專門的辦差長隨張榮去接待。

張榮立即行動起來，花了一百多兩銀子，租賃了一間大房子，精心打理，布置成了一座公館。可剛安排停當，卻接到報告，說那欽差大臣臨時接到聖旨，到別處巡視去了。

張榮有點洩氣，自己費時費心費力，準備得這麼充分，人又不來了。正鬱悶間，又聽到一個消息——江西巡撫阿思哈因犯了事，被拿問進京，將要經過淮寧縣。

張榮沒有向知縣華雍報告，就自作主張代表華知縣前去迎接，殷勤地將阿思哈請進了臨時公館。阿思哈頗有些意外。怎麼呢？因為自己犯了事，奉旨前往京城交代問題，一路走來，沿途自己的門生、故交的官吏全都唯恐避之不及，阿思哈感慨世態炎涼。沒想到，路經淮寧縣，一個素不相識的知縣竟然如此盛情地款待自己，只見公館內布置一新，張燈結綵，館內設施樣樣齊全，阿思哈心裡十分感動。

在公館小住了幾日，臨別時，阿思哈再三感激。張榮也很高興，回到縣衙裡交差，卻被華知縣臭罵一頓。華知縣斥責張榮多事。一旁的師爺也陰陽怪氣道：他花了那麼多銀子布置公館，若不招待個「貴客」，怎麼能報銷呢。華知縣非常鬱悶，卻也無法，只好作罷。

轉眼過了兩年，華知縣轉任到了山西任知縣。此時，恰好阿思哈復出，任山西巡撫。華知縣前去拜見，阿思哈一見手本，想起三年前的事，很是興奮，親自到轅門外迎接。

兩人一見面，阿思哈極為親熱，一口一個「老賢弟」招呼華知縣，繼而攜手入堂。接著，阿思哈大擺筵席，把華知縣待如上賓。之後，由於阿思哈的提攜保舉，華知縣被擢升為通判。又過了半年，華知縣又升任同知，一路官運亨通，最後做到了知府。後來，阿思哈調離山西，華知縣也見好就收，請求退休，衣錦還鄉。走之前，賞給張榮兩千兩銀子，讓其安度生活。

其實，做什麼長隨不要緊，要緊的是，你會不會來事，機靈不機靈。如同辦差長隨，可以把驛館當作自家開的旅館、飯店。辦好官差後，其他的時間都是自己經營，賺的錢當然也歸自己所有。

總之，辦差長隨雖沒實權，但很實惠，做好了還能給長官帶來官運。不過，也有的長隨，會給長官帶來災禍。

紀曉嵐的《閱微草堂筆記》裡，就講過這樣一個故事，說雲南省一個知縣，是個清官，可他手下的一個長隨平日卻作惡多端。這知縣就想把這個長隨驅除出衙門。沒想到，這位長隨早把知縣家鄉的情況摸得一清二楚。他被趕出衙門後，立即趕往知縣的家鄉，到了知縣老家裡，長隨謊報說，知縣已經病故，停屍在衙門裡，你們家裡人趕緊去辦理喪事。

知縣老家的親屬頓時哭成一片。接著，長隨又說，知縣在臨死之前，是如何如何吩咐的，說得頭頭是道。知縣老家的親屬信以為真，就拿出一大筆錢，交給長隨，讓他做迎喪的費用。另外，還給了長隨一些賞錢。那長隨拿了錢就走，至此消失得無影無蹤。而那知縣家裡幾乎破了產。

還有些長隨，表面不作惡，可內心卻更為歹毒。清代筆記《堅瓠集》中，講過一個衙門長官的長隨，此人在前任長官手下當長隨時，自稱是山西人。後來，跟了下一任長官，又自稱是江西人。可就在他侍從新任長官後沒多久，得了一個怪病，頭上流膿，腳下生瘡，身上的皮膚如魚鱗般粗糙，且奇癢無比，還發出陣陣惡臭。

幾個月後，這長隨就死了。由於他沒有親屬，長官就命人檢查他的行李。在他床上的枕頭下，發現一個小本子，上面密密麻麻寫滿了字。長官好奇，就翻看來看，不看不知道，一看嚇一跳。這本子裡，記錄著十二個州縣官貪污行賄的劣跡。而且十分詳細，比如在何時、何地，與何人以何種方式進行的交易。甚至包括有哪些卷宗可查，都記錄得一清二楚。

這長官嚇壞了，因為這些記錄中，也有自己貪贓枉法的事情。一旦傳揚出去，輕則自己腦袋上面的烏紗帽難保，重則，恐怕連烏紗帽下面的腦袋也難保了。

不過，這死去的長隨也不是徹底的孤家寡人，他還有一個朋友。據他朋友交代說，這長隨每到一個地方衙門當差，混一段時間後，就會卷些錢財，逃之夭夭。臨走，都留下一些書劄，上面記錄著長官的一些劣跡，讓長官不敢追究。就連他的老婆，也是以前某個衙門長官的奴婢，與那長隨勾搭成姦後，二人一同私奔。

長官聽完後，直冒冷汗，賞了一大筆錢給長隨的朋友，算作「封口費」。又將那死鬼的老婆，關進了監牢，直到那寡婦病死在獄中。

從這些記載可以看出，衙門長官和長隨的關係，是比較微妙的。長隨是長官身邊的人，信任的人。可作為長官，又不得不防著長隨，以免出亂子。

長官確實不好當，衙門也真的不好混。就連長隨這類在衙門裡並不起眼的另類角色，也要謹慎應付。

四、卑微的屍語者

除了長隨外，衙門裡還有一位另類人物。此人雖然是衙門編制內的公務人員，地位卻很低，甚至比門子長隨、官印長隨等還低。他沒有實權，也撈不到什麼油水，但專業能力很強，工作任務也很重。最為獨特的是，衙門裡的大小官吏，師爺長隨衙役，都是和活人打交道，而這位人物，專門和死人打交道。他就是仵作。

「仵作」這一稱呼，起源於五代時期。屬三十六行之一，當時叫「仵作行」。最早，「仵作行」就是殯葬服務行業。是專門處理屍體，給死人洗身、換衣、入殮、埋葬的一條龍服務。到了宋代，仵作開始參與檢驗屍體。州縣衙門接到報案，境內發現死因不明或非正常死亡的人，衙門長官就要叫上仵作，前去驗屍。

仵作原本就是搞殯葬的，不忌諱接觸屍體，這一點是衙門裡其他公務員辦不到的。驗屍，是一件非常複雜的工作。古代沒有解剖屍體的制度，仵作驗屍以後，就把詳細的檢驗結果報告（屍格），交給上司，作為長官斷案的參考和依據。

要完成這項工作，單是不忌諱接觸屍體，是遠遠不夠的，還必須懂得許多專業知識，精通解剖學，以及藥理病理學。譬如要知道，何處經絡受傷，危及哪處臟腑，中了什麼毒，出現了什麼症狀等等。判斷越準確，對破案越有幫助。

到了明清時期，仵作正式成為州縣衙門的衙役，按當時的法律，大縣設仵作三名，中縣設仵作兩名，小縣設件作一名。除了正式的件作外，還設了一些編制外的見習件作，以備不時之需。

要當上件作，有兩種途徑，一是靠名師傳授，這類學徒出身的件作，一般都是明清時代以前的；二是明清時代的件作，大多不是殯葬業出身，平時也很少接觸屍體，所以明清時期的州縣衙門，要給每一名件作發一本《洗冤集錄》，並派刑房書吏進行講解。不光講解，每年還要對件作進行一次考試，考試的內容是抽取《洗冤集錄》的其中一段，讓件作講解。講解得明白者，有賞；講解不清者，則予以革職。

《洗冤集錄》一般人都很熟悉。作者是南宋大名鼎鼎的提刑官宋慈。這本書大約寫成於西元一二四七年，被譽為世界最早的法醫學專著。在以後的七百多年中，此書一直被歷代朝廷當作驗屍的標準文本。

這是專業知識方面，另一方面，件作是一個歷史悠久的行當，所以他們在檢驗和處理屍體時，也有自己的行規。

首先，要恭敬對待屍體。無論屍體是否完整，件作都會在進行各種程序前，先口頭「知會」死者，如同跟活人說話一樣，以表示徵得了死者的同意。其次，件作不可強行扭曲屍身，如果屍體因硬化而手腳扭曲，件作都不會強行將死者的肢體扭直。就算家屬提出要求，件作也會拒絕。

另外，要呵護孩童屍體。這當中有點迷信的意思，件作認為，孩童的亡魂是比較固執的，如果處理不當，很容易讓自己倒楣，運程下降。因此，件作在處理孩童屍體時，都會說一些逗小孩兒開心的話。

遵循行規是前提，最關鍵的還是專業知識和能力。對於仵作來說，專業知識和能力，決定自己驗屍的判斷，對案件發揮至關重要的作用。能力差水準低的仵作，有可能會導致判官誤判，釀成冤案，而心思縝密和具有高超能力的仵作，則可以讓撲朔迷離的案情水落石出。

清末時，朝廷刑部出了一個有名的仵作，名叫侯永。此人檢驗技術高明，曾被當時的天津知府沈家本借調到天津，協助進行了一場高難度的驗屍工作。

當時，天津發生了一起人命案。死者叫劉明，自幼體弱多病，成年後娶妻王氏，婚後生有一子，名喚劉黑兒。由於丈夫劉明體弱，所以夫妻生活不太和諧。妻子王氏就與一個針灸醫生鄭國錦勾搭成奸。二人怕姦情敗露，就下狠心合謀設計害死劉明。

案發的這天，王氏請鄭國錦來給劉明看病。鄭國錦下午到了劉家，看病的時候，故意拖延時間，直到晚上才完事，於是就找了個理由借宿在劉家。

凌晨時分，王氏與鄭國錦合力將劉明按倒在炕上，並用布塞住其嘴。劉明動彈不得，叫喊不出，只得聽任擺布。接著，鄭國錦將劉明的衣裳脫去，在劉明的肚臍上方一寸處的「水分穴」上連扎了三針。

在中醫學上，「水分穴」是絕對禁止扎針的。鄭國錦利用這個穴位殺人，既隱蔽，又方便，實在陰險之極。劉明被扎針後，登時咽了氣。

此時，劉明之子劉黑兒被驚醒，恰巧看到鄭國錦從父親身上拔出針來。可是劉黑兒年紀尚幼，又迷迷糊糊地睡了過去。

鄭國錦陰險殺人，沒有中醫專業知識的人，根本無法發現其中的端倪。因此，此事就這麼過去了，鄭國錦和王氏一直逍遙法外。

多年以後，劉黑兒長大，回憶起父親死時的情形，就向自己的伯父說起了當年的事。伯父想了想，也覺得劉明死因不明，就到當地知府衙門報了案。

時任天津知府的沈家本，接到報案以後，覺得時隔多年，檢驗骸骨是一件非常棘手的事。在當時的天津，也不具備能夠完成這種檢驗的人員，沈家本只能上報京城刑部，借調當時最有經驗的仵作侯永，請他前來幫助檢驗。當時，侯永幹仵作一行，已有多年，實踐經驗十分豐富，眼光也極其精準。更重要的是，侯永對《洗冤集錄》也有過深入、細緻的研究。

來到天津後，侯永與沈家本就此次檢驗進行了長時間的溝通，一起分析在檢驗骸骨中有可能碰到的各種情況。侯永根據自己的經驗，認為一旦人的腹部受傷，自然就會猛烈憋氣，氣血上湧，導致囟門處突出，在頭頂囟門骨中心的部位，會出現紅色的血暈。所以，此次檢驗時，要尋找到這一證據。

沈家本非常贊同侯永的看法。到了檢驗這一天，沈家本帶著侯永等人來到劉明墳前。按照程序，先刨開墳土，起出棺材，抬到整理好的屍場上。然後開棺檢驗，一看，屍體果然已經嚴重腐爛了。

侯永和協助他的仵作將骸骨一一撿出，又用溫水沖洗乾淨，依照《洗冤集錄》裡敘述的程序，排列整齊。然後，侯永仔細尋找，找到了最關鍵的囟門骨，用絲綿仔細擦拭，發現確有掛絲的現象，接著他將頂心骨朝太陽光方向細看，可以看見囟門掛絲的左側部位，有一個瓜子大小的紅色透明區域。

侯永將結果報告給沈家本後，沈家本與幾個在場的官員一同上前，仔細觀察，確認是死者生前受傷的痕跡。侯永又查看死者的牙齒，發現死者的二十八顆牙齒，只有七顆尚未脫落。再一細看，正中的三顆門牙的牙根處，赫然呈現出紅色。至此，死者劉明被害一案，找到確鑿無疑的證據。

檢驗完畢後，沈家本重新審理劉明被害一案，面對死者骸骨上的證據，鄭國錦和王氏只得認罪。

一件塵封多年的案件，就這樣水落石出。憑的就是仵作侯永驗屍的功力和經驗。他通過檢驗死者的囟門骨和牙齒，運用醫學原理作為斷案的強力證據。像侯永這樣能力強悍、專業知識豐厚的仵作，已經成為名副其實的「法醫」。

侯永在天津這起命案中，檢驗屍體的方法，在仵作行當中，被稱為「驗骨法」。另外，還有一種驗傷、驗屍的方法，也值得一提，那就是所謂的「滴血認親」法。也稱為「滴骨法」。

古代民間普遍認為，血相溶者即為親。就是說，同為血親之人滴出的血，會融合到一起。而非血親之人，血滴就會散開，不能融合到一處。現代醫學證明，這種「滴血認親」法，其實並不科學，也不可靠。而明清時期州縣衙門的仵作，則經常採用這一方法來鑒定親子及親屬的關係。

《刑錢必覽》有這樣一個案例——

康熙五十年（一七一一年）初夏，蘇州吳縣的一座橋上，有一個叫徐于清的人與人鬥毆。鬥毆正激烈時，有個紹興人陳明賢恰好從橋上經過，結果被徐于清撞進了河中。圍觀者急忙下河救人，可他們在河裡撈了半天也沒撈到。眾人就將徐于清拉到衙門去見官。

按照清朝律法，如陳明賢確實已經死亡，那麼，徐于清將以誤殺罪，被判處絞監候。絞監候，簡單地說，就是死刑緩期執行。徐于清當然不服，他認為死要見屍，這麼不明不白的，自己很冤枉。

於是，知縣只好再次派人去河中打撈。天天撈，日日撈，撈了一個月，終於在河中打撈到了一具已經腐爛的屍體，其面目根本無法辨認。

可是，知縣卻命仵作一定要確認屍體是否是陳明賢。仵作沒辦法，只好在腐爛的屍體上，卸下一段腿骨，沖洗乾淨。然後讓知縣傳喚陳明賢的至親，前來「滴血認親」。

半個月後，陳明賢的妻子和女兒從紹興趕來。仵作開始檢驗，先用針刺破其女兒手指，讓血滴在陳明賢的屍骨上，很快，血滴就滲入了屍骨。接著，又試陳明賢的妻子，結果血滴在屍骨上，凝成了一團，不能滲入屍骨。於是，知縣宣布，那腐爛的屍體確實為陳明賢的屍身。徐于清也只好低頭認罪。

可以說，仵作是一個能讓「屍體開口說話」的衙役，也可以說是古代衙門的「屍語者」。

然而，在古代的州縣衙門裡，仵作卻是最低賤的賤役，不僅在法律上，在世俗上，也被認定為賤民。甚至，沒有人願意和仵作結婚。仵作的待遇當然也很差勁。如清朝時期的法律規定，仵作如果能夠驗屍得法，解決疑難案件，可賞銀十兩。

不過，這種賞銀的可能性是很小的。仵作靠得住的收入，還是一些「灰色收入」。所謂「灰色收入」，簡單地說，就是統治者默許官吏的不正當牟利。仵作的「灰色收入」，主要是每檢驗一次屍體，死者的親人、被告送上的「開檢錢」和「洗手錢」。然而，儘管死人的事經常發生，可是非正常死亡，要鬧到官府裡請求驗屍的事，其實並不多見。仵作要獲得一點額外的「灰色收入」，需要一些偶然因素。

仵作不容易撈到油水的另一個原因，是如有命案、盜案發生，按律法規定，州縣衙門的長官必須親自到現場勘查。如清朝的《吏部處分則例．刑部》中規定：「事主呈報搶、劫等盜案到官，該管印官不論遠近、無分風雨，立即會同營汛武弁，赴事主家查驗前後出入情形，有無撞門、毀戶，遺下器械、油撚之類，及事主有無拷鐐捆紮傷痕。並訊地鄰、更夫、救護人等有無見聞影響，當場訊取確供，填注通報文內，詳明該管各上司。倘印官不親詣查驗、捏飾填報，照瀆職例議處。」

如果是發生了人命案，按照規定，州縣長官必須當天趕到案發現場，如果延遲了一天，就會降一級調用，遲延兩天，就降三級調用，遲延三天，就會被革職罷官。

州縣長官勘查命案現場勘查，按照規定，只能帶一名仵作、一名刑房書吏和兩名皂隸。但實際情況並非如此，州縣長官一般到案發現場，都會興師動眾，帶上師爺、書吏、皂隸等一大群人。

有的州縣，按照當地陋規，屍體所在戶主，在長官到來後，要送上一些錢。這個錢叫「慣例錢」。這個錢，仵作是得不到的，進的是長官的私囊。譬如清朝時期的淮寧縣，一般知縣來驗屍，戶主要送上的「慣例錢」是八貫。

有一回，淮寧縣發生了一起命案。淮寧知縣率領一幫衙役到了現場，命仵作驗屍。仵作正檢驗著，書吏給知縣送來了八貫錢。但這八貫錢，與往常的八貫錢有所不同。這八貫錢上串錢的繩子，是鮮紅色的。

知縣覺得有些奇怪，就問書吏「這是怎麼回事？」書吏說：「這戶人家太窮，拿不出慣例錢來，只好把自家的女兒賣給一個財主做了小妾。賣了一筆錢，其中這八貫錢，叫「喜錢」。所以才用鮮紅的繩子串起來的。」

知縣一聽，動了惻隱之心，就命書吏將財主喚來，拿著那八貫錢對財主說：「本官逼人賣女兒，得了這八貫錢，是大不仁；而你趁人之危，買別人的女兒，是大不義，你將人家女兒送回去。本官自會把錢都還你。」

財主只得答應。隨後，知縣又叫來窮戶主，又問及賣女兒其餘的錢在何處，要他一併還給財主。沒想到，那窮戶說，剩下的錢都送給衙門的書吏，皂隸等人作「差使錢」了。知縣很生氣，回到衙門找書吏，皂隸等人討要餘錢，書吏和皂隸都交上了錢。而在這幫人裡，只有仵作沒拿「差使錢」。他一直在埋頭認真地驗屍。

仵作就是如此，收入菲薄，身分卑微，風險還很高，如果收人錢財，故意檢驗失實，或者因為技術差，導致檢驗失實，就要反坐論罪。可以說，在衙門裡，仵作這個行當，是最不令人羨慕的，也是最悲催的。作為仵作，有真本事，也敬業，可付出卻與回報差距甚遠。

五、職業屠夫

在衙門裡，還有一位與仵作地位同樣卑微的另類人物。只不過，提起仵作，人們是輕蔑；而提起後者，人們感到的是恐懼。這個人物就是專門執行死刑的劊子手。他們也是州縣衙門編制內的衙役。

劊子手的「劊」字起源很早，在中國第一部字典《說文解字》裡，就已經收錄了這個字。當時，解釋「劊」字的字義是「斷」，歷朝以來，死刑最直接的方式都是「斬刑」，因此，將「劊」字解釋為「斷」，還是比較貼切的。

最早的斬刑，就是砍頭，俗稱「砍腦袋」。這種刑罰早在春秋時期就被使用，不過當時不叫砍頭，而叫「投首」。

春秋時期，魯國宰相叔孫豹寵信豎牛。豎牛便利用叔孫豹的名義發號施令，狐假虎威，十分囂張。後來，豎牛設計殺害了叔孫豹的兩個兒子孟丙和仲壬，而後又軟禁餓死了叔孫豹。再後來，魯國叔孫昭子繼位，下令要殺豎牛。豎牛攜帶財物逃亡到了齊國。叔孫豹的十幾個孫子前往齊國捉拿，最終抓住了叔孫豹。對豎牛處以「投首」之刑，並將其首級投在了荊棘之上。

到了秦朝，對於死刑囚犯，主要採用的也是斬刑。在秦始皇統一六國之前的九十七年中，秦國共對一百多萬個死刑囚犯處以了斬刑。

最初，斬刑砍頭用的工具是斧，後來才改成用刀。所以，劊子手也有「刀斧手」之稱。到了明朝以後，劊子手行刑用的刀，叫做「鬼頭刀」。此刀前寬後窄，略彎，刀鋒長約兩尺，木柄把手上刻著一個陰森恐怖的鬼頭。

明清時期，劊子手在行刑時，會在外衣之外再套上一件長袍式的猩紅色背心，背心的後背上寫著一個赫然醒目的「劊」字。套上這種殺氣十足的背心，有兩層意思。一是為了掩蓋血跡，二是迷信，借紅色來驅趕死者的魂靈。

行刑前，劊子手先要向監斬的官員請示，請得朱筆批示的犯由牌，然後到監獄，將死刑犯五花大綁。

一般來說，在執行死刑時，要讓一些待處決的犯人「陪法場」，這些待處決的犯人，也要一一五花大綁。對於劊子手，五花大綁是他們的專業技能，也是絕活之一。

捆綁妥當後，劊子手的助手還要將死刑囚犯打扮一番，比如梳理頭髮，用膠水把頭髮的髮髻或髮辮黏為一體。這是為了讓劊子手在行刑時方便固定囚犯的頭部。

梳理完畢後，再將死刑犯拉到「青面聖者」案前，燃一支香，叩一個頭，然後再餵一碗「長休飯」，灌一杯「永別酒」。最後由監斬官驗明正身，朱筆點了犯由牌，再由獄卒、民壯等人押赴到法場。

法場並沒有一個固定的地方。明清時期，州縣城中都沒有設立專門行刑的法場，通常是在十字街頭的市場上行刑。選擇這種地方，一般是在本地治安情況惡化的時候，以行刑來個殺一儆百的震懾。治安情況穩定的時候，很多州縣將行刑的地方，選在城郊外的曠野外，有意避開民眾。

按照慣例，行刑前總要將死刑犯遊街示眾。如同我們在影視中經常看到的畫面——死刑犯被關押在囚車的木籠子裡，背上插著高高聳立的犯罪牌。犯罪牌上標明了囚犯的姓名、罪名。劊子手及其助手則手捧刑具，走在囚車前面，行刑隊伍前有破鑼鼓開道。之所以要用破鑼鼓，而絕不能用好鑼鼓，是以為要和衙門長官出行時的「鳴鑼開道」有所區別。

整個行刑隊伍一般要在城裡主要街道上繞上一圈後，才抵達法場。我們常在古典小說和戲曲中，看到官府犯人執行死刑的時間，是「秋後處決」、「午時三刻行刑」。

實際上，歷朝歷代的法律都沒有規定必須在這一時刻執行死刑。譬如唐宋時期，法律規定，每年從立春到秋分，以及正月、五月、九月、大祭祀日，大齋戒日，二十四節氣日等日子，都不得執行死刑，而且還規定在雨未晴，夜未明的情況下，也不得執行死刑。按照這些規定計算，一年裡，能夠執行死刑的日子，其實還不到八十天。而明清時期的法律規定，與唐宋時期的規定差不多，並沒有明確規定行刑的時刻。

那麼，為什麼行刑者習慣性選擇在「秋後處斬」和「午時三刻」呢？

秋後處斬和秋後算帳一樣，主要是從農民的耕作時間來安排的。北方的農作物每年只耕作一次。秋收以後，農民比較空閒。在這種時候處決罪犯，方便百姓前往觀看，以達到警示民眾的效果。另外，秋季的氣氛帶有肅殺之氣，萬物蕭條，又是一年的尾聲，適合於行刑。

選擇午時三刻，是一種迷信。「午時」約為現在的中午十一點至十三點之間。「午時三刻」將近正午十二點，是陽氣極盛之時，迷信說法稱可以壓制鬼魂不敢出現，以免死刑犯被斬後，其鬼魂來糾纏。這是「秋後處斬」和「午時三刻行刑」的主要原因。

接著說劊子手執行斬刑，並不像我們想像中的那麼輕鬆，它其實非常考驗劊子手的心理和技術——死刑犯低頭跪在地上，劊子手的助手在前面，拉住死刑犯的髮髻或髮辮，固定住死刑犯的頭部，將其頭頸後部充分暴露出來。待到監斬官一聲令下，劊子手雙手舉刀，快速而兇猛地一刀砍下。這一砍，需要很大的臂力，因為死刑犯的腦袋是懸空的，如果臂力不足，或者部位沒有砍準，就很難一刀將死刑犯的頭顱砍落。

明清時期的筆記裡，記錄了很多劊子手砍頭的軼事。

譬如《清朝野史大觀》裡記錄的一樁事情——說是順治年間，江西鉛山縣的知縣在巡視監獄時，發現了一件令他毛骨悚然的詭異事情。他發現，在鉛山縣衙監獄中羈押的一名囚犯，竟然是幾年前他任浙江開化縣知縣時，已經被執行了死刑的囚犯。

莫非死人復活了？知縣驚詫不已，繼而展開調查。原來，開化縣那次行刑的劊子手，當時還從來沒有殺過人，所以心裡害怕，刀砍下去後，死刑犯倒地流血，他就不敢再看，就報告監斬官已經將犯人斬了。那監斬官恰巧也是個膽小之輩，也不敢上前去仔細查看，吩咐將屍體蓋上草席，就算完事了。而被砍頭的死刑犯，其實只是受了傷，到晚上他甦醒了過來，連夜逃走。逃到江西後，又犯了死罪，最後才被真正處決。

清代筆記《折獄奇聞》裡的一則記載更為奇特。說有一個淫人妻女的惡和尚，在被處斬時，劊子手連砍了七刀，他的腦袋才掉地。所以，做一名劊子手，光有一身蠻力還不夠，還得技術好。

斬刑中，除了砍頭，還有一種叫做腰斬。行刑時非常慘烈，劊子手將人的身體從中間斷開。明朝的大臣、著名學者方孝孺，因拒絕為發動「靖難之役」的燕王朱棣草擬即位詔書，被誅殺十族。這也是中國歷史上唯一一個被「誅十族」的人。當時，包括方孝孺親友、學生在內，一共有八百七十餘人被誅殺。而方孝孺本人，則在午門內被腰斬。

腰斬後，方孝孺沒有當場斷氣，上身還能動彈，以肘撐地爬行，用手蘸血寫了「篡」字，一直寫了十二個「篡」字才最終斷氣。

還有比腰斬更殘酷的死刑，叫凌遲。這是後世的人耳熟能詳的一種死刑。凌遲也叫凌遲，民間稱為「千刀萬剮」。「凌遲」一詞，最初的意思是形容山勢的，指山陵的坡度由高慢慢降低，後來引申為死刑的一種，由劊子手將犯人身上的肉一刀一刀地割下來，讓死刑犯慢慢感受刀割的痛苦，直至死亡。

中國歷史上最著名的凌遲死刑，有兩次，都發生在明朝。

一次是對明朝的大太監劉瑾處以凌遲。明朝正德年間，宦官專權。明武宗即位後，以前他太子時的太監，也跟著一同升了職。劉瑾是這幫太監的首領。

劉瑾原本是個市井混混，在皇宮中，他經常帶著武宗玩「鷹犬、歌舞、角牴之戲」，很討武宗的歡心，於是受到重用。武宗沉迷酒色，不理政事，劉瑾專權，朝政大小政事，隨意裁斷，然後傳旨執行。而武宗卻只顧尋歡作樂。

正德五年（一五一〇年），安化王朱寘鐇造反，劉瑾命太監張永為總督前去討伐。平定叛亂之後，張永想趁機壓制住劉瑾，取而代之。於是，張永就把朱寘鐇的奏摺悄悄交給了武宗。奏摺中講到了劉瑾的十七條罪狀。

當時，武宗喝了酒，讀了這一奏摺，不由勃然大怒，便讓張永去捉拿劉瑾問罪。張永在抄劉瑾家的時候，做了手腳，說在劉瑾家中搜出假造的玉璽，以及衣甲、弓弩、哀衣、玉帶等諸多違禁品。這明顯是有謀反之意啊，武宗得知後，愈發惱怒，一氣之下，下令將劉瑾處以凌遲之刑。

此時，劉瑾已是花甲之年。按照凌遲的刑罰規定，要割三千三百五十七刀，每一片肉要如一片指甲般大小，每割十刀就要歇一下，唱和一句。劉瑾受凌遲之刑時，第一天被割了三百五十七刀，割完後，又被餵了點粥飯，維持生命，翌日接著受刑。到第三天，劉瑾才受完凌遲執行，斷了氣。一個大活人，就這樣變成了一堆肉片。

另一次著名的凌遲死刑，發生在明末。被處以該刑罰的是時任明朝兵部尚書，薊遼督師袁崇煥。

袁崇煥，一代名將，文武全才，有明朝長城之稱。崇禎二年（一六二九年），在寧遠、寧錦戰役失敗後的皇太極，率軍避開袁崇煥的防區，攻下遵化，直逼北京。袁崇煥星夜率軍趕回北京馳援。在京師保衛戰中，獲得廣渠門、左安門大捷，解除了京城之危。皇太極連戰連敗，最後只得使用反間計，讓昏庸的崇禎皇帝聽信閹黨讒言，將袁崇煥逮捕入獄，處以凌遲之刑，當時也叫「磔刑」。

行刑這一天，是明崇禎三年八月十六日（一六三〇年九月二十二日）。袁崇煥被綁縛到京城西市，然後由劊子手用刑。劊子手用刀將袁崇煥身上的肉，一寸一寸地切割，其狀慘不忍睹。不明真相的民眾，有錢的，買其肉吃；沒錢的，搶其肉吃。更有甚者，搶到開膛取出的腸胃，就著燒酒吃喝。一邊吃喝，一邊唾罵不已。

這是中國歷史上的一幕曠世悲劇。

那麼，如此殘酷，讓人痛不欲生，求生不得又求死不能的刑罰，其始作俑者是誰呢？

傳說是心如蛇蠍的妲己。她把人殺死之後剁成肉醬，稱為「醢」。而有歷史記載的凌遲刑罰，始於五代時期，正式定名，是在遼代。據《遼史．刑法志》記載：「死刑有絞、斬、凌遲之屬。」之後，在金、元、明、清朝，凌遲都被當成定刑。據《宋史．刑法志》記載：「凌遲者先斷其肢體，乃抉其吭，當時之極法也。」

明朝人王明德說：「凌遲者，其法乃寸而磔之，必至體無餘臠，然後為之割其勢，女則幽其閉，出其臟髒，以畢其命，支分節解，菹其骨而後已。」

什麼意思呢？簡單地說，寸磔，就是一寸一寸地割，先手足，然後是胸腹，直到割得體無完膚，然後砍去頭顱。而且，歷代凌遲行刑的方法也不同。如清朝，行刑分為二十四刀、三十六刀、七十二刀和一百二十刀四種。

這相當考驗劊子手的技術和心理承受能力。當一名「職業屠夫」，也是非常不容易的。而且，在衙門裡，劊子手收入也很低，相當於一個普通獄卒的工資，當時的工資稱為「工食銀」。每執行一次死刑，大約可以得到一、兩貫銅錢的賞錢。當然，劊子手也有一些「灰色收入」，比如「開刀錢」「香火錢」等等。

也有的劊子手會勒索死刑犯的錢財。清代散文家方苞著有一篇〈獄中雜記〉，文中記載，京師監獄有劊子手威脅凌遲罪犯，說若不多給錢，就慢慢肢解，直到身體都被肢解了，還有知覺，讓你痛苦至死。若多給點錢，就先殺死，再肢解，會免去很多痛苦。

如果是處以斬刑、砍頭的罪犯，有的劊子手會扣下死刑犯的頭顱，要求其親屬拿錢來換取人頭。

甚至，對「陪法場」待處決的死刑犯，劊子手也要勒索「綁錢」。什麼叫「綁錢」呢？就是若不給錢，就在捆綁時格外用力，輕則使其皮開肉綻；重則使其傷筋斷骨。

對於劊子手這樣的衙役，一直被認為是大傷陰德的，所以普通民眾百姓對劊子手都是畏而遠之。在世俗眼裡，劊子手雖是衙門的公差，其實卻是低等賤民。在清朝法律中，也將劊子手定為「賤役」。因此，很少有人願意幹這份差事。所以，劊子手基本是世襲的。與衙門裡的胥吏、師爺，長隨相比，劊子手實在是很另類的人物。

第七章：內部群體

一、一把手不是一般人

如前所述，衙門裡師爺、長隨等角色，都是編制外的公務人員。而衙門裡的另一個群體，則是編制內的公務人員。這個群體，也可以稱為衙門的「內部群體」。這個「內部群體」分為三類：長官、佐貳官和胥吏。

縣衙門的長官，通常被稱為縣令或知縣，是一縣之主，鎮守一方，民間稱其為「縣太爺」「老父臺」「父母官」，他們是朝廷治理天下的第一線官員。

西周時期，縣令被稱為縣正。戰國及秦漢時期，稱為縣令和縣長。而「縣官」這一稱呼，最早出現在漢朝，不過當時出現的「縣官」一詞，並不是指官職，在當時「縣官」之稱是天子的代號。

司馬遷所著的《史記》中，曾記載了一段關於「縣官器」故事——「庸知其盜賣縣官器，怒而上變告子，事連汙亞夫」。講述的是西漢時期著名的將軍周亞夫因為兒子盜賣「縣官器」，而連累自己致死的事。周亞夫是西漢開國功臣周勃的二兒子，曾平定了吳王劉濞叛亂，功勳卓著，是當時的朝廷重臣。「縣官器」是什麼東西呢？就是人死後發喪時使用的甲盾，而皇帝禁止個人買賣甲盾。由於當時「縣官」是天子的代稱，人們就稱甲盾為「縣官器」，意思是天子的器具。只有皇帝批准才能使用。

周亞夫的兒子看到父親年事已高，就偷偷買了五百甲盾，準備在父親去世後發喪時使用。可是，這位公子給傭工的工期很短，錢也不給夠。結果，心懷不滿的傭工就告發周亞夫的兒子。說他私自購買國家違禁品，並以此誣陷周亞夫的兒子有謀反之意。

當時在位的漢景帝便派人追查此事，對周亞夫進行審問。廷尉審問周亞夫：「君侯為何要謀反啊？」周亞夫答：「我兒子買的都是喪葬品，怎麼會是謀反呢？」廷尉譏諷道：「你就是不在地上謀反，恐怕也會在地下謀反吧！」

周亞夫乃朝廷重臣，德高望重，哪受得了這種羞辱。於是，他絕食抗議，不吃不喝。五日後，吐血而亡。一個喪葬品，就讓一個功勳卓著的名臣喪了命。可見，當時的「縣官器」代表著天子的權威，不能有絲毫的冒犯。

到了王莽篡漢時期，「縣令」這個官職，又一度被改稱為「宰」。直到魏晉南北朝，又改回為「縣令」。這一稱呼一直延續到隋唐五代。

元朝時期，縣令又被稱為大尹，縣丞則被稱為二尹。馮夢龍所著的《三言二拍》裡，寫過一樁叫〈一文錢小隙造奇冤〉的案子。裡面審案的官員叫「崔大尹」，並不是說這縣令姓崔，名大尹。「崔大尹」，其實就是崔縣令。到了北宋，又改稱知縣。明清時期，沿襲了這一稱呼。

縣令的權力，在歷史上也有一個不斷變化的過程。從一開始卑微低下的官職，到被皇帝重視的「親民之官」。由此可見，隨著歷史的發展，國家當權者對縣令一職越來越重視。

譬如晉代的法律規定：「不經宰縣，不得入為臺郎」。可見，縣官這種基層工作的經歷，在當時就已經很受重視了。

北魏時期，對縣官這一職務也是很看重的。北魏的孝文帝拓跋宏，推行漢化改革，極其重視縣級政權的組建。他提出了一項規定：「縣令能靜一縣竊盜者，兼理二縣，即食其祿；能靜二縣者，兼理三縣，三年遷為郡守。」

什麼意思呢？就是說，能緝拿盜賊，保一縣清平安寧的縣令，可以管理兩個縣，拿朝廷的俸祿。能保兩個縣清平安寧的縣令，則可以管理三個縣，三年以後，幹得好，就擢升為郡守。

所以，在北魏孝文帝時期，縣令的俸祿是比較高的。當時，北平府的長史裴聿和中書侍郎崔亮，論官職比縣令高很多，可俸祿卻遠不如縣令。後來，孝文帝開恩，特地安排二人兼任縣令，以示優待。由此可見，縣令在當時是個肥缺，所以同僚們對裴聿和崔亮豔羨不已。

到了隋唐，科舉制度橫空出世。州縣衙門的官職，譬如縣令，縣丞、縣尉、主簿等等，都是科舉中第者進入仕途的起步階梯。其中，縣令還要由吏部專門組織一次考試，從中選出最合適的人才。

隋唐時期和晉朝時期的規定差不多——沒有在基層州縣工作的，一律不得出任臺省官員。正所謂「宰相必起於州郡」。

明朝建立以後，明太祖朱元璋對州縣衙門首席長官的挑選和任命，更為重視。以前，州縣長官都必須是科舉出身，而朱元璋不再拘泥這種做法，對州縣長官的任命，主要是通過嚴格的考核。在朱元璋統治時期，全國共有一千多個知縣，這些知縣赴任前，幾乎都曾接受過朱元璋親自接見和告誡。

對於皇帝來說，國家的一切政務，如賦稅、興學、教化、訟獄等等，無一不是從州縣開始做起。儘管在州縣衙門中，這些林林總總的事務，都有專人執掌負責，但統領、指導和監督的，是州縣衙門的首席長官。換句話說，州縣衙門的長官是代表皇帝，直接與普通民眾打交道。

清朝時期，雍正皇帝提出：「州縣長官乃『親民之官』，是吏治的起始。一個行省的吏治，如同建造一所房子。若州縣官品行不端，基礎立不好，房子則不會牢固。先皇康熙臨御六十一年，洞察州縣官之重要，因而特別創行引見制度，當面諮詢考察，可謂至詳至慎。」

可見，儘管州縣的地方長官，在以皇權為頂的金字塔結構的仕途中屈居底層，但在歷史上的很多時期，都受到朝廷和皇帝的高度重視。因而，在州縣衙門長官這個職位上，曾經人才輩出，讓後世的人不禁感嘆：很多州縣衙門的一把手，都不是一般人。

僅舉兩例，一個是戰國時期鄴縣的縣令西門豹。

鄴縣這地方，在今天安陽市區以北約二十公里處。西門豹在此地任縣令的時候，當地流行一種古老的習俗，叫做「河伯娶婦」。

當時，鄴縣位於漳河邊上，漳河經常洪水氾濫，鄴縣自然屢遭洪災。於是，鄴縣裡就有人使用巫術來騙人，傳謠言說：洪水氾濫，是因為河神要娶妻，要當地百姓每年選出一個漂亮姑娘，投進河中。騙人的目的，就是以此向百姓索取錢財——比如讓百姓家中拿出錢來，給姑娘做嫁妝之類的。

西門豹到鄴縣上任以後，有巫師來邀請他一起去送嫁。看到被選中的漂亮姑娘，被投入河中，無辜喪命，西門豹很震驚，決心要破除這種陋習。

很明顯，害了那麼多無辜者，洪災也沒有停止。於是，西門豹想出了一個主意。到了再次投姑娘入河之時，西門豹對巫師說：「這姑娘不漂亮，你去跟河神說說，改日再送一個漂亮姑娘來。」說罷，西門豹就叫手下把巫師投入河中。過了片刻，又命人把巫師的三名弟子，以及幾個地方土豪，也相繼投入河中，讓他們去催一催巫師，看他與河神商量妥當了沒有？這幾個搞巫術的，有去無回，說明根本無法與河神聯繫，騙局被揭穿。「河伯娶婦」的陋習，從此被破除。

之後，為了從根本上解決當地洪水氾濫的問題，西門豹親自帶領鄴縣民眾修治漳河水利，在漳河開了十二條渠道，引水灌田，鄴縣人民得以安居樂業，所謂「畝收一鍾」。

一鍾為六石四斗，在當時，產能已算是很高了。後來，晉代文學家左思在〈魏都賦〉裡說：「西門溉其前，史起溉其後。」鄴縣，當時屬魏國都城的範疇，意思是講：西門豹和後來一個叫史起的縣令，先後開渠灌田，治理得十分好，使鄴縣成為一個富足的縣城。

再說一個清朝康熙年間著名的知縣，陸稼書。此人有「天下第一清官」之稱，清正廉明，政績卓著。

康熙十四年（一六七五年），陸稼書被任命為嘉定知縣。上任時，嘉定縣衙的大小胥吏，都到碼頭來迎接。胥吏們牽馬的牽馬，抬轎的抬轎，場面十分火爆。胥吏們如此殷勤，無非想奉承、討好。哪知道，陸稼書並未乘坐官船前來，而是乘著一隻小船，悄然而至。船裡也只有一些書籍和被蓋等物。

嘉定縣百姓得知後，奔走相告，說新來的知縣定是一個清官。按當時官場一貫的風氣，縣衙門的新任長官到任後，當地富商都會備上厚禮，前來朝賀，這是人情來往。可陸稼書上任後，不吃這一套，對送禮朝賀者一概婉言拒絕。

陸稼書不僅不收禮，也不給上級送禮。有一次，江蘇巡撫慕天顏做壽，他所管轄的各州、縣紛紛送上厚禮，只有陸稼書送的禮很輕。陸稼書是個清官，沒有積蓄。所以他想盡辦法，只籌得一柄詩扇，外加家織紫花土布兩匹、麻筋涼鞋一雙，青竹水磨筷二十雙等作為壽禮。這些東西若留到現在，算是文物，還值點銀子。可在當時，根本不值錢。所以巡撫的門子長隨看到後，就把這份禮物丟到了一旁。

陸稼書不善於官場應酬，不善於搞人際關係，所以在仕途上一直不順。而且，他生性耿直，多次直諫慕天顏的苛政。搞得慕天顏非常不爽，以「才薄不能勝任知縣」為理由，奏請皇帝將陸稼書貶職。

陸稼書官場失意，被貶為庶民。他離開嘉定縣衙的那一天，滿城百姓萬餘人來送行。人們發現，陸稼書離開時帶的行李，和他來時一樣多，只有薄被一卷，經書一箱。身後兩名使女，抬著搖車和織布機。在「千里為官只為錢」的官場上，陸稼書簡直是個另類。嘉定民眾見其如此清貧，萬分感動，哭泣之聲不絕。

詩人俞鶴湖寫了一首詩，表達對陸稼書的崇敬之情：「有官貧過無官日，去任榮於到任時」。不過，陸稼書的仕途並沒有從此終結。康熙二十二年（一六八三年）九月，陸稼書又重新被起用，並派往直隸靈壽任知縣。靈壽，即今河北省石家莊市。陸稼書在靈壽當了七年知縣，政績顯著。可是，他仍然不趨炎附勢，阿諛奉承，因而觸犯權貴，為上司所不容。

康熙三十年（一六九一年）九月，陸稼書稱病辭任，告老還鄉。此時，陸稼書家中仍然沒有積蓄。其清廉作風受到人們的尊敬和傳頌。時任尚書的魏蔚州評價說：「陸隴其（即陸稼書）為天下第一清官。」

鄭板橋曾有一首著名的詩，叫〈墨竹圖〉：

衙齋臥聽蕭蕭竹，疑是民間疾苦聲。
些小吾曹州縣吏，一枝一葉總關情。

這首詩，寫於乾隆十一年（一七四六年）。當時，鄭板橋從河南范縣調至濰縣任知縣，正逢當地鬧天災。濰縣先遭遇洪災，後又遇大旱，當地百姓流離失所，食不果腹，餓殍遍地。身為一縣之主的鄭板橋體察民情，放賑救災，奔波勞頓，在內衙休息，忽聽到門外的風吹竹聲，也疑為「民間疾苦聲」。於是，寫下了這首詩。

像西門豹、陸稼書、鄭板橋這樣瞭解民生疾苦，並一心為民的基層州縣長官，在中國歷史上還有不少。他們的政績直接體現在百姓的生活上。然而，他們之中的很多基層官員，其仕途之路並不順利。其中很大的一個原因，就是他們在官場上不趨炎附勢，阿諛奉承。

二、三大助手

作為一個衙門州縣長官，政績要突出，仕途要平穩，單是自身能力強遠遠不夠，還必須有得力的助手。編制外的得力助手，如前面所提到的師爺、長隨；編制內的助手，就是佐貳官。

所謂佐貳官，佐，即輔佐。簡言之，就是輔佐、協助長官處理政務的官員。一般來說，一個州縣衙門長官手下，有三大佐貳官，也可以說是三大助手。排在第一位的佐貳官是縣丞，衙門裡的第二把手，在衙門的地位僅次於縣令，主要工作是管理文書和倉庫。漢朝的時候，每個縣都設置了一名縣丞，來輔佐縣令。其實歷代的情況也大都是如此，只有宋代，曾一度廢除了縣丞一職。改由主簿來兼任。

縣丞之下，就是主簿，衙門的第三把手。「主」，指主管，「簿」指文書簿記。主簿，顧名思義就是主管文書簿記的官，類似於如今機關裡的祕書長。官府衙門總是要靠書面文件溝通的，因為也就少不了主簿一職。

主簿這個職務說起來好像挺簡單的，就是管理文書簿記。實際上是比較繁瑣的，要管理縣衙官員的檔案，全縣百姓的戶籍、衙門收入與支出的帳簿，以及各種印章等等。就像如今的公司裡，管財務的頭，叫財務經理；管人事、行政的頭，叫人力資源部經理。主簿好比身兼兩個部門的經理，既管財務，又管人事。厲害吧？

歷史上，擔任過主簿一職的名人很多，比如後來成為漢朝開國元勳的蕭何，就曾擔任過沛縣衙門的主簿；又譬如三國時期聰明過人的楊修，也擔任過主簿一職。

在荷蘭作家高羅佩所著的《狄公案》裡，有一樁奇案。案子一開頭，說某縣的縣令和縣丞都一同離奇失蹤了，縣衙門裡只剩下一名主簿，可絲毫不影響衙門的正常運轉。可見，在一座縣衙門裡，主簿的地位不高，官職不大，作用卻不小。按理說，當上主簿的官員，應該以文筆見長，可明清時期卻不是這樣，當時很多主簿是捐來的，文筆功底很差，有的甚至不通文墨，因此鬧出了不少笑話。

明代筆記《五雜俎》裡，講過一個關於主簿的笑話。說的是浙江德清縣，來一個姓馬的主簿。此人不學無術，終日在衙門裡混日子。混就混吧，可這位馬主簿還有點不甘寂寞，總想表現自己很有能耐。

某日晚上，這位馬主簿睡到半夜，心裡生出一個主意，立馬翻身而起，穿好衣裳，跑到衙門內宅門口，拚命敲梆，高喊要見知縣。此時，知縣早已睡熟，忽然聽到一陣急促的敲梆聲，猛然驚醒。他以為是內衙裡著火了，慌忙起身去察看，誰知卻是馬主簿要求見。

馬主簿見到知縣，煞有介事地說：「大人，這些天，卑職一直在想一件大事，今日半夜終於想通了，因而要趕緊報告。」知縣心想，定是要緊的大事，於是洗耳恭聽。

馬主簿接著說：「事情是這樣的，四月裡，農民很辛苦，他們又要種地，又要養蠶，實在是太過勞碌。卑職想請堂翁出一張告示，要百姓們改在四月種地，十月養蠶，如此一來，便兩不耽誤了。」

知縣聽罷，又好氣又好笑。氣的是這主簿毫無常識，十月裡哪來的桑葉養蠶呢；笑的是，此人無知還煞有介事。作為一個州縣衙門長官，碰上這樣輔佐自己的佐貳官，也只好自認倒楣。

接著說說衙門的第四把手：典史。「典」即掌管，「史」即文書。典史就是管理衙門公文收發存檔的官員，原本是一個文職官員，到明朝以後，才以文代武。

明朝以前，州縣衙門在典史之上，還設立了一個職務，叫縣尉。主管治安和防衛。到了明朝，裁撤了縣尉一職，其主管的事務由縣丞和主簿兼管。可縣丞和主簿管理的事務本身就很繁雜，於是便改由典史來管理。如果說主簿和縣丞，從事的都是純腦力工作。那麼典史則又要用腦力，又要花體力。

然而，典史是卑微職重。為什麼呢？明代的著名清官海瑞在嘉靖年間曾寫過一本書，叫《淳安政事》，裡面說：「典史掌巡捕，民間盜賊，爭鬥小事盡屬之。」就是說，典史要掌管巡捕之事，諸如捉拿盜賊，調節民事糾紛等等。

而巡捕、捉拿盜賊的差事，一向被視為是卑賤的事務。因為典史要辦這樣的差事，就必定要與社會底層的人等打交道。在「萬般皆下品，唯有讀書高」的古代社會，大多數讀書人是不願意，也不屑於當典史這種低賤小官的。

低賤歸低賤，典史所幹的事卻不少。作為典史，要率領衙役巡邏，拘捕通緝犯，而且還有權羈押，預審嫌疑犯。當然，不是正式審判。州縣衙門的正式問案、審判，必須由一把手知縣親自出面。同時，監獄也是由典吏管理的。

總之，明清時期的典史，是兼顧了過去縣尉的職務。但又略有所不同，過去的縣尉有徵召、指揮當地駐軍的權力。而典史在特別的情況下，才能成為真正的軍官。

而且，典史的薪酬也很低廉。以明朝洪武時期為例，典史的月俸是一個月三石米。到了清代，典史年俸銀是三十一兩五錢二分，養廉銀是八十兩。不過，作為衙門第四把手的典史，儘管在官員級別中，地位最低，薪酬也低。然而，在明清的歷史上，地方州縣衙門裡仍出過一位傑出的典史。他能文能武，其功績遠遠勝過衙門裡排名前三位的官員。

這也是古代衙門一個有趣的現象，地位越低，卻越能做出驚人的成績。這位傑出的典史，名叫閻應元。原是一名普通的書吏，明末時期，才升任了江陰市典史。

事有湊巧，閻應元剛一到任，江陰市就出了大事。什麼事呢？一大幫海盜如蝗蟲般，侵襲了長江下游各地，上百艘海盜船浩浩蕩蕩逼近江陰市，情況萬分緊急。可此時，江陰知縣卻湊巧被上司派往外縣公幹了。縣衙門裡管事的官員，就剩下二把手縣丞和三把手主簿了。這兩位都是讀書人，肩不能挑，手不能提，舞文弄墨還行，遇到這種要命的事，完全束手無策。他倆聽到警報，和普通百姓一樣慌亂，不知所措。

衙門官員都亂了，城中就更亂了，當地民眾亂哄哄地，紛紛出城逃難。這時候，剛上任的典史閻應元，挺身而出。他背弓持刀，騎著大馬，帶著一群衙役，衝到街市上，鼓舞民眾：「是男子漢的，就隨我一同殺賊保家！」

大夥兒一看衙門當官的身先士卒，一時間便熱血上湧，當即就有上千個普通百姓加入了殺賊的隊伍中。可民眾的人數雖多，衙門裡卻沒有那麼多武器。情況緊急，閻應元奔到竹行，讓竹行裡的人借給每人一根竹竿，用完了再給錢。就這樣，有槍的拿槍，有刀的持刀，沒槍沒刀的，就手舉竹竿，跟隨著閻應元風風火火趕到江邊，擺開決一死戰的陣勢。

江中海盜船上的海盜，往岸邊一望，一支上千人的隊伍，氣勢洶洶，手裡拿的武器也是五花八門，便不敢貿然登岸。正在探尋虛實的時候，閻應元取下弓箭，連發三箭，他的箭法極其精準，當即就射殺了三名海盜。這三箭，瞬間把海盜震住了。海盜心想，這江陰市不得了，有大軍坐鎮，於是轉舵而逃。

原本猖獗、不可一世的海盜，居然不戰自退了。閻應元立了一個大功，朝廷下令嘉獎，擢升閻應元為按武官都指揮使，巡防長江。按武官都指揮使，是省一級的最高軍事指揮官，很不得了。此等官員出行時，可以打黃傘，打黃旗，鳴鑼開道。四年後，閻應元又被調任到廣東英德縣擔任主簿。

這一次，閻應元還未前去赴任，又出了一件事——他的母親病重，因此沒有赴任，而是舉家移居到江陰城外的砂山村。這一年是西元一六四五年，即順治二年，明朝滅亡，清兵入關渡江，平定江南。同年陰曆六月，清廷發布了「剃髮令」，規定：凡是清軍所掌握的地區，在十日之內，盡行剃髮蓄辮；凡不剃者、遲疑者、上表章請求保存者，一律殺無赦。

簡單地說，就是「留髮不留頭，留頭不留髮」。這一法令，激化了滿漢之間的民族衝突。剃髮令下達到江陰市，縣裡眾多老百姓與鄉紳，向時任江陰知縣的方亨請願，跪請留髮。方知縣不但不接受，反將請願者罵走。第二天，一個叫許用的秀才聚集了一批人，在江陰的孔廟立誓：頭可斷、髮決不可剃！

當日下午，一隊鄉兵手持武器衝進縣衙，把知縣方亨抓進了監獄。然後大家推舉典史閻應元為首領，抗清守城。閻應元趕到城中，徵集士兵，組織防務，修建工事。此時，清廷方面已調集數萬大軍，南下圍攻江陰城。

在閻應元的指揮下，江陰軍民英勇抗擊，與清軍展開殊死搏鬥。城中缺乏箭矢，閻應元仿照《三國演義》裡諸葛亮草船借箭，夜晚將很多草人豎立在城頭，並擊鼓吶喊，佯裝下城襲擊清軍。清軍則發箭抵擋，箭矢如雨，天亮時分，江陰守軍就獲得了大量的箭矢。而後，閻應元又派勇士夜襲清軍大營。清軍潰散，只得暫時退後，撤出對江陰城的包圍。

一時攻打不下，清軍派了一些明朝的降將，來勸降閻應元，閻應元一律嚴詞拒絕。最後，清軍調集了二十四萬大軍，再度圍攻江陰。江陰百姓與官兵堅守城池八十一天，殺死了清兵七萬五千餘人。最後，終因兵力懸殊，江陰城破，閻應元被俘遇害。

隨後，清軍下令「滿城殺盡，然後封刀」。在接下來的十天裡，清軍對江陰城進行了慘絕人寰的瘋狂殺戮，城中百姓遇難人數多達十七萬餘人。江陰城幾乎變為了一座「鬼城」。這便是歷史上著名的「江陰十日」。這段歷史，讓人們記住一個縣衙小官員——典史閻應元。

如果說，閻應元是以「武」成名的典史，那麼，明代的另一位比較著名的典史曹鼐，則是以文起家。

曹鼐是明朝的舉人，被選為代州的教官。可曹鼐不願意當教官，他請求吏部令給自己安排一個小官職。對於這種不遵從分配的舉人，吏部一向是沒有什麼好感的。於是。吏部就把曹鼐派到邊陲之地——安徽太和縣任典史。

在安徽太和縣，曹鼐當了幾年典史，雖鬱鬱不得志，卻也沒有消沉，他仍然堅持天天讀書。知縣見了曹鼐這副書呆子模樣，便譏諷道：「你都當了典史還讀書，莫非打算考個狀元？」

曹鼐回應了四個字：「誠如尊諭」。意思是：正如同大人您說的。當時，包括知縣在內的衙門大小官吏，都笑話曹鼐。

明宣宗宣德七年（一四三二年），曹鼐帶領一些工匠奉旨去京城建造宮殿。借助這個機會，曹鼐向明宣宗上書，請求參加科舉考試。明宣宗挺看重曹鼐，就特批讓他參加了考試。於是，宮殿修建完畢後，曹鼐便留在北京參加了當年的順天鄉試，再次中舉。次年，他又參加了會試、殿試，中了狀元。之後，曹鼐步步升遷，官至宰相，時稱：「狀元宰相」。後來，在土木之變中，曹鼐以身殉國。

閻應元、曹鼐是典史中難得的人才。不過像他們這樣有骨氣，有志氣的典史，畢竟是鳳毛麟角。在衙門中，絕大多數典史是庸庸碌碌，甚至猥瑣不堪。

清代小說家李寶嘉的《官場現形記》裡，曾寫過一位姓錢的典史。這位錢典史談到做典史的「訣竅」時說：「我們做典史的，既不比做州縣官的，每逢出門定要鳴鑼喝道，叫人家認得他是官。我們便衣就可上街，什麼煙館裡、窯子裡、賭場上，各處都可以去得。認得咱的，這一縣之內，都是咱的子民，誰敢不來奉承；不認得的，無事便罷，等到有起事情來，咱亦還他一個鐵面無私。」

接著，錢典史又說到弄錢的辦法：「大凡像我們做典史的，全靠著做生日、辦喜事弄兩個錢。一樁事情收一回份子，一年有上五六樁事情，就收五六回份子，一回收上幾百吊，通扯起來就有好兩千。」

如《官場現形記》裡描述的錢典史，其做官的切身體會，正是衙門裡一些「賤官」的寫照。

三、人事主管

說完衙門編制內公務員群體中的一把手和佐貳官，接著說說胥吏。前文說過，這類角色，是州縣長官最難對付的人。

首先要說到的是六房書吏。在明清時期，衙門和民眾百姓打交道最多的官吏，就是書吏。不同的朝代，百姓對書吏也有不同的尊稱。如宋元時期，稱書吏為「押司」。我們看《水滸傳》裡的宋江，就曾被稱為「宋押司」。這一稱呼，一直延續到明朝初期。有的地方，也稱呼書吏為「外郎」「師傅」或「相公」。對於年紀大一些的書吏，則稱呼為「老先生」。

國家朝廷給書吏們發放的工資報酬，叫「役俸」。這和官員有所不同，官員領的報酬，一般叫「俸祿」。由此可見，書吏實質上也是差役，只不過地位比一般的差役地位稍高一些，在衙門裡，叫做「吏役」。

明朝時期，朝廷給書吏的「役俸」，一般是每月一石到五斗米之間。到了清朝，改發銀子，每年最多也就十幾兩。所以書吏的薪酬待遇並不高。只不過在社會地位上，他們比一般平民百姓要高些。這一點，從書吏的衣著就可以看得出來。

按明清律法規定，書吏可以身穿長衫，腳蹬靴子，但顏色必須是黑色。而普通百姓，只能穿短衫，穿高幫鞋。明朝的時候，有些書吏還會戴一頂前俯後仰的方頂帽子，帽子兩邊伸出一對精緻的小翅，有點類似官員的烏紗帽。這種方頂帽子，讓書吏有一種高人一等的感覺。

另外，書吏雖然「役俸」不高，但「灰色收入」卻不低。因為大多數的衙門書吏，每涉及一件與錢財有關的衙門事務，都可以從中撈取好處。這筆好處，就是沒有明文規定的「手續費」。這是州縣衙門裡公開的祕密，也不算違反律法。因為如果光靠衙門發放的菲薄「役俸」，是沒有多少人願意幹書吏這個份差事的。因此，在明清兩代，上至朝廷，下至衙門的一把手知縣，對於地方書吏的不軌行為，基本上都是睜一隻眼，閉一隻眼。

而六房書吏，也各有各的本事，各有各的故事。與朝廷六部中的吏部排名第一類似，衙門裡的吏房書吏，是州縣衙門的第一號書吏。主要掌管的事務大致有：選拔、考核州縣衙門的各房書吏；辦理本地紳士選官的手續，這個手續，包括出具身分保證書，辦理登記，保管有關檔案等等。另外，吏房書吏還要負責選拔本地城鄉的甲首、地保等人員。用我們現代的話說，吏房書吏掌管的就是衙門的人事工作。

這些公務，都有很多油水可撈。譬如一個士紳，想要在檔案上動點手腳，更改一下自己的年齡，就得給吏房書吏送禮。為什麼要改動年齡呢？很簡單，為了在選官的隊伍中，獲得一個優先的位置。明清時期，很多人給自己的子孫捐官，他們先把子孫的年紀改動了，再捐納一個官銜，排上候選的位置。等排到可以選實缺官職了，再把子孫的年紀改過來。這也是明清官場上一個公開的祕密。而改動檔案，必須通過吏房書吏才能夠完成。因此，吏房書吏就利用這個，大撈錢財。不過，撈得太多，貪得太過分，長期作威作福，也會有翻船的時候。

清代筆記裡，記載了一個叫孫成的吏房書吏。此人不光貪，對讀書人也很不尊重。有一回，孫成因為侮辱當地一個讀書人，激起了當地秀才的集體義憤。其中有一個叫顧其行的秀才，挺身而出，領著一大幫秀才衝進了衙門，要求衙門長官懲治孫成。

可衙門長官出去辦事了，上級派了一個人來任臨時長官。這個長官是個滿族人，叫依勒通阿。秀才們衝進衙門的時候，依勒通阿正和當地的豪紳徐宗幹在喝酒。兩人喝得正高興，只聽得堂鼓亂響，吶喊之聲不絕於耳。

秀才嚷嚷著要見衙門長官。依勒通阿剛到一個新的地方，對當地衙門的事務、人員都不瞭解，只得請豪紳徐宗幹前去勸慰鬧事的秀才們。可是，秀才們根本不聽勸，反而把徐宗幹趕跑了。

沒辦法，依勒通阿只好升堂問事。領頭的秀才顧其行，一見長官出來，就厲聲高喊道：「吏房書吏孫成，仗勢欺人，欺辱正人君子，當立即抓起來！」依勒通阿根本沒弄清是怎麼回事，不知道如何回應。

此時，顧其行居然衝上前來，抓起公案上的朱筆塞到依勒通阿手中，逼其立刻發堂籤。依勒通阿是個無能之輩，被顧其行的氣勢給唬住了，當即就發了堂籤，派人去捉拿孫成。很快，孫成被皂隸帶到了大堂上。

顧其行便拿出早就擬好的狀紙，高聲宣讀，歷數孫成貪污受賄，欺辱秀才等種種罪狀。依勒通阿也不知道是真是假，只是一個勁點頭，心下一慌亂，從籤筒裡抓起一把堂籤扔了出去。皂隸們只管行事，老爺都扔了籤，那就打唄。於是，幾個皂隸把孫成按倒在地，劈里啪啦一頓痛打。

堂下一幫秀才和圍觀民眾齊聲歡呼，有鼓掌的，有喊好的。整個大堂，跟如今在劇場裡聽相聲似的，熱鬧非凡。依勒通阿心想，看來我做對了。既然人都打了，事情也就算解決了吧，於是就要宣布退堂。哪知道，領頭的秀才顧其行仍不依不饒，要求罷黜孫成的書吏職務。顧其行這麼一叫嚷，底下的眾人也跟著起哄。

依勒通阿勸解了幾句，根本不起作用。無奈之下，只好叫來刑房書吏，起草了一份通告，又蓋上朱印，將孫成黜革。

如此，事情才總算收了場。依勒通阿滿頭大汗，心想，這個領頭的秀才顧其行可真是厲害，有膽識，敢作為。將來必定不得了。果然，正如依勒通阿所想，顧其行後來參加了科舉考試，接連考中舉人、進士，最後官至刑部侍郎。

四、各種「油水」

戶房書吏是州縣衙門的第二號書吏。雖屈居於刑房書吏之下，但負責的事務卻比刑房書吏更多，更繁雜。其職責主要是負責編造本州縣的人口名冊、土地統計帳簿、賦稅登記圖冊等等。這些東西是朝廷徵收賦稅的依據，非常重要。

其實，製作這些圖冊、名冊也算不上繁瑣。戶房書吏最繁瑣的工作是徵收本地州縣的賦稅。由於戶房的事務過於繁多，因此有的州縣在戶房之下設立了一系列「科」、「總」的機構，來分別負責特定的事務。譬如說漕科、糧科、稅房、糧總、稅總等等。

前文說過，一個州縣官上任後，最重要的日常工作有三項：徵收錢糧、司法審訊和官場應酬。州縣長官私人出資聘用的錢穀師爺，當然也會協助長官處理稅收，以及管理衙門的公共財政開支。但更多的事務，還是衙門的戶房書吏來完成的。

我們前面曾講過，清代詩人袁枚所著的《子不語》裡，州縣官上任後祭祀衙門「鬼神」的故事。在這本書裡，還有一個更為離奇的故事。故事雖然離奇，其中的細節，卻足以說明戶房在州縣衙門中的重要性。

這件離奇的事，發生在常州武進縣，當地衙門有個叫張玉奇的戶房書吏。有一次，他負責運送賦稅錢糧去往蘇州。途中，張玉奇突然莫名其妙地暈倒。直到次日才醒了過來。同行人等都覺得很奇怪，問張玉奇怎麼回事？是病了？還是中邪了？

張玉奇神情恍惚地說，自己也不知道是怎麼回事，走著走著，腦袋驀地一陣眩暈，朦朧中，眼前出現了一個身披金甲的人。此人將他抓到一個衙門裡。張玉奇進了衙門大堂，只聽那人一聲喊：大人，惡人抓到了！張玉奇抬頭一望，大堂上坐著一個青面獠牙的神靈，面目十分恐怖。神靈下令說：把張玉奇平生的功過簿拿來秤一下，再行治罪。

旁邊一個小鬼馬上取來一架天平，天平的一邊放著一本紅色的「善事卷」，另一邊則放著一本黑色的「惡事卷」。一秤，紅輕黑重。張玉奇嚇得全身發抖，遍體流汗。此時，另一個小鬼又拿來了一大本紅色的「善事卷」，放在秤盤裡，再一秤，紅重黑輕。高坐堂上的神靈看了看說：此人竟有如此大的功德，可放回陽間，增壽十年。此時，張玉奇猛然驚醒。

同行人等聽完張玉奇離奇而荒誕的講述後，疑惑地問：「善事卷」裡記錄了你那麼多功德，那最大的一件是什麼啊？張玉奇仔細回想，想起一樁查抄官員家產的案子來。

那官員姓劉，由於犯了死罪，被查抄家產。劉家有很多田產，耕田的佃戶積欠著大量的田租。查抄的時候，發現了很多佃戶欠租的帳簿。當時，武進知縣打算按照帳簿向佃戶追討田租。這件事，自然是交給戶房書吏張玉奇來做。

哪知道，張玉奇晚上放了把火，把帳簿全燒了。次日，知縣認為這是戶房書吏失職，將張玉奇打了一頓大板。然而，那幾十個佃戶因此逃過了一場劫難。張玉奇覺得，在這件事上，自己積了一個很大的功德。

這個故事雖然十分荒誕，但從細節中可以看出戶房要幹的事很多，除了造冊、徵稅，還負責處理有關土地、農田、房宅，錢債等方面的訴訟事務。樣樣事情都跟錢有關，所以戶房書吏的「灰色收入」也不少，單說徵收賦稅錢糧一項，戶房書吏通常要抽取千分之一的常例「手續費」。

又譬如，前文所提到的明朝「均徭」——徵調十六到六十歲的男子，為朝廷當差役。州縣衙門的戶房書吏在徵均徭時，通常也要抽取百分之一的常例「手續費」。像這樣「陋規常例」的手續費，算起來總共有十幾項之多。所以，戶房書吏當算是州縣衙門裡最富有的書吏了。

戶房書吏之下，是禮房書吏。主要的工作，是負責祭祀的事務。說白了，就是和「神神鬼鬼」打交道。看起來事務也不少，可這些事務又都是虛的，不像其他各房書吏那麼實在。

前文說到過，新任州縣官上任時，都要祭祀城隍廟。尤其是明清時期，城隍神被列為地方州縣的第一主神。所謂城隍，原本是指圍繞城市的無水護城壕。城隍神，就是保護城市防禦設施的一個神。

到了南北朝時期，各地開始普遍祭祀城隍神。從這時候起，城隍神的「神通」變得越來越廣大。一開始只是護城，到後來，還能防水旱、驅瘟疫、懲奸惡等等。再後來，又擴大到了鬼魂的世界。城隍神被認為是負責陰間事務的管理者，甚至可以掌管人的輪迴投生。總之，城隍神是人格化的神。在民間，往往將有功於本地的人士奉為城隍神。這也算是民間文化的一種。

所以，也可以說，各地衙門的禮房，負責的是當地「民間文化」事務。而禮房的書吏則要負責州縣境內的古賢人遺址，以及帝王將相墳墓的管理和維護，並按時祭奠。由於負責的事務不像吏房、戶房書吏那麼實在，因此禮房書吏的收入也很低。不過，也能撈些油水，譬如祭祀鬼神就要採購豬羊蔬菜瓜果等等，從中就可以吃些回扣。

相比之下，兵房書吏能撈到油水也不少。兵房，主要負責州縣的治安事務，其次還要掌管本州縣衙門所有衙役的登記註冊，點卯掛號。只此一項，就是兵房的一筆大收入。譬如每名皂隸每年要給兵房「常例」五錢銀子。一個州縣衙門通常有幾十名皂隸，所以一年下來，兵房所撈的油水不是個小數目。

雖然戶房、吏房、禮房、兵房等房科的書吏，都可以撈到油水。但從權勢上來說，都不如刑房書吏。可以說，刑房書吏是六房書吏中最有權勢的。

明清時期州縣衙門的刑房，主要是辦理與司法審判有關的事務。而刑房的書吏，則主要負責保管各類司法文書。比如州縣長官升堂收取訴狀的時候，刑房書吏就在月臺東面擺一張長桌，坐在桌後收取原告的訴狀後，再轉交給長官。收取訴狀後，如果要傳喚當事人，刑房書吏要按照內衙發出的傳喚人名單，製作牌票。

州縣長官到案發現場驗屍時，刑房書吏要陪同前往，在驗屍單（屍格）上逐一填寫仵作報上的屍體各部位情況，並記錄案發現場的情況。另外，長官所作的批詞，判語等裁決書，也由刑房書吏來謄抄，然後張貼在衙門外的照壁上。除此之外，有的州縣衙門的刑房書吏，還要管理監獄。一般是輪流值夜，稱為「提牢」。主要負責查點囚犯，檢查各種戒具，各道門鎖，還要防止獄卒欺凌囚犯。

刑房書吏負責的事務如此繁雜，可以撈的油水自然也不會少。譬如有人來報案，刑房書吏要收取「報案費」，原告起訴時，刑房書吏要收取一份「抄案費」。而被告人知道有人告自己，就要花錢從刑房書吏手中買一份原告的訴狀。可以說，刑房書吏是吃了原告吃被告。

那為什麼又說刑房書吏是衙門六房書吏中最有權勢的呢？原因很簡單，刑房書吏可以在自己管理的司法文書上，替訴訟當事人改動情節，既可將死改為生，也可將生改為死。反正誰出錢多，就改動得對誰有利。簡言之，就八個字：拿人錢財，替人消災。

僅舉一例——某縣有個富商，為人特別蠻橫、囂張。有一天，他與人發生口舌之爭，繼而動手。富商用鐵鍬擊中了對方頭部，致使對方當場斃命。

對方的家人就到縣衙門裡報案，富商被判處死刑。這之後，富商的家人上訴，同時四處託人給衙門的官吏送禮行賄，希望衙門長官在二審時手下留情，網開一面。

富商家人行賄的金額很高，讓刑房書吏垂涎三尺。於是，刑房書吏就開始盤算了，怎麼樣才能既幫助被告洗脫罪名，又不至於引發民憤呢？刑房書吏挖空心思反覆琢磨，想來想去，終於想出一個妙招——把原判決書上的「用鐵鍬致人死亡」改為了「甩鐵鍬致人死亡。」就這一個字的差別，整個案件的性質就完全改變了。本是一樁故意殺人案，變成了過失殺人案。富商得以逃脫死刑。

清朝人戴蓮芬撰寫的清代筆記《鸝砭軒質言》中，也記載了一個關於刑房書吏的故事。故事發生在南通州衙門，衙門裡有個叫胡殿元的刑房書吏，為人謹慎、善良。有一天，當地的一位鄉紳來報案說，自己家中遭到強盜搶劫。衙門長官派出捕快去捉拿強盜。很快，那強盜就被緝捕歸案了。

刑房的胡書吏查看失主遞交的「失物單」，發現裡面其實沒幾件值錢的東西。但是，按照明清時期的律法，凡是搶劫，無論他劫得多少財物，一律要被處斬。

胡書吏很仁慈，他認為，此案的強盜只是搶了些不值錢的東西，罪不至死。於是，他將鄉紳訴狀中的一句「由大門而入」，改為「由犬門而入」，其實就改了一個字，在「大」字上加了一點。而這一點，說明盜賊是爬狗洞進房實施盜竊的，並非闖入大門，而後搶劫。如此一改，強盜就變成了盜竊的小偷。盜竊罪比搶劫罪輕。由此，該案的強盜沒被判死罪，保住了一條性命。

還有一次，衙門也緝捕了一個強盜。該強盜自知死罪難逃，於是便破罐子破摔，誣告了十幾個平時與自己有仇的人，指出他們是自己的同黨或窩贓者。胡書吏查看了供詞，發現那些被指認的人，確屬強盜誣告。而此時，知州大人只看口供，也不認真調查，就下令刑房開列緝捕被誣告者的牌票。

胡書吏不想無辜的人受到連累，就在晚上放了一把火，把強盜的供詞給燒了。這事讓知州大為惱怒，將胡書吏黜革。不過，在這之後，知州也發現強盜的供詞有詐，沒有再緝捕那些無辜的人。

胡書吏雖然被革了職，但是積了德。俗話說，善有善報，惡有惡報。後來老胡的兒子胡長齡高中狀元。像胡殿元這種善良、慈悲為懷的刑房書吏，並不多見。從《鸝砭軒質言》中記錄的這個故事可以看出，古代州縣衙門的刑房書吏，文字功底都是十分強悍的，已然達到了「筆如刀錐」的境界。以文筆定人生死，這權勢夠大了吧。

最後說說工房書吏。

工房是州縣衙門排名最末的一個房科。作為工房書吏，主要的工作，是負責維修衙門所屬的公共建築物和設施。比如，城牆、城門、文廟、驛館、倉庫、神壇等等。除此之外，還要負責整修道路，河堤，溝渠等等。

維修這些建築和設施，當然就要找建築承包商。搞建築的要承包到這些工程，自然就要賄賂工房書吏。另外，在人工的調動計算方面，在材料的購買方面，工房書吏也能從中撈到不少油水。

以清朝為例，在清朝的工部，有一個術語叫「浮冒」。指的是從各種大小工程，從估價到報銷等各階段，應用的物料工價和實際用的數目不符。說白了，就是向朝廷伸手多要錢。

明清時期之前，從朝廷到地方，興建工程基本是靠徵發徭役。明清之後，一般就聘用社會力量來修建，然後報銷。這樣做的好處是順應商品經濟發展，可以降低成本、提高效率；弊端是，為負責工程的官吏侵吞工程項目款項打開了方便之門。上行下效，朝廷如此，各地方衙門便也如此。因此，衙門的工房，也是一個有油水的房科。

總之，州縣衙門的六房書吏，都可以利用職務之便撈取「油水」，給自己增添收入，只不過撈的方法不同罷了。

五、皂隸：傳奇小公務員

歷史上，對古代州縣衙門的「戶、吏、刑、兵、禮、工」六房，用了六個字來形容，分別是「富、貴、威、武、貧、賤」。

其實，這六個字並不完全準確。就拿禮房來說，雖然撈到的油水在各房科中最少的，但也不是無利可圖，說不上多貧窮。再說工房，負責的是雖然是維修建築設施的粗活，但並不需要親自動手，因此也談不上賤。總之，客觀地說，在州縣衙門的胥吏群體中，六房書吏都算不上「貧賤」。真正可以說是「貧賤」的胥吏，是皂隸、民壯、捕快、獄卒等衙役。

前文說過，三班六房中的「三班」衙役，指的就是民壯、皂隸、捕快三班。

民壯負責的工作是城鄉巡邏，把守城門，守衛倉庫，維持治安。有時民壯也參與緝捕重要的盜賊案犯，近似於現代的刑事警察。原本，民壯是從良民百姓中徵集而來的，可是，普通百姓很少有人願意放下家務，去執行警察的職務。所以，真正應徵來的民壯，一大半是當地的地痞流氓。以至於到了後來，民壯失去了民兵的性質，成為衙役的一類。

而皂隸則相當於州縣衙門的儀仗隊和警衛隊，每日在衙門口站崗執勤，稱為「站班」；長官升堂問案時，皂隸又成了「法警」。作為一名皂隸，首先得有一副響亮的好嗓子。長官升堂的時候，皂隸肅立大堂兩側，隨堂鼓聲齊聲高喊：「升——堂。」聲音要亮，共鳴要強，氣勢要足。

在長官審案的時候，皂隸要時刻注意長官的眼色，在必要的時候要齊聲大喝。這叫「喊堂威」。一面厲聲大喝，一面用手中的刑具杵地，咚咚咚震天響。長官如果離開衙門，到外面巡視，皂隸要擺開儀仗，鳴鑼開道，前呼後擁，招搖過市，這才能顯出長官的氣派和官威。另外，在長官審案的時候，皂隸要按照長官的指令對被告或疑犯用刑。

我們在古裝影視劇裡，常常看到縣官審案喝道：拖下去，重打多少多少大板！這裡的「重打」指的是打屁股，以及屁股的延長部分——大腿。古人對「股」的概念是寬泛的，即便是只打大腿，屁股也一樣會暴露出來遭受痛打。

選擇打屁股的原因，有兩個，一是臀部脂肪多，讓人痛楚但不至於傷到筋骨，傷也容易痊癒；另外一個原因很有意思，打的是屁股，傷的卻是臉面。臀部位於人體的恥部，當眾暴露出來讓人痛打，是喪失廉恥的事情。

用板子打屁股的刑罰，通常稱為「笞杖」。可別小看這一刑罰，打得過重，完全可以置人於死地。對於「笞杖」輕重掌握，也是一門技巧和手藝。《官場現形記》作者李寶嘉，還寫過一部書叫《活地獄》，書中詳細描述了皂隸行刑打板子的事：

「從來州縣衙門掌刑的皂隸，這小板子打人，都是要預先操練熟的。有的雖然打得皮破血流，而骨肉不傷；亦有些下死裡打，但見皮膚紅腫，而內裡卻受傷甚重。有人說，凡為皂隸的，預先操練這打人的法子，是用一塊豆腐，擺在地下，拿小板子打上去，只准有響聲，不准打破；等到打完，裡頭的豆腐都爛了，外面依舊是整整方方的一塊，絲毫不動，這方是第一把能手。凡是犯罪的人，曉得自己理屈，今日難免責打，不惜花錢給這掌刑的。」

從這段描述可以看出，皂隸可以靠打板子撈到一些油水。事實上，這就是皂隸主要的收入之一。衙門發的工食銀，一年也不過三、四兩銀子，只夠三口之家一個月的伙食費，實在是少得可憐。所以，皂隸們必須撈點油水來養家餬口。

皂隸靠打板子撈到的油水叫「杖錢」。一些訴訟當事人知道自己在受審時要挨打，就託人賄賂皂隸，讓其手下留情。皂隸收了錢，首先就會在板子上做些文章，選用舊的、光滑的、輕的竹板。打的時候，讓竹板速度最快的頭部落在受刑人身體的外面，或者乾脆就打在地上，只讓速度較慢的板子中部，輕輕碰一下受刑人的身體。這種打法，叫「打出頭板子」。當然，有的訴訟當事人也會花點「倒杖錢」，請皂隸下手狠些，將對方打得皮開肉綻。

除了靠打板子增添一些收入外，皂隸在衙門口站崗時，還會收取一點「門頭錢」；被長官出差拿人時，還會向當事人勒索「跑腿錢」和「飯錢」。總之，作為貧賤衙役的皂隸是想盡各種辦法撈錢。因此，皂隸在老百姓的印象中並不光彩。以至於在元明時期的雜劇中，只要皂隸角色一出場，開場詩都是：「手執無情棒，懷揣滴淚錢，曉行狼虎路，夜伴死屍眠。」

不過，凡事都有例外，歷史上也有做好事的皂隸。

清代廣東潮陽縣衙門，有一個皂隸叫沈清，據說從不收「杖錢」，因而日子過得很窘困。他妻子受不了窮，於是離他而去。不久後潮陽縣出了一樁案子，一個姓李的土豪狀告姓霍的一戶人家欠債不還。李土豪事先買通了知縣，一告就准。升堂前，李土豪找到皂隸沈清，說自己出一筆「倒杖錢」，讓沈清在行刑時往死裡打，打死霍家的戶主。

沈清假裝答應下來。次日，知縣升堂，沈清手裡拿著銀子，高聲對知縣說道：「姓李的拿了一錠銀子賄賂小的，小的不敢貪贓賣杖。銀子在此，大人您看怎麼辦吧？」這一嗓子很是驚魂，知縣看了看沈清，不由得深感慚愧，一時良心發現，最後竟把霍家的戶主給釋放了。

沈清還過很多類似的好事。當地老百姓念他的好，在他死後，百姓們在城隍廟給他塑了一尊泥像。泥像就是沈清一手持竹板，一手拿著銀子的樣子。當地的百姓把沈清當作神靈，每年香火不斷。後來有人要到衙門打官司，還要事先拎著蹄膀和老酒，去拜拜沈清，希望官司打得順利些，據說還很靈驗。

泥皂隸保佑大活人，這事說起來頗有些傳奇色彩。而清代筆記《折獄奇聞》中，還記錄了一段更為傳奇的故事——泥皂隸破命案。

故事發生在清朝康熙年間的常州金匱縣，就是今天的無錫市境內。金匱縣衙門，有個皂隸叫吳太，心地非常善良。善良到什麼程度呢？他經常把用於「笞刑」竹板刮得很薄，把夾棍刨得很輕，以便讓受刑的人少受些痛苦。

吳太死了以後，當地百姓念他的好，也給他在城隍廟裡塑了一尊泥像。而後，百姓還常常來上香。傳說，這泥塑的皂隸吳太有求必應，非常靈驗。一傳十，十傳百，金匱縣城隍廟的香火愈來愈旺盛了。於是，當地人就乾脆將吳太的塑像移到正面，與城隍神並列在一起。

過了大約一百年後，金匱縣來了一名新知縣，上任伊始就到城隍廟上香，一見這廟裡居然把皂隸塑像和城隍神的塑像並列擺放，不由勃然大怒，叫道：「怎麼能如此擺放，這泥皂隸還朝南站立，趕緊砸了！」

當地百姓鄉民苦苦求情。知縣卻不肯依。在他看來，把泥皂隸的塑像和城隍神像並列擺放，是對城隍神的不敬。然而，恰在此時，金匱縣裡發生了一樁姦殺案。這知縣剛上任，根本摸不到頭緒，於是就說：「這泥皂隸如果真有神通，就限它一個月內破了姦殺案，緝獲真凶，否則，本縣定要砸了它！」

百姓鄉民聽了以後，紛紛上香祈禱。誰也沒想到，半個月後，姦殺案的罪犯居然主動到縣衙門自首了。知縣也很驚異，於是宰了一頭豬，一隻羊，到城隍廟裡去祭祀城隍神和吳太。

從此以後，金匱縣城隍廟的香火就更旺了。百姓鄉民用牛、羊、豬、狗、雞等五牲祭祀城隍神，用雞、豬、魚這小三樣祭祀吳太。吳太的子孫則長期在城隍廟看守，將當地人供奉的肉食製成醃製食品，供奉的飯食則做成乾糧，用以糊口。這口糧就一直就沒有斷過。

這個故事傳奇性太強，或許也有杜撰的成分。但是，給死去的皂隸塑像，確實是明清時期很流行的習俗。尤其是江浙一帶，有的皂隸甚至在建造城隍廟時，就出錢請塑工為自己塑像——頭戴高帽，身穿皂衣，腰上還掛著一塊刻有自己名字的腰牌。總之惟妙惟肖。

六、捕快兇猛

和皂隸一樣，捕快也是衙門裡的一個小角色。不過，皂隸遠沒有捕快那麼辛苦。捕快不僅辛苦，而且還要面臨不可預期的危險。

這個危險，來自兩個方面。一是在緝捕犯人的過程中，遭遇犯人的暴力抗拒和襲擊；二是衙門方面施加的壓力。一般來說，捕快緝拿疑犯，執行破案任務都是有時間限制的，稱之為「比限」。所謂「比限」，一般是以五天為限來比，如果五天過去了，沒能破案，捕快就得挨板子，一般是打十個板子。通常是先打身體的一側，另一側留到以後再打。如果遇到重大的命案，則一般以三天為限來比，三天後未能破案，捕快就要被重打十個大板。除此之外，傳喚被告、證人等等也要「比限」。如果按時傳喚不到，捕快也要被痛打一頓。

所以，捕快並不像我們在小說和影視劇中看到的那樣，個個身手敏捷，一身英武之氣。真實的情況是，捕快經常被打得一瘸一拐的，還得四處奔走去破案，去辦理公務。

捕快的外在打扮也不太光鮮，不像皂隸，是衙門裡儀仗隊員，終日衣著整齊。捕快幾乎天天跑外勤，穿的都是便服。腰間都掛著一個證明身分的腰牌，懷裡揣著鐵尺、繩索等物。有點兒便衣警察的意思，卻又很容易讓人識破他們的身分。因為他們眼神兇狠，走起來路橫衝直撞，當然這是在沒挨板子的時候。

捕快也是輪流執勤，其中有幾個領班，稱為「捕頭」或「班頭」。按照規定，捕快在執行公務時，必須出示腰牌。在緝捕罪犯時，要持有「海捕文書」或州縣長官簽發的牌票。沒有這類文書和牌票，捕快是無法執行公務的，甚至就連城門都出不了。明代的《律法全書》記載了一份拘提牌票的格式：

某縣為某事　據某都某圖人民某狀告前事除外，派差本役即使前去協調該圖並地方總甲人等，查照後開有名人犯拘拿各正身到縣，以憑查審施行。差去人役毋得受賄賣放延違，究罪不貸。須至牌者。

右牌差機（兵）快（手）某人　准此

某年月日

計開：拘犯人幾名　某人　某人　某人

牌票一律由刑房書吏按照內衙確定的傳喚或拘提的名單填寫，然後再送進內衙，加蓋了州縣長官印後，由長官本人親自簽發。一般來說，州縣長官簽發牌票，都是用朱筆在傳喚人的名字上點一下，就算簽發了。

在明代《律法全書》記載的拘提牌票的格式中，有這麼一句「差去人役毋得受賄賣放延違，究罪不貸。」就是說，捕快不得受賄，放走被傳喚之人，也不得拖延時間。否則，必將治罪而不姑息。這是對捕快的規定，可捕快往往不會遵照規定，而是恰恰相反，他們會憑藉牌票去訛詐被傳喚的人家。

明代白話小說集《鼓掌絕塵》中有一段描述：那衙門裡人走到人家，不論貧富，先有一個入門訣竅，驚嚇一番，才發得錢鈔出來。所謂「官差吏差，來人不差」，捕快要拿著牌票，先騷擾、嚇唬一番，索要「跑腿錢」「鞋腳錢」「酒飯錢」等等，甚至拘傳時，還有「上鎖錢」「開鎖錢」。更有甚者，勒索錢財後，讓被拘人外出逃避風頭，這叫「買放錢」。或讓被拘人躲過期限，不立即到案應訴，這叫「寬限錢」。

前文曾提到過汪輝祖所著的《佐治藥言》一書，書中有一句話，叫「堂上一點朱，民間千點血」。這「民間千滴血」的由來，實際上就與捕快有著密切的關係。捕快以各種名目勒索錢財，如果被拘之人不願出錢，或出價太低，捕快就會撕破自己的衣服，弄點血跡，然後回衙門報告說，被拘人拒捕，從而再次拿到牌票，找一幫同夥打到被拘人家中，將被拘人家洗劫一空。

除了勒索被拘人或被告外，捕快有時還會從原告那裡勒索一筆「賞錢」或者「辛苦錢」。有些小毛賊，平常也會自覺地「孝敬」捕快，這叫「打業錢」。

捕快為何如此兇狠、貪婪地勒索錢財呢？自然與他們的待遇有關。捕快的工食銀，一般每年在十兩銀子左右。雖然在所有低賤衙役的待遇中算是最高的了，但仍然難以養家餬口。不過，他們通過各種勒索，收入就非常豐厚了。因此，歷代州縣衙門中都出過一些「惡捕」。他們即便在沒有訴訟案件的情況下，也要尋找「生財之道」。

清代筆記《小豆棚》裡，寫過這樣一個「惡捕」。此人姓張，是山東濟寧州衙門的一名捕快。由於生性兇殘，被當地人稱為「張二棱」。

有一回，張二棱在官道邊行走，無意中，看到有個人推著一輛獨輪車，車上載著幾名童男童女。張二棱當捕快多年，經驗豐富，抬眼一看就知道，推車人是個趁饑荒販賣人口的人販子。於是，他上前一把抓住人販子，厲聲喝道：「青天白日在官道上販賣人口，你好大的膽子。走，跟我見官去！」

那人販子知道碰上官府的人了，嚇得直打哆嗦。只得拿錢出來賄賂張二棱，讓他放自己一馬。張二棱收了錢，放走了人販子。自己推著一車快餓死的小孩兒，一直推到大戶人家的門口。等車上的小孩兒都餓死了，張二棱又勒索大戶人家，大戶人家只好出錢平息事情。張二棱敲詐得手後，才將死孩子拖走扔掉。

諸如此類的敲詐之事，張二棱幹得不少。一直以來，張二棱都想敲詐城裡一個姓張的商人，可是，總找不到由頭。張二棱想了很久，終於想出一個辦法——他從青樓裡找來一個妓女，讓她在路邊等候，等姓張的商人經過，那妓女就躥至商人身邊，高聲大喊：「非禮！」

此時，張二棱立即跳了出來，一把扭住張姓商人不放，斥責其調戲良家婦女。一邊說，一邊掏出繩索要將其捆綁送官。張姓商人就算渾身長滿嘴也說不清。最後，花了幾百兩銀子才脫身。

張二棱之所以能夠如此猖狂地胡作非為，有一個很大原因，就是他把自己敲詐來的銀子，分了一半給州官。因此，州官對其惡行就睜隻眼閉隻眼，不聞不問。

比張二棱更為惡劣，還有清末時期的一類捕快。據清代筆記《瞑庵雜識》記載，清末時期，山東地區一些州縣的捕快，非常兇殘，會將當地一些尚且年少的乞丐，關進衙門的特殊牢房裡，所謂特殊牢房，就是比一般牢房乾淨衛生。對於在街頭流浪的乞丐來說，有個遮風擋雨的地方安住，就已經很舒服了。而且捕快們還供給他們吃穿，甚至偶爾還帶他們出去嫖賭。等這些年少的乞丐長大一些以後，捕快就指使他們去作惡，偷搶、殺人、放火，總之無惡不作。

捕快為什麼要馴養這樣的一批乞丐呢？用途有兩個，一是遇到重大案件無法偵破時，捕快就利用這些乞丐去頂罪；二是有時候州縣衙門長官有破不了案，抓不住案犯的時候，捕快就將這些乞丐賣給長官，用他們去頂罪。

當時濟陽縣出了一樁重大的盜竊案，知縣崔浩平抓不到案犯，就花了三千餘兩銀子，從捕快手裡買了幾個乞丐用來頂罪，並稟告上級，說是自己親自率捕快巡邏時緝捕到的。由於緝捕江洋大盜，破獲大案有功，知縣崔浩平受到提拔，擢升為知府。

可見，類似於《暝庵雜識》中記載此類「惡捕」，已經嚴重擾亂州縣衙門正常的司法程序。因而明清時期正派的仕紳，都視捕快為害民的「衙蠹」、「衙虎」。

列舉起來，「惡捕」大致有八害：豢養盜賊分贓、縱容盜賊害民、勒索事主、敲詐平民、私刑拷打、慫恿賊人誣告、私起贓物，侵剝盜贓。儘管如此，在一些古典公案小說和武俠小說中，捕快仍被塑造成「英雄形象」。並且，有一點和皂隸相同，那就是捕快也會沾染些神靈之氣。

譬如元明清時期，商人供奉的財神「趙公元帥」。據說，這位元帥的前身，其實是一名捕快。趙公元帥原本姓陳，在某縣衙門任捕快，人稱陳捕頭，曾經也幹過不少勒索錢財的缺德事。有天夜裡，陳捕頭因為辦差在一個小偷家裡住宿。小偷對捕頭一向敬畏，因此將陳捕頭奉若上賓。

陳捕頭睡下了，小偷和妻子商量，說第二天一大早就把家裡的老母雞殺了，招待貴客。陳捕頭睡到半夜，做了一個夢，夢見老母雞說話——向小雞們交代後事。那聲音聽來非常淒慘。陳捕頭猛然驚醒，次日一早起來，阻止小偷夫妻倆殺雞。

此事過後，陳捕頭良心發現，想起自己曾經幹過的缺德事，就不願再做捕快，到廟裡出家當和尚。廟裡的長老要求他七天七夜不吃飯，只幹活，把廟裡所有的水缸都挑滿水。陳捕頭連幹了七天，到第七天晚上，已是精疲力竭，拿著扁擔正要出廟門，忽然看見門外有一隻黑虎，虎視眈眈地瞪著自己。

陳捕頭驚恐不已，半晌穩住神，大喝道：「我一切皆空，還怕你吃我不成！等我挑完水，你再來吃，我讓你吃個飽。」那黑虎仿佛聽懂了人話一般，居然扭身就走了。

待陳捕頭挑完水，灌滿最後一個水缸後。那黑虎又來了，見了陳捕頭，俯首帖耳，十分溫順。陳捕頭順勢跨上虎背。黑虎大吼一聲，帶著陳捕頭飛上了天。從此，這位陳捕頭就成了天上「趙公元帥」，即主管財源的財神趙公明。他手持的那條鋼鞭，其實就是在廟裡挑水的扁擔。

這是清代筆記《留仙外史》裡記錄的故事。也是財神趙公明來歷的傳說之一。不過，把財神和捕快聯繫到一塊兒，未免也有些牽強。究其原委，大概有兩個因素。一是民間百姓對捕快十分敬畏，甚至恐懼；二是捕快確實利用其職務之便，撈取了太多的非法錢財。

第八章：人間活地獄

一、監獄是個什麼地方

前文說到衙門的胥吏群體，這個群體中大致分為六房書吏和各類衙役——民壯、皂隸、捕快和獄卒等等。

獄卒是衙門裡眾多衙役中比較特殊也最低賤的一類。提到他們，人們不難想到衙門的監獄。監獄曾被比作「無間」，因為在人們眼中，監獄是人間的地獄，而「無間」則是死亡之後的地獄。眾所周知，「無間地獄」是佛教裡的一個名詞，出自《法華經》《懼舍論》《玄應音義》等佛經，又被譯作「阿鼻地獄」。梵文裡的「阿鼻」，就是無間。

在佛經的故事裡，阿鼻地獄是八大地獄之一，也是八大地獄中最苦的一個地獄。如同我們常說的十八層地獄中的最底層。據說，被打入阿鼻地獄者，都是罪大惡極之人。他們在阿鼻地獄中，永遠無法解脫，除了受苦之外，沒有其他感受。古時候的人間監獄，儘管不像阿鼻地獄那麼恐怖，但也確實是一個人間的活地獄。

夏朝時期，監獄被稱為「夏臺」，商周時期，稱為「圜土」。「圜土」這個名稱比較具象，就是在地下挖成一個圓形的土牆，或者在地上圍起一個圓形的土牆。

到了春秋時期，監獄的規模開始逐漸擴大，此時監獄的名稱叫「圄」。有句成語都很熟悉，叫身陷囹圄，囹圄就是監獄的意思。到了秦朝時期，因為律法嚴酷，犯罪的人數增多，監獄也隨之增加了很多，全國的郡縣內基本都設有監獄。

漢朝時期，監獄開始稱為「獄」。《漢書．刑法志》記載，漢代全國有兩千餘所監獄。在京城長安內，就有二十餘所監獄。漢代監獄裡主要關押的是盜匪一類的罪犯。西漢時期，有個著名的酷吏叫尹賞，此人就以修築監獄而聞名。

尹賞任江夏太守時，捕殺盜賊極多，他主持修築的監獄被稱為「虎穴」。這個「虎穴」四面都是厚厚的牆壁，沒有門，也沒有窗，唯一的出口是監獄頂部，而頂部則被一塊巨大的石板壓住。

尹賞修築成「虎穴」以後，就令城中的百姓檢舉地方上的惡霸無賴。找到這些人以後，尹賞下令，每十個人中釋放一個，其餘的犯人則像串螞蚱一樣，用繩子串綁起來，一串一百個，分批投進「虎穴」中。這些犯人被關進「虎穴」以後，就再也沒有出來。巨石板一蓋上，「虎穴」裡一片漆黑，伸手不見五指，沒有食物，沒有水。數天過去，「虎穴」中便屍積如山，死屍相枕。

人們常用「龍潭虎穴」形容非常險惡的境地，而尹賞主持修築的「虎穴」則比險惡的境地更加險惡。因為，險惡的境地尚有求生的可能，而在「虎穴」裡，卻無一生還。這座監獄就是一個死亡之地。

到了明朝，除了關押普通罪犯的監獄外，還設立了一種專門羈押政治犯的監獄，叫做「詔獄」。詔獄的占地面積很大，可以羈押很多囚犯。歷史記載，明朝時期南京的詔獄可以關押五千多名政治犯。在永樂帝朱棣遷都到北京之前，南京詔獄裡羈押的，都是不忠的官員及其家屬。

西元一四二一年，朱棣遷都北京以後，這些官員就被轉移到北京的詔獄中。南京的詔獄則變成了農民起義軍的戰俘集中營。這些政治犯是終身監禁，即便皇帝大赦天下，也不會被釋放。進了詔獄，就意味著死亡。在詔獄中，政治犯受到非人的待遇，其中很多人死於酷刑。

明朝嘉靖年間，兵部員外郎楊繼盛彈劾奸相嚴嵩。他寫了一份〈請誅賊臣疏〉，上疏給明世宗，在這份奏章中，歷數了嚴嵩十大罪狀。嚴嵩氣急敗壞，反咬一口，誣陷楊繼盛目無君上，陰謀反對明世宗。明世宗不辨真相，盛怒之下，將楊繼盛關進詔獄。楊繼盛在詔中關了三年，備受酷刑。三年之後，嚴嵩又向明世宗進讒言，將楊繼盛處死。

在明朝黑暗的詔獄裡，羈押的大多是不忠於皇權的王公貴族或政治犯，在此之中，有一部分是被奸臣構陷的官員。朝廷通過詔獄禁錮政治犯的身體，同時也禁錮他們的思想。

與「虎穴」和「詔獄」相比，古代州縣衙門的監獄情況要好一些。一般來說，州縣衙門的監獄都設在大堂口的右角，從整個衙門的布局來看，是處於西南方位。這樣設計，有兩個因素。一是為了方便隨時提審犯人，二是與中國傳統的陰陽學有關。衙門監獄的大門上，通常有龍子「狴犴」之像。「狴犴」是傳說中的神獸，生性好打抱不平，不僅該出手時就出手，而且還能斷獄。所以，在古代監獄的大門上，都會有「狴犴」鎮守。

監獄的圍牆，也是衙門所有建築中最厚的圍牆，牆頭通常栽滿荊棘、刺棵。監獄一般都是黑漆大門，終日上鎖緊閉。到了晚上，通常還要封上蓋有州縣的大印，以及管理監獄的典史或州縣長官本人親筆簽署的封條，到了次日早上，才由典史驗封後打開。

監獄其實也是一個院落。在這個院落中，有一個「獄廳」，是管理監獄的牢頭、獄卒的辦公場所。在「獄廳」中心的位置，蓋有一個「獄亭」，這是一個瞭望亭。

明清時期州縣衙門的監獄裡，通常分為外監、女監和內監。一入監門，便是外監。一般是兩排相對排列的低矮監房，通常關押的都是流刑以下的罪犯。內監則是專門關押死刑重犯的監房。女監毋庸贅述，就是統一關押女囚犯的監房。其實，一般州縣衙門的監房和當地普通房屋的構造差不多，只是窗戶更狹小，牆壁更厚實，以防止囚犯挖牆越獄。

明清小說中，常用「密不透風」來形容當時的監獄。這倒是真實情況。正因為「密不透風」，匪徒在劫獄時，往往都選擇在前往法場的路上，而不會選擇到監獄中去救人。

即便到獄中救人，劫獄者也會選擇挖地道的方式，而不會明刀明槍硬闖。以衙門內部和監獄的嚴密程度，除非獄卒與劫獄者的實力過於懸殊，否則劫獄者根本不可能得逞。

衙門對囚徒收監、提審、釋放、押送，處決，都是從監獄大門進出。而在獄中餓死、病死、老死，受刑而死的囚犯，其屍體只能從監獄院落西側院牆上挖的「拖屍洞」裡拉出去。死者的親屬則等在洞外，等死屍被拉出來後，就用門板接住死屍，然後抬走。沒有親屬的屍體，則被拖到城外的棄屍場中扔掉。至於是餵野狗，還是餵虎狼，那就不管了。

監獄就是一個冰冷、防備森嚴、沒有人情味的地方。在古代衙門的監獄裡，最恐怖的不是失去自由和粗糙的飲食，而是獄卒對囚犯所使用的各種殘酷手段。

二、獄中黑幕

關於獄卒，有很多種稱呼。明清時期，獄卒也叫「禁卒」或「卒子」，這是官方的稱呼，民間則將獄卒稱為「節級」「押牢」或「牢頭」「獄子」等等。

前文說過，與皂隸、民壯、捕快等衙役相比，獄卒可以說是衙門裡最低賤的衙役了，排名最後一位。身分低賤，幹的活卻很累。獄卒一般要輪流值夜班，比皂隸辛苦得多。既低賤又辛苦，工食銀也很低，只比皂隸高一點，每年七、八兩左右。當然，獄卒和其他衙役一樣，絕不可能單靠這點工食銀生活，他們也有不少辦法撈到油水。

譬如囚犯進監牢時，獄卒通常要收取所謂的「進監禮」。給犯人解開刑具，又要收取「開枷錢」「開鎖錢」等等。另外，犯人家屬來探監，獄卒還要收取「探監錢」「送飯錢」等等。更要命的是，一個新來的犯人進了監獄，榨取錢財的還不僅僅是獄卒，還有同牢房的其他犯人。

晚清李寶嘉的章回小說《活地獄》中，對監獄中犯人被榨取錢財的事，有過比較詳細的描述。說是山西一個叫黃升的人，無辜入獄。入獄後，由於黃升沒有錢孝敬獄卒，獄卒就用鐵鍊將他鎖在尿缸旁邊，鏈子的一頭套在他脖子上，另一頭則繞在柵欄上。鐵鍊收得很緊，黃升無法坐下，只能站立。

就這樣，黃升被鎖了大半天，獄卒才把鐵鍊解下，領著他去了一間牢房。這間牢房，有桌子，有高鋪，想坐就坐，想睡就睡。獄卒告訴黃升說：進這間牢房要先花五十吊錢，再花三十吊錢，就可以去掉身上的鐵鍊子；再花二十吊錢，就可以地下打鋪；想點燈，再花五吊錢；想長期點燈，可以花一百吊錢包下來。另外，飯菜也都有價錢，價錢不同，伙食也不同。

黃升是真的身無分文，交不出錢來。獄卒一怒之下，便將他送進了另一間牢房。這間牢房裡的犯人，又讓黃升掏錢孝敬自己。黃升拿不出錢來，犯人們便一擁而上，將黃升打了個半死。晚上，犯人還不許他睡覺，讓他站了整整一夜。

從李寶嘉的描述中，可以看出，一個犯人如果得罪了獄卒，其後果是非常嚴重的。別說是一般的平民囚犯，就算一個官員進了監獄，落在獄卒的手裡，也沒有好日子過。獄卒雖然是衙門裡最低賤的衙役，但在監獄的犯人面前，就是王者。

西漢時期，梁國有個大將叫韓安國，他因罪被關進監獄。在監獄裡，他被一個叫田甲的獄卒百般凌辱。韓安國本是一位文武雙全，能言善辯的大將，曾經也叱吒風雲，沒想到自己到頭來竟會受一個小小獄卒欺侮，不由深感「虎落平陽被犬欺」。

時間一長，韓安國實在不堪忍受，就問獄卒田甲：「你如此殘忍地折磨我，就不怕我將來重掌大權，死灰復燃嗎？」田甲聽出了韓安國話裡的弦外之音，於是奚落道：「如果您死灰復燃起來，我就用小便澆滅它。」

韓安國這才明白，這獄卒是吃軟不吃硬的主，落在他們手裡，就只能任其擺布。如果你要與之鬥狠，他們根本不會給你死灰復燃的機會。有道是：好漢不吃眼虧。韓安國決定從今後謹慎從事。於是，他吩咐家人多給獄卒送些財禮，以換取獄卒的優待。這就是成語「死灰復燃」的來歷。韓安國在獄中保住了平安，後來果然「死灰復燃」了，他東山再起，在漢武帝手下當了御史大夫。

這看起來像一個勵志的故事，其實不然。在這個故事裡，我們不難看出，獄卒的殘忍和狠毒。與其說監獄是官府衙門的地盤，不如說是衙門中匪氣濃重的據點。儘管歷代的律法都有規定，嚴禁獄卒凌辱和勒索囚犯，若將囚犯凌辱致死，獄卒也要被處死。然而，實際上囚犯一入監獄，性命就掌握在獄卒手中了。在古代衙門的監獄裡，其實是沒有公理和王法的，只有錢財和利益。

獄卒凌辱、折磨犯人的手段很多。清朝著名的州縣官黃六鴻，著有一本《福惠全書》，書中列舉了州縣衙門監獄裡，獄卒折磨犯人的種種手段。

譬如「打攢盤」，就是在囚犯剛入獄時，獄卒們一起圍毆囚犯。還有「濕布衫」，就是用水把地面澆濕，讓犯人躺在水塘裡。又如「雪上加霜」，是獄卒向長官誣告，說囚犯難以控制，便將囚犯綁在匣床上。前文說過匣床這種刑具，囚犯被綁在上面，全身都不能動彈，非常痛苦。另外，還有幾種折磨犯人的手段，如「打抽豐」「請上路」「上高樓」等等。「打抽豐」就是新犯人進了監獄後，要請老囚犯吃喝，如果不請，獄卒就會唆使老囚犯對新犯人進行輪番毆打。「請上路」則是不准新來的犯人吃飯，如果其家屬送來飯菜，獄卒就會唆使其他犯人搶劫。「上高樓」則是將犯人的兩隻腳吊起來，頭朝下躺在地上。

另外，還有一種專門懲治女囚犯的手段，名字聽起來很優雅，叫「梳洗」，這個「梳洗」指的可不是女子梳妝打扮，而是一種極為殘酷的酷刑——用鐵刷子把人身上的肉一下一下抓撓下來，直至肉盡骨露，最終咽氣。這個殘酷的「梳洗之刑」的發明者，是明太祖朱元璋。據歷史記載，實施「梳洗之刑」時，劊子手把犯人剝光衣服，裸體放在鐵床上，用滾開的水在犯人的身上澆幾遍，用鐵刷子一下一下地刷去其身上的皮肉。

與「梳洗之刑」同樣殘忍和恐怖的手段，還有一個叫「討絕單」。所謂「討絕單」，就是獄卒偽造犯人因病氣絕身亡的假像。《水滸傳》裡曾描寫過「討絕單」的兩種方法，一種是用粗食將犯人灌飽，讓其腸胃發脹，然後用繩子緊緊捆住，用草席裹著，再塞住七竅，倒過來豎放在牆角。犯人便不能呼吸，也無法呼救，半個時辰內，犯人就會悄然身亡。這種方法，稱為「盆吊」。

另一種方法。是將犯人牢牢捆住，然後用一個裝滿泥沙的布袋壓住犯人的臉部，讓犯人在半個時辰裡窒息而亡。這種方法，叫「土布袋」。雖然這是小說中的記載，但與真實的情況出入不大。如「土布袋」這種殺人法，明朝鎮撫司衙門中，也經常使用。有的犯人死後，鼻子被壓平，整張臉面目全非。

當然，一般的獄卒是不敢明目張膽地置犯人於死地，只有管理的監獄典史才敢非法處死犯人。其實，典史非法處死囚犯，在古代監獄中是一個公開的祕密。朱元璋在《大誥續篇》中就指出：監獄中許多無罪而死的犯人，或是因典史索財不與而被非法殺死，或是因典史受他人錢財，代人報仇而將囚犯非法處死。

儘管歷朝歷代對虐待、祕密處死囚犯的行為都是嚴厲禁止的，一旦違犯，將以故意殺人罪論處。但在實際操作中，這些規定只不過是一紙空文。那些對律法規定置若罔聞，動用私刑，甚至非法處死囚犯的典史，實際上就是歷史上所說的「酷吏」之一。

三、兇殘酷吏

關於酷吏，司馬遷說過有一句很經典的話，叫「以鷹擊毛摯為治」。意思是說，酷吏是帝王的鷹犬，是用老鷹猛捉小雞的方式，來對付百姓、囚犯和匪類。

前文所提到的著名酷吏尹賞，在病重彌留之際，曾語重心長地告誡自己的兒子說：「丈夫為吏，正坐殘賊免，追思其功效，則復進用矣。一坐軟弱不勝任免，終身廢棄無有赦時，其羞辱甚於貪污坐贓，慎毋然！」

尹賞這話的意思是，要做官，就要「坐殘賊免」。所謂「坐殘賊免」，就是以殘苛的方式為政，用嚴酷的刑罰督治百姓，用酷法對付匪賊。如果太過軟弱，就比犯貪污坐贓之罪更可恥，更可怕。由此可見，尹賞這位酷吏，對自己殘酷的為官之道，是無怨無悔的。

比尹賞更臭名昭著的酷吏，還有一位，是漢武帝時期的御史大夫張湯。此人在少年時，就曾以「劾鼠掠治」的殘忍而出名。所謂「劾鼠掠治」，就是對老鼠施以酷刑。張湯的父親，曾任長安丞，張湯從小耳濡目染，對審訊囚犯就非常熟悉。有一次，家裡的臘肉被老鼠偷吃了，張湯的父親不由張湯辯解，就將張湯責打了一頓。

張湯一肚子怨氣，決心把老鼠找出來。於是，他把老鼠洞挖開，捉住了一隻老鼠，並發現洞裡還有剩餘的臘肉。於是，張湯就按照審訊犯人的程序，先傳布文書，然後進行審理，將臘肉作為呈堂證供，將老鼠判以死刑。最後，他將老鼠活活打死。

後來，張湯繼承了父職，後來又升任廷尉，最後升為御史。漢武帝時期，曾發生了一樁「巫蠱案」。張湯在這樁案子中，立了一個大功。

當時，漢武帝特別寵愛衛子夫，陳皇后為了爭寵，用巫蠱之術陷害衛子夫。所謂巫蠱之術，就是將人形木偶埋到地下，然後通過巫師作法，詛咒要加害的人。

漢武帝本人十分痛恨巫蠱，多次嚴禁在宮內行巫蠱之事。陳皇后的巫蠱之事敗露後，漢武帝大怒，讓張湯負責審理。張湯用酷刑逼陳皇后的宮女招供。宮女受不住酷刑，只得招認是受陳皇后指使。

漢武帝得知後，要求徹底追查。最後，這件巫蠱案牽連的人數有上千人之多。陳皇后被廢，宮中的宮女及太監等三百餘人被處死。張湯使用酷刑審清了案件，立了大功，連連升官，先被擢升為太中大夫，後又被任命為廷尉，掌管朝廷的審判事務，居九卿要職。

當上廷尉以後，張湯酷刑的手段更多了，他制定了各種殘酷的法令，其中一條叫「腹誹之法」。簡單地說，就是不管疑犯是否具有犯罪行為，只要其對朝廷心存不滿，便可將其治罪。

有一次，漢武帝就全國鹽、鐵政策徵求大臣們的意見。本意是想透過在財政上加強鹽、鐵等賦稅的管理，來增加應對匈奴的軍事開支。在當朝議政時，主管財政的大司農顏異只是冷笑，並不發表意見。就這一笑，被張湯抓住了把柄。他當場彈劾顏異，說顏異身為九卿重臣，卻不公開表達意見，而是在肚子裡誹謗聖上，是為腹誹。漢武帝當場就批准了張湯的奏章，判處顏異死刑。

在審理淮南王、衡山王、江都王等諸王謀反案時，張湯更是使出了各種殘酷的手段，廣泛株連，將處以死刑的人數擴大到上萬人之多，令文武大臣聞風喪膽。而張湯本人，卻受到漢武帝的更加信任和器重。由此可見，酷吏的官運是與其兇殘的程度成正比的。作為酷吏，越是殘暴，升官越快。

唐朝武則天統治期間，是酷吏橫行的時期。為了維護自己的統治，武則天培植了很多酷吏。據兩唐書《酷吏傳》記載，武則天統治時期，共出現過十一個著名的酷吏。其中最具有代表性，也非常有名的酷吏是來俊臣。

來俊臣是個相當凶險的人，他的父親就不是一個好人，名字叫來操。來操是個賭徒，與蔡本的老婆私通。後來，他贏了蔡本一大筆錢，蔡本以親抵債，來操就娶了已懷孕的老情人，老情人進門沒多久就生下了來俊臣。

有其父必有其子，來俊臣在地方上也是無惡不作，後來，來俊臣見胡人酷吏索元禮告密有功，升官迅速，被提拔去管理「制獄」，來俊臣心裡十分羡慕。於是他也學著開始羅織罪名，誣告親王大臣。武則天認為他很忠心，就授予他侍御史的職務。

來俊臣與其他一般的酷吏有所不同，他總是能迅速獲得自己所想要的口供。在獲取口供方面，一般的酷吏只會採用殘酷的刑罰。而來俊臣即使用酷刑，又會採用心理戰術。每次審訊，來俊臣都先將各種刑具擺在犯人面前，說這是刑具。犯人一見那些恐怖的刑具，基本會膽寒，有的人當場就認了罪。

來俊臣所用的酷刑，也是花樣百出，令人聞之毛骨悚然。對被密告的對象，來俊臣的方法之一是先給犯人鼻中灌醋，然後將犯人拋置在臭氣彌漫的土坑中，不給予飲食。犯人饑渴難忍，有的甚至撕咬自己的衣服。

還有一種方法，用現在的話說，叫「神經疲勞」。就是連續幾天幾夜地審訊，不許犯人睡眠。剛一睡著，就被推醒。數夜不眠之後，犯人昏昏沉沉，一般問什麼就招認什麼，招認完後，就被處死。

還有一種誘供的方法，即所謂的「一問即承聽減死」。什麼意思呢？就是任何囚犯，不管其犯的罪行如何重大，只要在第一次審訊時招供，就可以免除死刑。在這些林林總總的手段之下，囚犯往往忍受不了折磨，只得招供。

由此，來俊臣步步高升。不過，酷吏雖然官運亨通，晉升迅速，但最終的命運卻大多淒慘。譬如來俊臣，就是被另一個酷吏吉頊彈劾，因而未得善終。當時，吉頊指出：來俊臣贓賄如山，被他殺害的冤魂塞滿了路，殺他一點也不可惜。於是，武則天「順應民意」，決定處死來俊臣，時人無不對此拍手稱快。

當時的國人，無論長幼十分痛恨來俊臣。以至於來俊臣被處死以後，人們竟然去割他的肉，藉以洩憤。武則天聽說了臣民們的反應後，急忙表態支持公眾的做法，還特意下了一道制書，叫《暴來俊臣罪狀制》，書中說了不少安撫人心的話。最後，來俊臣被誅族滅門。

說到底，酷吏的升遷，與中國傳統的帝王之術是分不開的。作為帝王，一方面重用酷吏，另一方面則廣施恩惠。文武大臣則將矛頭對準了酷吏，反過來感恩於帝王的「仁慈」。正是在這種忠與奸，酷與仁的權衡之間，帝王得以坐穩江山。

酷吏本身不過是統治者手中的一枚棋子，一種武器。而作為酷吏之一的衙門典史、獄吏、獄卒等人，對囚犯的殘忍和狠毒，一方面是為了自己的私利，另一方面則是由於衙門長官的默許和縱容。

總之，在黑暗的監獄中，講權不講理，講錢不講法，有錢就免打，沒錢就狠打，打與不打，殺與不殺，起決定作用的不是律法制度，而是銀子。然而，在如此黑暗的地方，卻有囚犯戀戀不捨。這類囚犯，就是通常所說的「獄霸」。

四、獄中之霸

獄霸是監獄裡的一個特殊的人物。他們本身也是囚犯，但在監獄裡關押的時間長久，對獄中的情況非常熟悉。因此，以他們的「資格」，自然而然成了囚犯們的「首領」。加之他們和獄卒、典史等都很熟識，關係密切，同時又和其他囚犯關押在一起，獄吏就利用他們來管理囚犯。

因此，對普通囚犯而言，獄霸在監獄中具有一定的「權威性」。

晚清官員張集磐所著的《道咸宦海見聞錄》中，記載了資州衙門監獄裡一名叫周鳴同的獄霸。此人因為家事和父親爭執，在爭執中，他用力推搡父親，不慎將父親摔死，因此被關進了資州監獄。

周鳴同進了監獄以後，很快就和獄卒搞好關係，在囚犯中也有了地位。為了替獄卒和自己謀利，周鳴同在監獄裡開設了一個小當鋪，開始對其他犯人進行盤剝。

周鳴同非常清楚，監獄中的利益總是與暴力掛鉤的。他夥同牢頭，通過暴力手段，讓普通囚犯乖乖交出銀子，或者託家人送來銀子。每次有新進來的囚犯，周鳴同都會向其索取「孝敬錢」。新囚犯交了錢後，就可以安全待在監獄裡，如若不交錢，就要受到種種非人的凌辱和毒打。

周鳴同將索取的錢財，留了一部分給自己，另一部分則用來孝敬當時管理資州監獄的典史姜淳。姜淳收了錢後，對周鳴同的胡作非為自然是睜一隻眼閉一隻眼，有時候，他甚至還和周鳴同一起對付犯人。

為了獲得更多的財物，周鳴同想出了很多折磨犯人的方法。對剛進監獄的新囚犯，周鳴同和其他幾個幫兇一起，將犯人吊在柱子上，並在犯人背上掛一個裝滿水的水桶，然後用竹籤拷打犯人。如果犯人交出「孝敬錢」，就可以免除折磨，如果不給錢，就會一直被痛打。犯人被打得皮開肉綻，周鳴同還讓犯人用嘴吹尿壺。

在典史姜淳的縱容下，周鳴同對從其他監獄轉過來寄監犯人，也進行吊拷逼贓，甚至連押解犯人寄監的差役也不放過。在監獄裡，以案犯之身繼續犯法，且有恃無恐，這實在是目無王法，肆意妄為了。典史姜淳得知此事後，本想教訓周鳴同一番。可還沒等他開口，周鳴同就送上了二百兩銀子，姜淳得了銀子後，便裝聾作啞，佯裝不知情，放過了周鳴同。

周鳴同如此為非作歹，最終也沒有好結果，他栽在了一個強悍差役的手裡。當時，井研縣衙門的一名差役，押解犯人進省，路過資州。周鳴同以為又來了一條大魚，於是使用老辦法對付，叫上幾個幫兇，將犯人吊打逼贓。押解犯人的差役一氣之下，到資州衙門告了狀。

資州衙門的知州接到報案後，對周鳴同進行責罰，並給他套上枷鎖。在監獄裡，周鳴同一向橫行霸道，不甘受罰，就糾集獄中的其他犯人一起鬧事，並放火焚燒監獄。知州想息事寧人，於是就解除了周鳴同的枷鎖。

沒想到，井研縣的差役是個較真的人，他見周鳴同沒有受到責罰，便繼續到省裡上告。省裡派人來調查後，最終將周鳴同判處死刑，而典史姜淳因為縱容獄霸，也被判處絞刑。

無獨有偶，李寶嘉的《活地獄》裡，也描述過關於獄卒與獄霸相互勾結的事情。說是一個叫王小三的佃戶，因為吃了官司，被關進監獄。剛進監獄的頭一天，王小三就被同牢房的幾個犯人毒打了一頓。幾個犯人打完了還不解氣，還讓王小三站在牢房中間，不准他睡覺。

半夜的時候，王小三昏昏欲睡，站不穩了，搖晃中碰到了另一個犯人的腿，其他犯人又一擁而上，將王小三的一根大拇指和大腳趾用繩子拴住，然後將他吊起來痛打。一邊打，還有人點燃蠟燭，烤他的肉。獄卒聞訊趕來，不但不懲罰那些打人的囚犯，反而對王小三說：「你沒錢，自然是要吃些苦頭的。」

對於普通犯人而言，監獄就是人間活地獄，而對久居獄中的獄霸而言，監獄卻是一個好地方。《清稗類鈔》裡記載了一個姓張的獄霸，此人從監獄裡出來時，悵然嘆息道：「難道我這輩子再也不能回到這裡了嗎？」看樣子，這位張獄霸對監獄的日子，頗有些留戀。彷彿監獄是個安樂窩。

這位張獄霸在同治年間，因為殺人被關進監獄，定為終身監禁。由於在獄中關押的時間長，張獄霸摸清了監獄中的路數，與獄卒狼狽為奸，對囚犯進行盤剝，數額非常驚人，每年可以勒索近一千兩白銀。

妻子來探監時，張獄霸將勒索來的銀子交給妻子，讓妻子出去放高利貸。就這樣一年又一年，張獄霸越來越富有，成了獄中的「土豪」。光緒元年（一八七五年），朝廷大赦天下，張獄霸被釋放出獄。

出獄以後，張獄霸非常失落，在獄中時，自己稱王稱霸，可出了監獄，自己成了一個沒有任何地位的遊民。於是，張獄霸打定主意要回到監獄中，繼續過以前那種「王者」的生活。後來，同村的人鬥毆，殺死了人。張獄霸竟然花錢請求替罪，如願以償地重回了監獄。然而，此時獄中有了新的獄霸，儘管張獄霸重金賄賂獄卒，但他最終還是被新的獄霸驅逐出了監獄。

錢鍾書有句話：世上沒有偶然，所有的偶然，都是化了妝的必然。獄霸的出現，也不是偶然的，而是古代衙門監獄制度所造成的。

前文說過，獄卒的工食銀很低，要靠勒索囚犯增添收入。如此一來，獄霸成了獄卒們培訓的罪犯首領。獄卒透過以罪犯治罪犯的方式，讓獄霸來管理其他囚犯。既省去了直接對付犯人的辛勞，又可以謀取大量私利。更為嚴重的是，有時候獄霸還會帶領其他囚犯造反。

晚清政論家薛福成的《庸庵筆記》裡，就記錄了一件獄霸領頭造反，囚禁縣官的事——

清朝光緒六年（一八八〇年），廣平縣衙門新上任的知縣打算整治監獄，他夜裡獨自到監獄裡視察，本想搞個突襲，看看監獄裡的真實情況。哪知道，當時廣平縣法紀廢弛，監獄已亂得不成樣子。以至於到了晚上，獄卒都不給囚犯上枷鎖等刑具。

廣平知縣發現這一情況後，正要訓斥獄卒。就在此時，廣平監獄的獄霸帶頭起來作亂，這獄霸在監獄裡一呼百應，囚徒都跟著鬧了起來。知縣高聲制止，沒想到獄霸等一幫人，竟把知縣和獄卒都抓了起來，占領了監獄。

知縣和獄卒成了人質，廣平縣衙門亂了套，主簿、典史、師爺束手無策。獄霸則宣稱：要讓我們放了縣官，就先放了我們！如果派兵來，我們就弄死縣官。管理監獄的典史甚至低三下四，聲淚俱下勸說獄霸和囚犯。獄霸則要求，先送上好酒好肉。典史照辦，送上酒肉。一連幾天，囚犯們大吃大喝，卻不給縣官和獄卒進食。

縣裡的官吏跑去報告知府。知府來了，向獄霸和囚犯們喊話，說這位知縣才到任，關押你們的是前任知縣，與現任知縣有什麼關係？你們要是傷了他，罪責更重，對你們沒有半點好處。不如你們把知縣放了，我減免你們的罪。

知府自認這番話，說得有理有據，能夠打動囚犯。哪知道，他這番話非但沒有澆滅火，卻讓囚犯們更加憤怒。獄霸帶頭揚言說：少來這套，我們和這縣官生則同生，死則同死。

知府也沒了辦法，只好上報巡撫。巡撫畢竟老到，不像知縣和知府那麼天真地好言規勸瘋狂的囚徒，他一邊答應釋放所有囚犯，一邊暗中調集了兩個營的兵力，在城外埋伏。

囚犯們被釋放，獄霸帶領囚犯蜂擁出獄，挾持這知縣一同出城。到了城外五十里的山上，才將知縣放了。剛一放，埋伏的官兵就出現了，四面包圍上來，將獄霸和囚犯一網打盡。當晚，獄霸和所有囚犯被押回監獄。知縣和知府對他們嚴刑拷打，當場打死二十多名犯人。獄霸和其餘的犯人，則都被處以死刑。

像這種上任之初便遇到監獄暴亂，而後連續判處犯人死刑的州縣衙門長官，在歷史上也算是罕見的極品了。

第九章：應酬與消費

一、應酬是一份苦差

說完衙門裡的各種角色——編制內公務員和編制外公務員。你不難發現，作為一個州縣長官，和這些角色打交道非常耗費心力。而比這更加耗費心力的，是官場上的各種應酬。這也是州縣衙門長官的日常工作之一。

譬如一個新上任的州縣衙門長官，一開始的官場應酬是「拜碼頭」。要知道，在一座州縣裡，有可能住著退休的、養病的、守孝的朝廷命官，也有可能住著即將上任的新科進士，新捐了官的富豪子弟；還有可能住著尚書的岳父、侍郎的姐夫、將軍的舅子等等皇親國戚。這些人的官場網絡，人際關係和潛在權力，非常強大。一個新上任的州縣長官，如果不熟悉這些情況，不去拜見這些「大人物」，那麼他的仕途之路，就會舉步維艱，甚至中途夭折。

《紅樓夢》裡，有一個大家熟知的「護官符」：「賈不假，白玉為堂金作馬。阿房宮，三百里，住不下金陵一個史。東海缺少白玉床，龍王請來金陵王。豐年好大雪，珍珠如土金如鐵。」

所謂「護官符」，說白了，就是一個名單，官員若想保住官位，就得照顧名單上豪門權貴。

名單上是本地最有權勢，以及富貴鄉紳，各地都一樣。倘若不知道，不瞭解，一旦觸犯了這些人，不但官職難保，甚至恐怕還有性命之虞。因此，一些新任州縣長官到任後，都會買一張「護官符」，去地方豪門「拜碼頭」。這是官場應酬的起步，之後，官場應酬主要的內容有兩項：接待上級，迎送過客。

完成這兩件事情，需要陪吃、陪吃、陪聊天，堪稱「官場三陪」。

這實在是一份苦差事，除了花費金錢，還要強打精神，阿諛奉承，把針都插不進去的密集笑容奉獻給對方。正所謂「上官直消一副賤皮骨，過客直消一副笑嘴臉。」應酬時，彼此都會說些言不由衷，或者不著邊際的話，還要說得興高采烈。新任州縣長官，大多是飽讀詩書，獲取功名後踏入仕途的，對於他們來說，官場應酬既生疏，又心累。

晚清有個官員叫孫寶瑄，出身仕宦之家，其父孫詒經，在光緒時期任戶部左侍郎，岳父李瀚章曾擔任過兩廣總督。而孫寶瑄本人，書生氣十足，能寫文能作詩，書法也很有造詣，所以他也曾想有一番作為，可在後來的仕途上，孫寶瑄卻一直不順。他的好友評價他說：「太不精於宦學」。所謂「不精於宦學」，實際上就是不善於官場上的應酬和交際。

孫寶瑄著有一本傳世的書，叫《忘山廬日記》。在這本日記裡，他描寫了一段新年官場應酬的情景：新年時節，京城裡到處都是官員們拜客的轎子。轎子裡並不一定有人，往往是個空轎子，在長安街、東城、西城行進，每到一處官員府邸，就由僕人上前將主人的名帖遞上去，就算是「拜訪」到了。此所謂「望門投刺」，官員之間並不見面，也不問是否認識。

新年春節如此，平常其他節日，也與此類似。有一回，孫寶瑄檢查門房的記錄簿，發現很多官員都曾來拜訪過自己，而他們之中的絕大多數官員，孫寶瑄根本不認識，有些官員還住得很遠。禮尚往來，人家來拜訪你，你勢必得回訪，這一去一回，路途遙遠，非常辛苦。

其實，在應酬方面，京官比地方官苦得多。地方官員應酬，可以用公家的錢請客，這就是我們後面要說到的「衙門裡的公款消費」。而京官則不同，他們沒有直接的財權，只能自費，掏自己的腰包。對於收入菲薄，又無豐厚家產支撐的京官而言，就是一句話：將有限的薪俸，投入到無限的應酬中去。

然而，即便他們手頭再拮据，同僚、同門、同鄉設的飯局也不得不去。上司、權貴，以及他們身邊紅人的各種祝賀禮金，也不得不送。以至於很多京官頻繁地出入當鋪，連累家人忍饑挨餓。

縱觀中國歷史，在官場應酬中不破財，反而「空手套白狼」者，恐怕就只有一個人，他就是漢高祖劉邦。

眾所周知，在秦帝國統治時期，劉邦曾任沛縣泗水亭亭長，是沛縣衙門裡一個小得不能再小的小吏。亭長，其實是一份吃力不討好的差事，既不清閒亦無油水可撈。管轄的事務不大，卻相當繁瑣，今日接待官員，明日緝捕盜賊，後日為縣政府採買購物，還要傳遞文書，調解民事糾紛。諸多細碎公務，辦妥了應當應分，不受嘉獎；辦砸了，官員不滿，鄉親罵街，兩頭受氣。然而，就連亭長這樣的小吏，也必須在官場上應酬。在當時的沛縣衙門，劉邦的最高上司是沛縣的縣令，那縣令極愛借聚會收斂錢財。某日，縣令又以為故友接風為名，召喚縣內大小官吏前來朝賀。

朝賀必然要攜帶禮物前去。當時，縣令十三個月的實物工資僅有一百石穀，按當時的糧食價格計算，每石為一百錢。縣一級最高行政長官的待遇尚且如此，劉邦只是一個小小亭長，他的薪俸自然比縣令微薄得多。因此，他身上時常沒有餘錢。此番縣令召喚，他又恰好囊中空空，於是躊躇，去還是不去？

縣令為其接風之人，人稱呂公，原住單父縣呂堌村，那裡也是縣令的老家。在老家時，呂公與縣令交情篤厚。後來，呂公在家鄉遇上麻煩，便攜全家老小投奔至沛縣避禍，縣令十分熱情，為呂公安排妥住處後，又擺下盛宴，為其接風洗塵。

接風宴的招待工作，縣令交與衙門的第三把手主簿蕭何操辦。蕭何辦事歷來細緻，他親自準備酒菜，安排座位，招呼賓朋。接風宴當日，呂公府邸熱鬧非凡。沛縣衙門的大小官吏接踵而至，有錢的送錢，沒錢的借錢來送。一時間，高朋滿座。此時，一個執事的衙役手拿一張名帖跑進來，高聲吆喝：「泗水亭長送賀錢一萬！」

只此一聲喊，驚呆在場人。大小官吏紛紛猜測：這劉亭長是盜了墓，還是挖了寶，出手就是一萬塊。這筆錢，縣令得掙十三個月，買布可買十八匹，買關中外的好地可買三十餘畝。亭長一職，又無油水可撈，錢從何來？

大夥兒把目光齊刷刷對準劉邦。

劉邦大搖大擺地走進來，似笑非笑，旁若無人，仿佛真的腰纏萬貫。旁人不明究竟，蕭何心中有數——劉邦在玩空手套白狼。而此處不是酒館可以隨意賒帳，若是惹惱了縣令，亭長的官職可就沒了。蕭何忙不迭向呂公賠笑臉：「此人乃我兄弟，為人詼諧，他說一萬塊，沒準兒一文不名，您老只當他玩笑助興，切莫在意。」

知劉邦者，蕭何也。劉邦確實身無分文，他在家想了半日，此等應酬，不來，得罪縣令；來了又沒錢送，索性說句大話，送份驚喜，驚喜難道不算是一份禮物嗎？

呂公也是心寬之人，不僅心寬，且會識人。在他看來，劉邦之行為，一般人都做不出來，因為常人都愛面子，把羽毛和名節看得比性命還重。大話一旦被戳穿，必會羞得無地自容。劉邦則全然無畏，真乃神人也！於是，在眾目睽睽之下，呂公一揚手，寬厚地笑道：「亭長請入廳堂，上首落座。」

眾官吏七嘴八舌地議論開來，有嫉妒有疑惑有驚異有茫然。蕭何早就有言在先：凡賀禮不滿一千錢者，廳外就座。劉邦也沒料到，自己一個大子兒不掏，倒坐到了廳堂上首。不過，既然呂公厚待，自己也沒什麼好客氣的。

劉邦落座，大碗喝酒，大口吃肉，大聲談笑，如魚得水。呂公坐在一旁，瞇著眼看他，劉邦轉過臉，二人四目相對。呂公道：「君之身材高大挺拔，君之面相清臒非凡，老夫甚是喜愛。席散後，煩勞君留下一敘。」待到席散，呂公對劉邦說：「我有一女，年歲不小，尚待字閨中。如你不嫌棄，就嫁與你做帚箕之妾。」

劉邦暗暗吃驚，莫非這老頭兒喝多了，我送他一個虛擬的驚喜，他還我一份扯淡的感動？呂公也不管劉邦如何吃驚，說罷便起身，將劉邦引入後堂，與自己的妻女相見。劉邦墜入夢境，他本是疲於應酬，迫不得已空手套白狼，沒想到居然順便套了個新娘。

這段具有強烈傳奇色彩的故事，並非杜撰，而是確有其事，如《史記·高祖本紀》中的記載：「高祖為亭長，素易諸吏，乃紿為謁曰『賀錢萬』，實不持一錢，謁入，呂公大驚，起，迎之門。呂公者，好相人，見高祖狀貌，因重敬之，引入坐。高祖因狎侮諸客，遂坐上坐，無所詘。」

不過，像劉邦這種「空手套白狼」官場應酬方式，實屬特例中的特例。通常，對於古代的官員們來說，在官場應酬中，即便不送厚禮，單是大吃大喝，也頗費精力、心力和體力。須知，應酬的飯，實乃尿泡飯，應酬的酒，實乃潲水酒，食之反胃，喝之欲吐，而即便傷身傷胃，也不得不作喜悅開懷狀大快朵頤。尤其面對上司，更須豪爽痛飲，以博其一笑。

二、兩大消費

有應酬就要消費。衙門官員的應酬，最大的一項就是吃喝。準確地說，是公款吃喝。這種吃喝，顯然不是一般粗茶淡飯的工作餐。前文說過，衙門外有一條「衙前街」，在「衙前街」上，有衙門的幾大支柱產業，酒樓、飯莊便是其中之一。

這些酒樓、飯莊是要定期「孝敬」衙門的。反過來，衙門裡的官吏也靠公款吃喝支撐了酒樓、飯莊的生意。二者相輔相成。所以，這些酒樓、飯莊又被稱為「衙門店」。

在唐代，官府衙門設有專門的宴請吃喝款項，官吏們可以大張旗鼓地吃喝。宋寧宗時期更奔放，還特許各地的衙門，每月可以報銷一次有名目的公款吃喝費用。說是名目，其實就是巧立名目。各衙門大事小事，都要大吃大喝一頓，譬如出郊勸農要吃一頓，檢查倉庫要吃一頓，商議公文也要吃一頓。另外，遇到一些節日，當然就更是要大吃特吃，譬如元正宴、冬至宴、寒食宴、中秋宴、重陽宴等等。

報銷的程序也挺簡單，譬如寫上宴請某位出差路經本地縣衙的官員名字，就可以報銷了。當時，也沒有安排專門的人員進行核實。如果宴席辦得太多，花銷太大，就不在本地衙門報銷，而通過其他衙門來報銷。

到了明清時期，衙門的公款吃喝達到了頂峰。如萬曆皇帝時期，首輔大臣張居正奉旨回原籍辦喪事，一路經過的衙門都用公款盛情款待。史書上用一句話說明了當時的情形：「始所過州邑郵，牙盤上食，水陸過百品」。就是說，凡是張居正經過的州縣，當地州縣衙門安排的宴席，盤裡裝的都是上等食品，有水裡游的，有地上跑的，上百種。

當然，在歷史上，也有抵制公款吃喝的官員。嘉靖時期，有個左副都御史叫鄢懋卿，生活非常奢侈。據說此人用彩錦裝飾家裡的廁所，用白銀裝飾便溺器皿。排泄處所都如此豪華，吃穿住行就更不用說了。

據《明史．鄢懋卿傳》裡記載：嘉靖三十九年（一五六〇年）三月，鄢懋卿奉旨到兩浙、江淮等地巡查。當時，他攜老婆同行，特製了一頂五彩雙人轎，由十二名女子抬著，路人見到，都驚駭不已。在出發前，鄢懋卿就提前發文，通知沿途各州縣衙門，說本官生性儉樸，不喜迎送。

各地飲食供給都應樸實簡單，不得奢侈豪華。

沿途州縣的各級官員接到文書一看，就知道這是官話、客氣話。他們都清楚鄢懋卿的為人。越叫你要樸素簡單，你越得豪華鋪張，盛情迎送。所以，鄢懋卿途經的每一座州縣都「置酒高會，日費千金」。鄢懋卿離開的時候，官員們還要送上價值巨萬的厚禮。

然而，也不是每一座州縣衙門的官員都買帳，比如時任浙江淳安縣知縣的海瑞，就給鄢懋卿寫了一封信，說下官接到御史大人的公文後，已按御史大人「樸實簡單，不得奢侈豪華」的要求，準備了粗茶淡飯，以恭候大人的駕臨。鄢懋卿十分鬱悶，他曾聽說海瑞為人吝嗇之極，就連其老母做壽，也只買了二斤肉。於是，認定無油水可撈的鄢懋卿，下令改道，繞過淳安縣而去。不過像海瑞這樣真正儉樸，抵制公款吃喝的官員，在歷朝歷代都少之又少。

前面提到，在鄢懋卿攜其夫人出行之前，曾特製了一頂五彩雙人轎。轎子的製作費用，當然花的也是公款，相當於「公車消費」。所謂「公車」，簡單地說，就是古代官員乘坐的車輛。

秦朝時，朝廷的高級官員及貴族皆乘馬車來去。因為牛車笨重而遲緩，只能當作運貨載物之用。當時，若是哪位高官假裝簡樸，膽敢坐牛車進宮議政，非但不被讚以節儉，反倒會遭到處罰。原因是：此人不拿自己當人，乘坐貨車就來了，這種行為著實有損國格。傷的是朝廷的面子，打的是皇帝的臉。

秦末，全國人口有兩千餘萬。經過連年的戰亂，人口銳減了百分之七十。到了劉邦立國的時候，秦時一萬戶以上的大邑，僅剩下不到兩千戶。人口銳減，經濟情況當然很糟糕，當時，整個國家，連清一色的四匹馬都挑不出來。作為皇帝的劉邦，好歹還有馬車坐，而大臣們只能乘坐牛車上班。當時的動力車分為幾種：馬車、牛車、羊車、鹿車。牛車本是用作運貨的車輛，而在漢朝建國之初，卻是官員們的公車。

漢朝的開國官員都知道此舉低賤，卻誰也都不道破，只說牛車其實也不賴，它八面來風，極為涼爽，時速慢如龜，卻極為安穩；行至坑窪處，顛簸劇烈，只當是免費按摩。另外，此車可裝棚，可鋪席，想躺則躺，想坐便坐，姿勢任選，隨性放縱，實乃大漢王朝最新款高科技座駕。

到文景之治時期，經濟狀況逐漸好轉。如漢景帝時期，對馬車做了比較詳細的規定。比如，不同等級的官員，乘坐不同規格的馬車。區分的標誌主要是馬車上的幡。幡，就是車廂兩旁遮蔽塵土的屏障。如俸祿六百石至一千石官員乘坐的馬車，可以將左幡漆成紅色；俸祿二千石以上的官員，則可以將兩幡都漆成紅色。而一般的商賈，哪怕再有錢，都不能乘坐馬車。

到了南宋時期，南方缺馬，轎子普及了，成了一些官員的公車，此後一直延續到明清時期。官轎當然也分等級，主要體現在轎夫的數量上。如明朝初期規定，三品以上的文官，准許乘坐四人抬的轎子，三品以下的官員，則只能騎馬。而武官，不論老少，一律不准乘轎。凡是違反制度規定乘轎者，必會遭到嚴厲的處罰。

我們常聽到古裝影視劇裡的一句臺詞：「把誰誰誰八抬大轎娶進門。」這是根本不可能的，譬如清朝規定，只有三品官以上的欽差大臣或地方官員中的督撫，才可以乘坐八抬大轎。而知縣、縣丞、主簿等州縣衙門的官員，則只能乘坐四抬大轎。像典史以下的衙門小官員，只能乘馬。可以這麼說，公車（馬車或轎子）是古代官員行走的一張名片。

歷史上最豪華的官員公車，是明朝首輔張居正所乘坐的。黃仁宇在《萬曆十五年》中曾描述：「張居正這一次的旅行，排場之浩大，氣勢之煊赫，當然都在錦衣衛人員的耳目之中，但錦衣衛的主管者是馮保，他必然會合乎分寸地呈報於御前。直到後來，人們才知道首輔的坐轎要三十二個轎夫扛抬。內分臥室和客室，還有小童兩名在內伺候。」

普通的八抬大轎，總重約三百公斤到五百公斤，每個轎夫承重五十公斤或稍多一點；依此制度，張居正的座駕，至少要有一噸至一噸半的自重。所以，首輔張居正乘坐的這頂轎子，前面有八個人抬，後面八個人抬，左面八個人抬，右面八個人抬。一共三十二個轎夫，可稱為三十二抬大轎，實乃官轎中的巨無霸，令人歎為觀止。在中國歷史上，是空前絕後的。

公車的使用，以及僱傭的人員，都是用公款來買單。如果說，公款吃喝是衙門最大的一項消費，而公車使用，則是第二大的一項消費了。

三、住房和娛樂

實際上，古代官員的公款消費，主要有四大項。前兩項，如前所敘述——公款吃喝與公車消費。後兩項，則是住房和娛樂。

先說古代官員的住房，京城官員的住房與地方衙門官員的住房不同。京城官員住房一般都由自己解決，因為首都這地方歷來人多地少，大小官員數以千計，朝廷根本無法為他們解決住房問題。而地方衙門的官吏則比較幸福，他們的住房由當地官府解決。

前文講過，衙門內部相當於一個機關大院，上至知縣、縣丞、主簿等官員，下至六房書吏，乃至知縣的親信師爺，都住在衙門裡。這是朝廷政策允許的。這個政策，一是為了解除地方官員的後顧之憂，方便工作；二是安全的需要，保持廉政和保密的需要。

不過，衙門的住房不是分配、贈送給地方官員的。簡言之，官員只有居住權，而沒有所有權。地方官員在所屬州縣衙門的任期一到，就要走人，沒有再繼續居住的權利。

而就房價來說，歷代以來，明朝崇禎年間的房價是最為低廉的。據《中國歷代契約彙編考釋》記載：「崇禎五年，安徽省休寧縣居民金運出售雙層樓房一幢，上下五間，占地一分，賣價三十兩銀子。」崇禎十三年，北京崇文門大街居民傅尚志出售四合院一座，五間房，帶門面，一分為二，賣給兩個買主，總共要價五十六兩銀子。由此可見，在明朝崇禎年間，只需要花費幾十兩白銀，就可以買到一幢上下層式的小樓，或者是一座四合院。當時的房價應該是非常低廉的了。

接著說說娛樂。對於衙門的官員來說，所謂娛樂，主要就是去青樓消費。有種說法認為，娼妓最早出現在春秋時期，因為當時齊國的管仲設立了「女閭」制度。其實不然，早在殷商時期，就有一類叫「巫娼」的賣淫女。「巫」是指女巫師，她們通過妖豔外貌來迷惑男子。後來，巫師和娼妓分開了，善於裝神弄鬼的，當了巫婆；靠外貌和出賣肉體生存的，專職做了娼妓。

後來，妓女主要分為四類：官妓、營妓（俗稱軍妓）、家妓和私妓。管仲的「女閭」制度，實際上是開啟了官妓與營妓的先河。

家妓，則是指王公貴族、官宦富商等人家裡豢養的女子。譬如這些人家的婢女，歌妓等等，都屬家妓。官妓和家妓，與殷商時期的巫娼有所不同，她們一般不從事肉體服務，而主要是和主人以及賓客交流情感，切磋琴棋書畫等等。除非有賓客與自己情投意合，她們才會獻身。如俗話所說的：賣藝不賣身。因此，官妓和家妓的文化素養都比較高，基本上琴棋書畫都會，且能歌善舞。

而私妓的素質比官妓和家妓要低一些。即便如此，私妓一般也很少從事皮肉服務。所以，中國古代早期的妓女，與官員有著密切的關係。為什麼呢？因為官吏們大多都是讀書人，文化素養是很高的。歷代有不少官員還是文豪，他們常常和官妓、家妓，甚至文化素質較高的青樓女子，進行精神上的溝通。因此，古代官吏去青樓消費，身心上可以獲得愉悅和放鬆。其中，當然也有應酬的需要。

在中國歷史上，官員和青樓妓女來往最頻繁的朝代是唐代。在唐代，一些文豪，官僚都和妓女有比較密切的交往。《全唐詩》裡，曾收錄了一些描寫妓女的作品。唐代大詩人白居易，曾在杭州、蘇州等繁華之地任過太守，他豢養了不少妓女，甚至帶著十幾個妓女遊覽西湖、虎丘等景區，還寫詩寫遊記留念。

北宋李昉、李穆等學者編纂了一本包羅古今萬象的書，叫《太平御覽》。書中記載了這麼一件事：說的是唐代有個叫歐陽詹的人，考中進士後到太原遊玩。偶然結識了一名妓女，並兩情相悅，訂了婚約。後來，歐陽詹到長安上任，妓女則留在太原，沒過多久，妓女因病去世，給歐陽詹留下了一縷頭髮，和自己生前寫下的最後一篇詩文。歐陽詹不知妓女已亡故，還派人來迎娶，後來得知消息，不禁悲痛過度而死。此事後來被傳為一段愛情佳話。

可見，在唐代，官員與妓女來往，是不會對仕途有所影響的。朝廷和地方官府對官員到青樓消費，沒有限制，社會也對此沒有非議。

南宋時期，理學興起。著名理學家朱熹提出「存天理，滅人欲」。社會對官員到青樓消費不再寬容。而讀書人因為學習理學，也個個爭做謙謙君子，以坐懷不亂自居。

從這個時期起，青樓就成了官員們不敢明目張膽涉足的禁區。當時，人們普遍認為，一個官員如果到青樓去消費，那麼他的人品就值得懷疑了。對於官員來說，這一點，對自己仕途升遷會有很大影響。因此，在南宋時期，官吏們是根本不敢公開狎妓的。

到了明朝，對於官吏去青樓消費的限制更為嚴格。《大明律》規定：「凡官吏宿娼者，杖六十，媒合人減一等。若官員子孫宿娼者，罪亦如此。」就是說，官員嫖娼，杖打六十，拉皮條者，罪減一等，杖打三十。如果是官員的子孫嫖娼，與官員嫖娼同罪。

《大明律》的這條規定，看起來罪責不重，其實不然。杖打，是大木棍打。被大木棍打六十下，一般的官吏根本受不了，基本會喪命。即便有官吏僥倖躲過了杖責，也會被免職罷官，永不錄用。一個官吏的仕途，就算徹底終結了。

《皇明典故紀聞》中記載「正統間，廣東海南衛指揮使以進表至京宿娼。事覺，謫戍威遠衛。」

海南衛指揮使，最低是五品官，最高是三品官，是中高級的武官，作為這一級別的官員，在京城宿娼風流一夜，就要被遣送到威遠衛，也就是在荒涼苦寒的地方擔任末等的守衛。這風流的代價，實在有些大。

萬曆年間，受到張居正重用的禮部尚書姜寶，提出了一項規定：官員嫖宿一夜，要戴枷示眾，並罰款零點零七兩銀子，並用這筆錢來捉拿皮條客。算起來，這點銀子不算什麼，可是戴枷示眾就太丟面子了，對於官員來說，無疑是一種「精神制裁」。

明朝初期，朱元璋在《大誥》裡也教導官員說：「聲色貨利」禍害無窮，多少官員栽倒在這事上，爾等一定要管住自己。可是，朱元璋話雖這麼說，他卻在南京的秦淮河畔，興建了「花月春風十四樓」。也就是十四座官妓院，以高檔酒樓之名，行紅燈區之實。總之，在明代，儘管律法嚴酷，但青樓並沒有消失。家妓是沒有了，但官妓依然還存在。只不過，明代的官妓是在青樓為一般的民眾服務。其目的是為官府增加財政收入。

清代與明朝的規定差不多。《大清律例》規定：「凡文武官員宿娼，包括狎妓飲酒者，杖六十，媒合人減一等。若官員子孫宿娼者，罪亦如此。」不過，上有政策，下有對策。清朝律法嚴禁官員狎妓，官員們就換了一種娛樂方式，找優伶來陪酒唱曲。

眾所周知，優伶，也叫伶人。泛指相貌清秀俊俏，身段出眾的戲子。所以，在清朝，官員和優伶來往，是不受限制的。在古漢語裡，「優」指的是男戲子，「伶」指的是女戲子。當時，官員「狎優」又稱為孌童。因為他們之中，大多是年少的小男生，容貌清秀酷似小姑娘，所以他們又被稱為「像姑」。

清代小說家吳趼人所著的官場小說《二十年目睹之怪現狀》中，有一段關於「狎優」的描寫：「這京城裡面，逛像姑是冠冕堂皇的，什麼王公、貝子、貝勒、都是明目張膽的，不算犯法，唯有妓禁極嚴，也極易鬧事，都老爺查得也最緊，犯了這件事做官的照例革職。」

從中可以看出，在清朝，官員「狎優」幾乎是公開的。另一方面，雖然律法嚴禁官吏「狎妓」，卻管不住官員暗地到青樓娛樂。而且，在清代，青樓的主力消費群體恰恰就是官吏群體。

到了晚清，嚴禁官員「狎妓」的禁令基本就廢弛了。各地官員狎妓之風甚至勝過唐代。

四、官匪猛於虎

從吃喝到座駕，再到青樓娛樂，古代官吏們在官場上的應酬，以及自身的消費是非常高的。這幾項大消費，基本靠公款和貪污支撐。

自古以來，做官就有貪廉之分。廉潔的官吏，通常被稱為清官或廉吏。貪污腐敗的官員，則被稱為貪官或贓官。其中的巨貪，則被稱為「官匪」，意思是比土匪還貪婪兇殘的官吏。西晉的著名貪官石崇就是大「官匪」之一。

其實，石崇幼年時，家境並不富裕。後來，他在荊州當了幾年刺史，開始暴富起來。當時的荊州是個大城，又是水陸交通的樞紐，南來北往的客商很多。石崇任荊州刺史期間，除了搜刮民脂民膏，還常常縱容屬下敲詐勒索，他們如同江洋大盜一般，明目張膽地殺人越貨。幾年時間，石崇就掠奪了無數錢財、珠寶，成了當時最大的富豪。

石崇富到什麼程度呢？歷史上說是「富可敵國」。晉朝三個富翁鬥富的故事，是我們再熟悉不過的了。在當時的晉朝首都洛陽，有三大富翁，一個是晉武帝的舅舅，後將軍王愷；一個就是官至散騎常侍的石崇；還有一個是掌管禁衛軍的中護軍羊琇。

王愷為了炫富，府裡用糖水來涮鍋，在府邸門口兩旁，用珍貴的細絲絨編織成四十里長的屏欄。有人到王愷府中做客，必須走過這道長長的細絲絨屏欄。石崇得知後，便讓府裡的廚子用蠟燭當柴火燒飯，用香料粉刷牆壁，並在府邸門口用五彩的錦緞做屏欄，長達五十里。此舉，明顯就是要壓倒王愷。

王愷豈肯認輸，立刻向自己的外甥晉武帝求助。晉武帝昏庸之極，聽說舅舅與人鬥富，非但不制止，反覺得格外有趣好玩。於是，他派人把宮裡的一棵珊瑚樹送給王愷，讓王愷去出出風頭。

這棵珊瑚樹很珍貴，王愷得到後，如獲至寶，立刻散發請帖，把石崇及文武官員請到府中吃飯。當時沒有社交軟體，如果有，王愷篤定要會先拍大量照片，在朋友群組裡洗版。話說，石崇及文武官員到了王愷府上，酒足飯飽後，王愷便吩咐兩個侍女將珊瑚樹抬了出來。

珊瑚樹兩尺多高，珊瑚紅中帶粉，晶瑩剔亮，枝條勻稱，一看就是珊瑚中的上品極品，眾人連連讚歎說，此乃罕見的寶貝，王愷的富裕，果然是名不虛傳啊。可誰也沒想到，此時，石崇操起桌上的一把如意，將珊瑚樹砸得粉碎。

眾人大驚，王愷則氣急敗壞讓石崇賠償。石崇仰天大笑說，賠就是了，叫你的人去我府裡搬幾棵來。片刻後，果真從石崇府邸搬了十幾棵珊瑚樹，而且每棵都高大挺秀，晶瑩剔透。王愷只得服輸，承認自己的確比不上石崇富有。

對於石崇之流的「官匪」而言，為官乃一本萬利，當官就意味著權力，而權力往往與金錢勾結在一起。民間有句諺語，大家都很熟悉，叫「三年清知府，十萬雪花銀」。這句民謠，並不是說一個清官，三年也會賺到十萬兩銀子。應該是即便在清貧的州縣，即便是當地受災的情況下，一個貪婪的州縣長官，也可以憑藉手中執掌的權力，迅速發家致富。

清朝康熙年間的特大貪官何圖，就是其中之一。

清康熙五十八年（一七一九年），何圖被調派到甘肅鞏昌任知府。甘肅，歷來被認為是個地瘠民貧的地方。因此，一般官員都不願意到甘肅去任知府或知縣。何圖是江蘇人，江蘇富庶，好撈錢。可是因為本籍迴避制度，他不能去江蘇當官，結果被派到甘肅當知府。何圖自然很遺憾，但也無法，只得去甘肅上任。

到了鞏昌府上任後，何圖就發出公文，要所屬的會寧縣、禮縣、安定縣、泰州等知縣、知州到府會見。何圖曾當過知縣，他很清楚，頂頭上司知府到任，作為下屬的知縣前來會見，是不會空手拜見的。可是，他還是不放心，於是特地叫來了幾個送公文的衙役，囑咐他們見了各地知縣，要隱晦地提醒他們「送禮」。衙役都是本地人，他們也希望多跑幾趟這樣的差，因為一到縣裡，自己就是府上來的人，沒有二三十兩的禮銀是打發不走的。

幾個知縣和知州收到公文後，如約趕到府衙來拜見何圖。何圖擺下一桌酒席，宴請知縣和知州們。席間，何圖說自己剛到任，手頭有些緊，要請各位賢屬多幫忙。知縣、知州們一聽，知道這酒不是白喝的。於是臨時商定，把原來預定送的賀禮銀從一百兩增加到一百五十兩。

何圖很高興，一點也不客氣，收下了禮銀，就送客出門。出門時又向知縣、知州們交代，說自己將到各州縣巡查公務，特別是要盤查倉庫錢糧的情況。說起來，新任知府到任，到所屬州縣巡視一番，也是常例。一來是要清查前任知府在任時，是否有虧空，以免日後算在自己頭上；二來是挑出前任的一些毛病，以此顯出自己的能耐。

除了這些之外，何圖還另有打算，他要從知縣的錢袋裡抓出些銀子來。正所謂不入虎穴焉得虎子，何圖不顧旅途遙遠勞頓，帶著家人、師爺、書吏、皂隸等一行，浩浩蕩蕩從一個縣到另一個縣，從一個州到另一個州，把鞏昌府跑了個遍。

何圖到了縣裡，先吃接風洗塵宴，然後告知知縣，自己要盤查什麼項目。知縣很知趣，立馬就送來了「盤查規禮」。何圖也就不再去察看了。何圖離開的時候，知縣要送上「出結規禮」，何圖才出具「結證」，也就是證明盤查無誤的文書。下屬的禮送得越重，盤查就越順當。這些「盤查禮」「出結禮」，基本是銀子加當地的土特產。

銀子來得容易，日子也過得快，轉眼到了康熙五十九年（一七二〇年），在這一年裡，每逢傳統佳節或者是自己的生日，何圖都會派人先到各州縣給知縣、知州們打招呼。知縣、知州們自然每次都要送上「節日禮」，每一次，何圖總有上千兩銀子進帳。

當然，也不是每個下屬都那麼懂事。安定縣知縣張膜，因為不知道何圖過生日，所以沒來送禮。這下，張膜吃盡了苦頭，每次向府裡彙報公務，何圖總是找碴。最終，張膜只得親自送上了一百兩銀子和幾匹好馬，何圖這才沒再難為他。

康熙六十年（一七二一年），甘肅大旱，又鬧蝗蟲，百姓難以生存。何圖向川陝總督年羹堯報告災情。年羹堯請示了朝廷，很快聖旨傳下，發放錢糧，命何圖賑災。

按朝廷的規定，每戶要發放一到二兩銀子購買穀米。這是一筆救命的賑災款。災情過去，農民沒有種子糧，無法播種。朝廷再次下令，發給農民「種籽銀」。這筆款項，何圖也想方設法讓各州縣剋扣一些，以充公用。說是公用，實際上全都進了私囊。

不僅如此，何圖還趁機將府倉裡的米拿到市場上去賣，當然是高價出售。這麼一弄，何圖又撈了上萬兩銀子。倉庫的米自然是有記帳的，可何圖不怕交不了帳，他早想好了辦法，這些賣出米，可以說是發放給災民度饑荒了。更過分的是，何圖不光自己賣。還讓各縣知縣也賣。

旱災一年以來，何圖的收入其實一直沒有斷過。他要求幾個州縣的知州和知縣對調。這一對調，就又可以收取他們到任時必須上交的「到任銀」了，這是明目張膽的勒索。

何圖不僅勒索下屬，剋扣賑災款，甚至還打學生的主意。譬如州學的學生畢業，何圖親自去給童生們考試，取其中一百名，每取一名，就收銀子二兩五錢，就這樣，二百五十兩銀子又進了自己的口袋。

何圖在鞏昌府當了三年知府，至少撈取了十幾萬兩銀子。然而，到了康熙六十一年（一七二二年）的時候，發生一件讓何圖萬萬想不到的事情——百姓們實在窮瘋了，所以聚眾來府衙搶劫府庫。

府庫被搶劫，震動了省裡。川陝總督年羹堯派兵圍剿，追回府庫存銀四萬餘兩。鞏昌府庫應有存銀十七萬兩，但被劫去所有銀兩才四萬多。數目對不上，年羹堯起了疑心，派遣甘肅按察使彭振翼到鞏昌府調查何圖。這一查，查出何圖以及幾個知縣、知州一共虧空了庫銀二十五萬兩，虧空倉米十七萬石。最終，何圖被處死。虧空的銀子和倉米則由各州縣來分攤退賠。

清代筆記《里乘》中，也記載了道光年間當塗縣的一名知縣吞食賑災款的事情。當塗縣地處長江邊，經常發生水災。本該任命一位精明能幹的知縣來治理才是，而恰恰沒有。朝廷派來的這位知縣，是個迂腐的讀書人，讀了一肚子四書五經，實際工作能力卻很差。所以，他上任以後，內事問師爺，外事問書吏，自己基本上就是個傀儡。

說來不幸，這知縣到當塗上任後，就遇上了洪災。當塗縣被淹得一塌糊塗。城外洪水漫延，城內滿是饑民。這知縣束手無策，想不出辦法救災，整天躲在內衙裡長吁短嘆。他對師爺們說：「此地貧窮，還遭水災，恐怕我自己都活不去，恐怕更顧不上你們了。」意思是，沒錢來負擔師爺們束脩。

其中一個師爺，很奸猾，似笑非笑道：「老爺您何必這般迂腐。本縣洪災如此嚴重，大家都知道。您該做的，是趕緊申報朝廷，朝廷得知後，必定會發放賑災銀，有了銀子還怕什麼窮。」

知縣一聽有道理，不過還不放心，又問師爺：「你看朝廷能撥多少賑災銀來？太少也無濟於事啊。」師爺笑道：「依我看，至少也會有四萬兩銀子。」知縣將信將疑，可過了不久，朝廷果然撥來了四萬兩賑災銀。於是，按照師爺的計畫，做「饑民簽領」的假帳報銷，這筆賑災銀，一半由知縣搬進了內衙；另一半，則分給了師爺和書吏等人。而饑民拿到手上的賑災銀，不足百分之一。因此，當塗縣的饑民餓死了一大半。

俗話說，善有善報，惡有惡報。洪災過後的第二年，當塗縣又發生了瘟疫。這一次，知縣還沒來得及向朝廷申報，自己就染病身亡，當初給他出主意的師爺，也患病而亡。他們的媳婦、女兒流落在當塗縣，沒法返鄉，先做針線活計為生，後來實在活不下去，只好到煙花場所去賣身。

其實，以上所說的石崇、何圖、當塗知縣之流的「官匪」，其貪污的手法和方式，雖然如土匪強盜一般兇狠，但技術含量並不高，等於明火執仗的搶劫。總結起來，無非兩種手法，一是直接索賄，二是侵吞賑災款。

而古代衙門的腐敗和貪污，還有幾種更為隱蔽和巧妙的方式。

第一種就是「權錢交易」。買官賣官，花錢辦證，是其中最常見的一種。這種方式可以做得非常隱蔽。譬如，一個州縣長官出了問題，就託關係去賄賂御史，御史在皇帝面前，要麼不彈劾這位長官，要麼就雷聲大雨點小，棍子高高舉起，輕輕放下，總之會讓行賄者逃脫懲處。這種賄賂，也可以稱為「封口費」。

第二種可稱為「制度性腐敗」。如清朝時期，設有一個治理黃河的河署系統。治理黃河，與千百萬百姓的性命相關，朝廷當然就要投入鉅資。河署則是一個不受地方監督的獨立系統。有巨額資金墊底，不愁錢花。因此，在每年霜降之後，黃河不再決堤了，河署就要舉辦一年一度的「慶安瀾」活動。

此活動的目的就一個，在年底突擊花掉朝廷撥下來的鉅款。河署的各級衙門，都設有專門的劇團，有些還要從蘇州專門請當時的名角來助興，這些名角的出場費高達數萬兩，這筆錢全部打在了治理黃河的工程款上。

「慶安瀾」活動，一般是從九月開辦，至十一月結束。兩個月時間，各級衙門天天吃宴席，觀戲劇。宴席是流水席，從上午一直吃到半夜，只要有客就不結束，一直吃下去。其中，光小菜就有上百個品種。桌上的牙籤，市價為十支一錢，而做在帳面上的報銷價高達數百兩。衙門中的大多數人，在這種「制度性腐敗」下，都會有身不由己之感。整個體制推著自己不得不腐敗。

再說第三種「事務性腐敗」。簡單地說，就是衙門官吏從政務工作中剋扣辦公費、虛報帳目等等。前文講過，衙門裡的三班六房都有各種撈取油水、獲得「灰色收入」的方式。這些，都屬「事務性腐敗」。

從宋朝起，各地的州縣衙門口，都立了一塊戒石，上面刻有一段銘文：「爾俸爾祿，民膏民脂；下民易虐，上天難欺。」此話寫得不錯，卻並沒有對州縣衙門的長官起到警示作用。所以，有膽大妄為者，將這段銘文改動了一下：「爾俸爾祿只是不足，民膏民脂轉吃轉肥；下民易虐來的便著，上天難欺他又怎知。」

這自然是對古代衙門腐敗的嘲諷。造成腐敗的根本原因有很多。首先，古代衙門官員俸祿普遍不高。從歷代官員的俸祿來看，除了宋代特別優厚外，其他各代都不算高。

如東漢時期，最高級別的大官，每月的收入也僅僅只有二十八石米，折合成貨幣收入，也不過十八貫。最低級別的小官，每月實際所得僅有一點九石米。西晉時期，按官品占田，一品官占田五十頃，按品遞減，九品官占田十頃。北魏初期，官員沒有俸祿，朝廷讓官員自己搜刮，後來定出了官員俸祿制度，但也不高。

唐代的官員俸祿僅次於宋代，以開元時期為最高。唐代二品官實際所得，僅合米一百二十公石，開元時期正九品小官實際所得，才合米十公石。即使像寵妃楊玉環的堂兄楊國忠，權高位重的官員，如果僅靠其司空俸祿過生活的話，每月也只能拿到幾十貫錢，相當於一百六十石大米。

只有宋代，官員俸祿優厚，而且還有相當高的辦公費用。到明代，一反宋代的做法，對官員很吝嗇，俸祿極低。這大概與明太祖朱元璋出身貧苦，小時候受官吏欺壓有關。搞得有些官員連從南京回老家奔喪的路費都不夠。歷史記載，明朝著名的清官海瑞，死在住所時，甚至貧窮到連棺槨都買不起。

清代官員的俸祿分為兩種，一種是發給銀子，另一種是發給祿米。封疆大吏總督一年的俸銀是一百八十兩，巡撫是一百五十兩，知府是一百零五兩，知縣大約是四十五兩。

單看俸銀的數量，好像也不低了，但按照當時的物價計算，靠這些俸銀，官員們養活自己和家人都有些困難。而且，他們還得花銀子聘請師爺、長隨，應酬同僚，打點上司，迎來送往。無錢想變有錢，自然就會想到用權來變錢。於是，貪污賄賂便成為官員們的主要財路。

其次，造成腐敗的另一個原因，是官僚機構的人員不斷膨脹。通常，一個新王朝開始的時候，官僚隊伍一般都較小，而且比較廉潔，辦事效率也比較高。但到後來，任何王朝的末期，官僚的數量都比王朝初期多得多，常常膨脹了數倍乃至十數倍。

譬如唐太宗登基之初，精簡機構和官員，長安僅留用七百三十名京官，地方官的數量也相應減少。三十年後，唐高宗顯慶年間，京官及地方官員膨脹到一萬三千四百六十五名。到元和年間（西元八〇六——八二〇年），文武官吏及各類胥吏，已多達三萬餘人。以至於造成平均每七戶納稅人家就要供奉兩個官員的局面。

宋朝官員膨脹的情況，則更為驚人。從宋仁宗皇祐年間，到宋哲宗元祐年間的四十年裡，以地方官為例，節度使由三人增加到九人。觀察使由一人增至十五人，防御史由四人增至四十二人。官吏的人數平均增加了六倍。

為何會造成官吏人員大膨脹呢？因為歷代帝王要對整個國家和社會實行強控制，沒有足夠的官吏是不行的。王朝初期，人口相對稀少，各類社會衝突並不尖銳，官府的行政效率也比較高，官吏數量也就比較少。隨著經濟發展，人口成倍增長，耕地擴大，城市繁榮，相應的事務也逐漸增多，官吏的人數必然隨之增加。

官吏隊伍龐大了，但行政效率並沒有提高。以明末時期為例，當時的官員，比明朝初期增加了十餘倍，但由於官僚主義和推諉扯皮，反而出現了有事沒人幹，官員不夠用的情況。大量官員拿到俸祿不幹事，官僚們結黨營私，網羅爪牙親信。最後，形成惡性循環：越腐敗，官員越多，辦事效率差；反之，官員越多，效率越差，就越腐敗。

除了這兩大因素之外，關於腐敗還有一個重要的因素，就是與官員的仕途升遷有關。

第十章：升遷之道

一、禮術

提到腐敗，大多會想到四個字：貪污行賄。古代州縣衙門官員的貪污，前文已經說過，有非技術性的，也有技術性的。接下來，說說行賄。

簡單地說，古代官場上的行賄，基本是通過送禮來完成的。對於衙門官員來說，送禮也是他們仕途升遷必須做的事情之一。這可不是一件輕鬆、簡單的事情。這是在官場上維護人際關係的一種手段，非常講究技巧，禮送得好，會讓人際關係提升；送得不好，反而不如不送，那將敗壞人際關係，甚至給自己帶來傷害。

王朔的小說《頑主》裡，有一段關於送禮的話，極具諷刺性：「我建議您還是去找領導好好談談，到他家去，耐心地、和顏悅色地談談。不要拎點心匣子，那太俗氣也不一定管事，帶著鋪蓋卷去，像去自己家一樣，吃飯跟著吃，睡覺跟著睡，像戲裡唱的那樣，『在沙家濱紮下來了』。」

送禮是需要一些智商的，禮物的選擇也很重要，送禮的方式也很關鍵。尤其是官場上送禮，就一句話：隱藏自己，討好上司。如果做不到這一點，將會讓自己身處進退兩難的尷尬境地。歷史上有不少這方面的例子。南宋時期，秦檜讓夫人王氏經常去宮裡和皇太后多親近。說白了，就是拉關係。這對自己的仕途升遷大有好處。

有一回，皇太后偶然說起自己近來很少吃到仔魚。在當時，仔魚是非常珍貴的海產魚，大多生長在福建地區，與河豚、端硯、洛陽花、契丹鞍等物品一樣，是當時重要的貢品。可王氏並不十分清楚這一點，她立刻對皇太后說：「臣妾家裡倒有許多仔魚，明天就給太后您送一百條來。」

說完，王氏回到家中，急忙把送仔魚的事跟秦檜說了。她以為自己幹了件好事，哪知道秦檜一聽就急了，說這一百條仔魚對自己來說，倒不成問題。可關鍵是，連皇太后都吃不到的東西，自己竟然隨隨便便就能拿出來。那說明什麼，說明自己的日子比皇太后還過得好，比皇太后還會享受。這不明擺著找死嗎？這哪兒是送禮，這是給自己安了一顆定時炸彈啊。

聽秦檜這麼一說，王氏也害怕起來。可說出去的話，潑出去的水，覆水難收。不送，篤定會得罪皇太后；送吧，又會把自己搞得很被動。秦檜思來想去，終於想出了一個辦法。他讓王氏明天給皇太后送一百條青魚去。

王氏很惶恐，說這怎麼能行，明明說的是仔魚，送去的卻是青魚，這不是欺騙太后嗎？秦檜說，你就照我說的辦，結果不會壞。

翌日，王氏按照秦檜的吩咐，給皇太后送去了一百條青魚。皇太后看了看，淡淡地笑了笑，沒多說什麼，就把這份禮物收下了。

等王氏走後，皇太后撲哧就樂了，對侍奉自己的宮女說：「早聽聞秦檜的夫人是個鄉下人，沒什麼見識。今日一看，果然如此，她居然連青魚和仔魚都分不清。」就這樣，秦檜不僅有驚無險地為老婆兌現了承諾，給皇太后送了禮，博了皇太后一笑，還讓皇太后認為秦檜家的生活十分簡樸，他和老婆也都是忠厚的老實人。

秦檜無疑是個極為聰明的人，這麼難的「禮」都能送出好的效果來。然而，在古代官場上，又有幾人如秦檜般聰明呢。實際上，秦檜送的不是魚，送的是「投其所好」。因為他知道，皇太后就喜歡樸實忠厚的人。

從這裡也可以看出，送禮，得投對方所好。古代官場上，一般是這麼做的：如果不知道對方的興趣，自己又沒有拿得出手的古玩字畫之類的東西，就直接送錢。這是一個很保險，也很現實的選擇。因此，古代衙門的官員之間送禮，以及官員給自己的上司送禮，大多都是選擇送錢。

禮物選擇好了，接下來，就是送禮的方式了。

晚清時期，曾發生過一樁科場行賄舞弊案，此案的案犯是魯迅的祖父周福清。光緒十九年八月，周福清的兒子周用吉要參加舉人考試。周福清就想給當時鄉試的主考官殷如璋行賄，以便讓兒子順利中舉。

這殷如璋是周福清的同鄉，早年又與周福清一起中過進士，二人算得上是老朋友了。於是周福清湊了一萬兩銀子，到錢莊換成了銀票。然後，又分別寫了兩張字條，一張字條上，寫下試卷記號所用的字。另一張字條上，寫了「洋銀一萬兩」，說明這是酬謝的價錢。

當日，主考官殷如璋乘官船抵達蘇州碼頭。他上岸的時候，周圍自然很熱鬧，人多眼雜，周福清不敢貿然前去行賄，送上自己萬兩銀子的厚禮。周福清考慮了片刻，決定自己不出面，讓隨行的奴僕陶阿順去送禮。

當時，殷如璋正與蘇州知府王仁堪寒暄，那奴僕陶阿順是個粗人，直接就送上了厚禮。當然，銀票是裝在一封書信裡。但是，按照規定，主考官是不能接受私人信件的，況且還當著知府王仁堪的面，為了避嫌，殷如璋當場把信拆來看，這一看，眼睛都直了，信裡裝著一萬兩舞弊行賄的銀票。王仁堪感到事情嚴重，立即下令拘捕送信人。愣頭愣腦的陶阿順被拿下。殷如璋的反應也很強烈，他勃然大怒，請求王仁堪將送信人嚴加審訊，以表明自己的清白。

這事還有一個版本，說是官船上確實有兩個人，一個當然是殷如璋，另一個卻不是蘇州知府王仁堪，而是副主考官周錫恩。兩位大人正在品茗閒聊，陶阿順來了，送上書信。殷如璋是個明戲的人，知道這信裡內容不凡，於是他裝出一副漫不經心的樣子，把信往桌上一擱，讓陶阿順先回去，直接續若無其事地喝茶。哪知道，天才般的陶阿順冒出一句：「此信關係銀錢大事，怎麼不當面打個回條？」

無論是哪個版本，最終的結果都是一樣的，按照光緒皇帝的旨意，刑部將周福清處以死罪。斬監候，秋後處決。好在後來因為各種因素，周福清被減了刑，這才保住了一條性命。

從這個行賄案中可以看出，直接而唐突地送錢，是萬萬不可的。若送禮過程中出現一點紕漏，就會給雙方帶來麻煩。所以，這送禮的方式太關鍵了。它需要一個光鮮的名目。

清朝的官場衙門就有諸多送禮的名目。第一個名目，便是俗稱的「三節兩壽」禮。所謂「三節」，指的是春節、端午節和中秋節。而「兩壽」，則是指官員本人及其夫人的生日。這五個特殊的日子，下屬必定要給上司送禮，平級的官員與官員之間，也要相互送禮。

《笑林廣記》裡有一個關於官場送禮的笑話。說某縣衙門的一些小吏，湊錢給縣官過生日，直接送錢顯得有點俗。於是，小吏們就湊份子做一隻黃金老鼠，作為壽禮送給縣官，因為那縣官屬鼠。縣官收到壽禮後，非常高興，對小吏們說：「你們費心了，過幾天，是夫人的生日，她是屬牛的。」

說起來，這「三節兩壽」禮，對地方衙門的長官是相當管用的，因為在一個州縣衙門裡，長官的下屬很多，佐貳官要來送，三班六房的衙役們要來送，甚至師爺和長隨也要來送。一年下來，能撈到不少錢。當然，這些錢得積攢起來，再送給自己的上司，譬如知府、知州大人。

第二個名目，叫做「兩敬」。一個是「冰敬」，用現今的話說，就是「降溫費」，下屬在夏天酷熱之時，送錢孝敬上司，讓其購買降溫消暑的東西。與「冰敬」相對應的，叫「炭敬」，也就是「烤火費」，下屬在冬天寒冷之際，送錢孝敬上司，讓其購買禦寒保暖的東西。

同樣，作為地方官員，每年的這兩個時候，也要去京城孝敬京官。只不過，地方官孝敬京官，除了「兩敬」之外，還多了一「敬」，叫「瓜敬」，就是京城的官員們送些新鮮瓜果品嘗。

第三個名目，叫做「陪敬」，上司來地方上視察，作為州縣衙門長官，自然要陪同。上司視察辛苦，自然就要孝敬一些好處。

第四個名目，叫做「喜敬」，上司家裡辦喜事，下屬當然要攜帶厚禮去賀喜。

第五個名目，叫做「妝敬」。是下屬送給上司家中女眷的梳妝費，讓她們購買胭脂香粉等等。第六個名目，叫做「程儀」。顧名思義，旅程中的禮儀。衙門長官出差辦事，沿途的同僚會送上紅包，作為資助的盤纏。禮尚往來，人家經過自己的地盤，也同樣要回贈紅包。第七個名目，叫做「文儀」，是下屬送給上司孩子的文具費，讓孩子購買筆墨紙硯，文具書籍。第八個名目，叫做「加敬」，就是下屬覺得禮錢送得不夠，會再加送一些厚禮。

如此之多的送禮名目，說穿了，就是巧立名目行賄。美其名曰禮尚往來，在諸多送禮名目加上一個敬字，實際上並不是發自內心的孝敬，甚至連尊敬都談不上。因為給上司送禮，敬的不是這個人，敬的是其手中權力。

拿州縣衙門長官來說，上任點卯，六房書吏都會送上一些財物，這是為了討長官的歡心，如果長官被罷官或者退了休，這些人是絕不會送禮的。當然，衙門長官孝敬自己的上司，也是如此。都在衙門裡混，要想仕途平穩發展，步步升遷，就難以免俗。

吳趼人所著的晚清諷刺小說《二十年目睹之怪現狀》裡，講過這麼一個故事——

山東有幾位知州和知縣，在一起打麻將。打著打著，有下人忽然來報說：「巡撫大人的小妾突患暴病身亡了。」

在座的幾位長官，幾乎同時站了起來，他們都知道，這可是討好巡撫大人的好機會啊。於是，這幾位知州、知縣麻將也不打了，連忙吩咐人備車備轎，前往巡撫衙門弔唁。

可幾位大人還沒出門，又有下人來報：「錯了，錯了，剛才報錯了，是巡撫大人的母親去世了。」幾位大人一聽，又坐了下來。原來是巡撫的老母死了，那巡撫就會回老家埋葬其母，自己也會離職「丁憂」。

「丁憂」一般是三年，三年後，這巡撫還能不能再當巡撫，都是個問題，那還著什麼急。於是，幾位大人就打算先回家，明日再一同前往巡撫衙門弔唁，還沒出門，下人又來稟報：「前兩次都報錯了，現已查實，死的是巡撫本人。」

幾位大人一聽，紛紛道：「啊，巡撫本人都死了，那還弔唁個什麼？快入局，接著玩，多贏些錢才是正事。」

從這個故事可以看出，官場上的人情薄如紙。所謂人一走，茶就涼。平常那些所謂孝敬的「禮」，不過是權錢交易罷了。之所以冠以一個「敬」字，有兩個原因，一是直截了當點明是錢，未免顯得太俗；二是會太露骨，是明目張膽地行賄受賄。

清朝衙門的官員，在送禮方面，不僅會在字面上做文章。而且，在送的方式上也大有一些講究。比方說，以某本詩集所提及的數目，來代表自己所送的錢數。然後，把這一數目寫在信封上。如送了三百兩銀子的銀票，就在信封上寫上四個字：「毛詩三百」。毛詩，是西漢學者毛亨收集、注釋的《詩經》版本，也是後世通行的一個版本。毛詩所核定的《詩經》共有三百零五首，俗稱「詩三百」。

這已然形成了一種「官場送禮文化」。這種行賄方式，也稱為「雅賄」。州縣衙門的官員，大多採用此種方式，巴結上司，搞人情，拉關係，以此來獲得升遷的機會。

當然也有拒絕行賄受賄的官員。前文提到的斷獄高手蘇瓊，就是其中一位。蘇瓊不但審案斷獄有一套，且為官清廉。如果收到親戚、朋友或同僚私下託自己辦事的請託信，蘇瓊一般連拆都不拆開看，就隨手扔掉。至於別人送的禮，蘇瓊更是一概拒絕。不過，也有一次例外。

當時，蘇瓊剛在南清河郡任太守，樂陵太守趙潁則剛退休，回到南清河郡的老家。這一年的五月初，趙潁給蘇瓊送來了一份「冰敬」，而這份「冰敬」，不是「降溫費」，說起來很不起眼，只是兩個剛成熟的西瓜。

不管大禮，還是小禮，蘇瓊從來是一概不收的。而老太守趙潁一再誠意相贈，蘇瓊則一再辭謝不收。老太守趙潁就有點兒不高興了，認為自己資格老，這蘇瓊連一點面子都不給，是不是太裝了？

蘇瓊看出趙潁的心思，知道推辭不掉，就只好把西瓜收了下來。待趙潁走後，蘇瓊把兩隻西瓜吊在大廳的房梁上。可是，沒過幾天，外面就傳開了，說蘇太守收禮了，原來他喜愛新鮮的瓜果。

如此一來，那些送禮的人，爭先恐後到郡衙來送新鮮瓜果。蘇瓊也不多言，只是抬手指指房梁上吊著的兩隻西瓜。送禮者一看就明白了：看來這蘇大人的規矩沒變，還是不收禮。寧願將瓜果懸掛起來，也不食用。至此，再也沒人敢輕易給蘇瓊送禮了。

然而，如蘇瓊這般如此堅決拒賄的官員，實在不多。大多的官員還是隨波逐流。

二、人脈圈

事實上，作為衙門官員，在搞人情，拉關係，建立仕途的人脈圈方面，不僅僅只有送禮這一種手段。

我們知道，古代衙門的官員都是讀書人。他們之中的大多數，其實都不喜歡，或者並不擅長搞人際關係。但是，現實比較殘酷。在古代社會，一個讀書人想安邦治國，首先得不斷提升自己的政治地位。換句話說，就是在仕途上一路升遷。如此，才會有一個合適的實現理想的平臺。要做到這一點，搞人際關係是無法避免的。

連唐代高官兼文豪的韓愈都曾說：「布衣之士，身居窮約，不借勢於王公大人則無以成其志；王公大人，功業顯著，不借譽於布衣之士則無以廣其名。是故，布衣之士雖甚賤而不諂，王公大人雖甚貴而不驕。其事勢相須，其先後相資助也。」

就是說，布衣的窮學子，如果不借助王公權貴的勢力，就無法實現自己的理想和志願；而王公大人，則靠幫助這些布衣之士，開揚自己的名聲。二者的關係，用現今的詞語來說，就是雙贏。作為一介布衣，或者一個地方衙門的小官吏，如何才能和權貴之人拉上關係，建立起一個仕途的人脈圈呢？

第一種方式，就是前文提到過的「投卷」。拿著自己詩詞的代表作，或者有真知灼見的時政建議，去拜訪權貴，以求得認可和推薦。這種拉關係的方式，相對來說比較原始，也比較純潔。

因為學子靠的還是自己的真才實學。在唐宋時期，這一方式非常盛行，是進入仕途和獲得升遷的重要途徑。

不過，大家都這麼做，競爭也是相當激烈。也就是說，你不僅得有真才實學，在拜訪權貴時，還得具有一種鍥而不捨的韌勁。北宋時期，有一位士子，想去拜見當時權傾朝野的蔡京。可是，拜訪的人很多，這位士子始終得不到接見。可他沒有放棄，依然天天去，而且每天都第一個趕到蔡京府邸門口等待。就這樣，一連等待了好幾個月。

有一天，蔡京閒來無事，偶然到門房翻閱了一下會客簿，發現這位士子竟然如此誠心，就通知門房，讓那位士子來見。見了這位士子之後，經過交談，又讀了士子的文章，蔡京覺得此人不錯，就推薦其當了一個地方衙門的長官。

拉關係的第二種方式是普遍撒網，找準目標，破門而入。具體地說，就是尋找和利用周圍的一切人際關係，譬如去靠攏有顯赫家世的同鄉、同學、親屬等等。

那麼，沒有當大官，做文豪的同鄉或親戚怎麼辦呢？當今有一句調侃話叫「有困難要上，沒有困難製造困難也要上」。放到古代，可以說，有條件要攀附，沒有條件創造條件也要攀附。

如何創造條件呢？須知，官場中人喜歡攀親戚，哪怕是八竿子都打不著遠親，也以姻親相稱。總之，找到一點關係，就主動靠近，去放大，去利用。尤其是明清時期，官吏之間一見面，一喝酒，不著邊際地談上幾句，就一副情深義重的樣子，繼而結拜成兄弟。俗稱「拜把子」。這倒可以理解，酒桌之上，男人通常比平時豪爽、通達，大話、義氣話隨時可以噴湧而出。

不過，如果官吏雙方年齡或地位懸殊太大，就不能兄弟相稱了。年齡小的、地位低的官吏，就得主動拜入年長權重者的門下，做其門生，這稱為「拜門」。拜門不同於拜師，只是表面上有一個師生的名分而已，本質上就是攀附權貴，從中獲得利益。跟如今有些姑娘認「乾爹」有異曲同工之妙。

其實，拜「乾爹」這種拉關係的方式，自古就有，跟拜門差不多，當時統稱為「拜乾親」。有時自己攀附權貴，拜其為乾爹；有時，則是讓自己的妻女拜其為乾爹；還有時，自己或家人拜權貴之妻為乾娘。更有甚者，甚至拜權勢顯赫太監為乾爹。譬如明朝的魏忠賢，其乾兒乾孫曾遍布天下。有的乾兒，年紀甚至比魏忠賢還大。

清朝有位名臣胡林翼，在湖北任巡撫的時候，為了和朝廷派來的監督自己的湖廣總督官文建立親密關係，就讓自己的母親去認官文的寵妾為乾女兒。這寵妾是青樓妓女從良的，出身實在低賤，曾經一度讓官文很苦惱。胡林翼的這一「認親」行為，等於幫助官文解決了一個麻煩。於是官文也與胡林翼結為了兄弟。自此，胡林翼在湖北開展工作就十分順利。

不過，這種普遍撒網，找到目標，拜門而入的方式也有弊端，那就是彼此的關係非常不牢靠。原因很簡單，一旦雙方的地位發生重大變化，彼此的關係就會瓦解，甚至變成對立之勢。譬如兄弟之間，本是平級官員，卻被調往到同一個衙門做了上、下級，這兄弟關係也就算結束了，因為大家都對當年拜把子的事絕口不提。

還有，當初是乾爹、乾兒的關係。可後來，乾兒子被提拔，官位權勢超過了乾爹。當初的乾爹，也許就會改拜在乾兒子的門下。這麼一來，父子關係就顛倒了。能改拜也還算好，至少沒有因此而生出仇怨。

拉上關係，進入仕途圈，接下來就是如何與同僚、上司相處的問題。如果你是一個古代衙門官員，與同等級的衙門官員見面，首先要注意兩個問題，一是禮節問題，二是交談內容的問題。先來說說禮節。清代筆記《嘯亭雜錄續錄》裡，記載了這麼一件事：嘉慶年間，有個中了進士的迂腐書生，被選為江蘇高淳的知縣。此人對官場禮節一概不懂，同行親友就幫他聘了一位熟悉官場禮節的跟班長隨。

迂腐書生到高淳縣上任後，就去知府的府邸拜訪。他坐著官轎去，一下轎子，就直沖沖從知府府邸的中門往裡走，跟班長隨趕緊上前把他攔住，拉著他往邊門走。說拜見知州，當走邊門才對。

過了幾天，這書呆子又去拜訪另一個縣的知縣，一下轎子，就直衝衝往知縣府的邊門走。沒想到，又被跟班長隨攔住，拉著他往中門走。書呆子一下火了，大罵跟班長隨，說你把本官拖來拖去，一會兒走這兒，一會兒走那兒，你當本官傻嗎？

跟班長隨心想，您這不是傻嗎？但面上還是很耐心地解釋說，知府是上司，見上司要表示尊敬，所以必須走邊門。而見別縣的知縣，大家是同僚，自然就可以走中門了。

書呆子一聽，眉開眼笑，向跟班長隨連連道謝。那跟班長隨是非常機靈的人，趁此機會，就要求把自己提升為門房長隨。書呆子當即就答應了。接著，縣衙門的六房書吏為書呆子擺了一桌接風宴，以此歡迎新任長官的到來。席間，書吏們自然對長官來了一番吹捧，搞得書呆子十分高興。轉天，書呆子想回請六房書吏，就叫那位由跟班長隨提升起來的門房發個請柬。

門房長隨當即阻攔說，這使不得，下屬宴請上司，那是應該盡的禮儀，長官受之無愧。作為長官，如果回請，那就是喪失了官體的威嚴。書呆子點點頭，把這事牢記在心裡。

翌日，書呆子到文廟去燒香，全縣的紳士、有頭有臉的人都來歡迎，對他作揖行禮。書呆子想起，昨日門房長隨所說的「官體威嚴」，於是擺起臉來，概不還禮。就像別人欠了自己的錢沒還一樣。那些紳士、有頭有臉的人物一看，這新任縣官居然如此倨傲，都覺得自己受了羞辱，紛紛奚落書呆子。

書呆子大為氣憤，把門房長隨找來罵了一頓。門房長隨又解釋說，到聖人禮法之門去祭拜，見的又是當地紳士，當然要恭敬還禮，這些人雖不是衙門中人，但比衙門的書吏們清高。

書呆子聽罷，仰天感嘆道，這官場衙門的禮儀，可比寫那八股文還難啊！後來，書呆子給胥吏們發放工食銀，其中有四個民壯。書呆子問其姓名，有書吏說，這四位沒有姓名，只有綽號。一個叫「洋洋得意」，一個叫「不敢放屁」，一個叫「昏天黑地」，一個叫「拖來扯去」。

書呆子心說，這都是些什麼鬼綽號啊？於是，發完工食銀後，回到內衙問師爺，那四個民壯為何有那麼多綽號。師爺笑笑說，這是他們在取笑您呢，說您出行時，前呼後擁，洋洋得意；可見了長官，連個屁都不敢放；問案審訊時，又昏天黑地，結案又全靠拖來扯去。這書呆子知縣羞愧得無地自容。後來，他果真因為審案失誤而被罷官。

由此可見，在官場衙門裡混，不熟悉種種繁瑣的官場禮節，輕則被下屬嘲弄，看不起；重則丟官。總之在仕途這條路上走不下去。

接著還有個問題，就是該談論什麼樣的話題。

在一般人看來，衙門的官員之間，見面談論的話題自然是公事。這就完全錯了。尤其是新任州縣衙門長官之間，如果又是初次見面，是絕對不會開口就談論公事的。

原因有二。一是新上任的州縣衙門官員，多數人一開始是不熟悉公務的。具體的公務基本是師爺、書吏，以及三班衙役們在做。作為長官，更多的時候是監督，以及在下屬呈遞的公文上簽字蓋章。

當然，就如我們前文所說，這麼一來有個很大弊端，就是實權很可能就落在了以書吏為代表的胥吏手中。長官只得依靠自己聘用的師爺，長隨等人去監督和遏制胥吏作惡。以至於到了清朝中期，一個州縣衙門的長官上任，帶的師爺、長隨越來越多，甚至超過了當地衙門編制內的官吏人數。地方衙門是這種情況，京城的各部委衙門，也好不到哪兒去。各部委衙門的實權，也基本掌握在胥吏手中。所以在清朝，有一句話，叫做「本朝與胥吏共天下」。

因此，不管是京城衙門也好，地方衙門也好，作為長官，多數官吏大半的精力，不是花在公事上，而是花在應酬、送禮、交際，編織仕途人脈圈上面了。試想，彼此都對公事不瞭解，你一開口就談公事，這明顯是讓對方難堪。

原因之二，官員之間談論公事，很容易暴露自己對時政的立場和觀點，這是官場上的大忌。

長官如此，州縣衙門中的佐貳官如縣丞、主簿、典史等人，就更不敢談論公事了。萬一與長官的口徑不一致，那就會帶來意想不到的嚴重後果。

還有一點，如果彼此不夠熟悉，也不知道對方有什麼後臺，隸屬於哪一派的勢力。如果後臺不同，所倚仗的勢力不同，你一旦亂說話，就會被對方抓住把柄。所以，不談公事，也是一種自我保護。

那麼，不談公事，總可以談談家事吧。對不起，也不行，這也是雙方交談的一個大忌。

原因很簡單，一談家事，很可能就會牽涉到對方的出身、籍貫、年齡等等。前文講過的科舉考試，與考生的籍貫、年齡緊密相關。由於各省錄取的比例問題，有些考生會改變籍貫，更有甚者是假冒籍貫，這稱為「冒籍」。

「冒籍」一旦被查獲將受到嚴厲處罰，不僅會被取消科考資格，還會挨板子。即便「冒籍」成功，經過科舉考試，獲得官職走馬上任後，「冒籍」者也生怕有一天被揭穿老底。所以，他們一般都很避諱談及籍貫、出身的問題。

其次，年齡也不能提及。尤其是古代衙門裡靠捐納獲取官職者，基本會更改檔案上的年齡。而且，改過的年齡和真實年齡出入很大。小說《儒林外史》裡著名的人物范進，有一段情節——范進向學政大人坦白說：自己二十應考童生，如今已經考了二十餘次了。童生冊寫的是三十歲，其實我已經五十四歲了。

范進果然是一個讓人啼笑皆非的悲劇性奇葩人物，居然向學政考官直截了當地坦白自己的真實年齡。因此他的岳父胡屠戶會罵他是個「爛忠厚沒用的人」。從這段情節中，這位忠厚老實的范進，都將自己的年齡改小了二十多歲。那麼，一些不忠厚老實的讀書人，又會將自己的年齡改變多少呢？改動過年齡的官員，進入了仕途，年齡大小就關係著自己的切身利益，是萬萬不能讓同僚、下屬跟上司們知道的。總而言之，官員見面，家事不能談。

那麼，談論學問行不行呢？很遺憾，也不行。

按理說，科舉出身的「正途」官員都是讀書人，談論詩詞應該不成問題。可惜的是，這些人所學的都是四書五經，為的是科舉考試，考完被錄取當上官後，也就忘得差不多了，哪還能與他人切磋探討。另外，還有一些捐官者，以及靠裙帶關係進入仕途的，就更談不上什麼真才實學了。所以，學問也不能談，一談就有可能出醜，更有可能暴露一些見不得光的事。

如此看來，公事、國事、家事、學事，樣樣都不談。而作為古代衙門的官員必須交際，才能建立人脈圈，那麼彼此會面能說些什麼呢？總不能相視傻笑，繼而面面相覷，陷入無話可說的尷尬境地吧？

很簡單，能聊的就是互相吹捧，也就是俗話所說的「拍馬屁」。如《文化形態史觀》中，對仕途祕訣的描述：「拍馬、捧場、標榜、拉攏、結拜，此手腕也。」而「拍馬」也有很多講究。也可以說，「拍馬」是古代做官交際的一門學問。在州縣衙門裡，佐貳官、胥吏等人要拍長官的馬屁；而州縣衙門裡的長官，作為最基層的政務官，則要拍層層上司的馬屁；平級的同僚官員之間，自然也要互相拍。

袁世凱的嗣父袁保慶，以自己多年為官的心得，寫成了一部關於做官的奇書《自乂瑣言》，書說：「人常言官場如戲場，然善做戲者於忠孝節義之事能做得情景畢見，使聞者動心睹者流涕。官場如無此好角色，無此好做工，豈不為人優所竊笑乎！」

意思是：常言道，做官就像演戲，那些演戲演得好的人，把忠孝節義的情景演得活靈活現，令聽者動心，看者流淚；官場其實也一樣，若演得不真，豈不是要被戲子嘲笑。

總之，大家都戴著一副面具，雲山霧罩地互相吹捧。以至於面具戴得久了，竟已忘了自己本來的臉。

三、精神高潮

「拍馬」之術，聽起來簡單；可要拍準、拍爽、拍得恰到好處，拍了又彷彿沒有拍，則須具備極深的技巧和極高的境界。簡言之，拍得不好，嘩眾取寵，適得其反，貽笑大方；拍得好，則可以讓對方達到精神上的高潮。

首先，「拍馬」講究明拍和暗拍。

明拍就是顛倒黑白。譬如說上司乾瘦如猴，可說是玉樹臨風；上司肥胖如豬，可讚其月朦朧鳥朦朧，胖得很有詩意；上司隨地吐口痰，當拍手驚歎：竟吐得如此圓，宛如一個銅錢；上司誇店中酒美，當立刻狂飲三杯；上司偶然蹦出一屁，當搶先捧於掌心，盛讚其味，異香撲鼻，繞梁三日，亦不會絕。

暗拍則是先抑後揚，表面批駁，實則讚頌。講究一個當頭棒喝：主管，你太不像話了！待其驚詫，立刻作痛心狀接著道：您廢寢忘食只顧拚命工作，長此以往，您身體垮了，公司的損失大了！主管驚喜，貨真價實的先驚後喜。關於諸如此類的「拍馬」技巧，歷史上不乏實例。

我們以漢朝建國的一個實例來說——

西元前二〇二年二月，劉邦在山東定陶舉行登基大典，定國號為漢。在此之前，諸侯王們聯名上書，請求劉邦即位稱帝——如今天下統一，您不能再稱「漢中王」了，您必須被拔高，必須登頂峰，必須在我等之上，俯瞰眾生，指點江山。如此這般，彼此都安全。

聯名書到了劉邦手裡。劉邦瞇起眼，反覆看了幾遍，扭捏道：我聽說，皇帝這尊號，賢能之人方可擁有，我可當不起。大夥兒看看，還有無別的人選，那個被項羽奉為義帝的楚懷王，他還有沒有後代啊？

底下人覺得煞風景，這大喜的日子您提那個死鬼幹嗎？他哪還能有什麼後代，縱然有，也早被甩牆上了。可劉邦還推讓，他覺得單憑幾句請求，言語空洞，極不充實。諸王們如果懂事的話，應該舉出些實例，說明我可以稱帝，必須稱帝。

韓信等人猜透劉邦的心思，漢王這是要求咱們寫一篇吹捧議論文啊，議論文講求三大要素：論據、論點、論證。先前咱們只說了結論，沒吹捧到位，確實不行。於是，一幫諸侯王重新上書，稱劉邦出身雖貧寒，卻大義凜然率眾掃滅暴秦，誅殺不義的楚霸王，為天下謀了福利，功勞自然遠超於諸王，稱帝乃天下眾望所歸。如不稱帝，國家受損失，黎民受損失。

劉邦讀罷這篇議論文，仍裝模作樣辭讓了一番，見實在推辭不過，時機也已成熟，便說：既然大夥都覺得我合適，那為了國家和蒼生，我就勉為其難登基吧。三個月後，劉邦在洛陽的南宮舉行慶功宴。

風光的背後，不是滄桑，就是骯髒。奪取天下，風光無限。可這風光的背後，用了多少流氓招數，做過多少違心的交易和妥協暫且不論，滄桑是肯定的。而看到風光背後的又有幾人？此時的劉邦，感覺很多人並沒真正看到他的滄桑。

於是酒過三巡，劉邦舉杯問眾臣：大家說說，我是如何得的天下，項羽又是如何失的天下？群臣一下就反應過來了，陛下這是要聽吹捧啊！那就吹唄，拍馬屁誰不會？

劉邦混黑道時的老友王陵，首先站出來，以「暗拍」手法道：「陛下你為人傲慢，嘴還特髒，喜歡損人。人家項羽就不同了，他仁厚，懂文明講禮貌，溫柔待人。」此言一出，群臣驚詫，心說你這是找死呢。

見劉邦臉兒也變了色，王陵緊接著說了一個詞「但是——」世間萬千事，壞就壞在「但是」上，好也好在「但是」上。只需一轉折，情形大不同。王陵自然是好的轉折，他有條不紊地繼續說：但是——諸如這些，皆是表面，陛下派人攻城略地，勝利之後，便實行分封，與人共享；項羽則不然，他嫉賢妒能，有功的他妒忌，有才的他懷疑，手下有功也不獎勵，奪了地盤也不分。他不失天下誰失天下？而陛下不得天下誰得天下？

收尾還來個反問句，讓劉邦自己答。此等拍馬功夫也算到位了，但還算不上至高境界。須知，馬屁之至高境界，不在屁多，而在屁精，有形似無形。在當時的南宮慶功宴，其實只需對劉邦進一言：陛下勝在堅韌，而項羽敗在堅定。此言等同沒說一般，讓劉邦感覺不到被拍過。

而只此一句，差異一字，含義卻大有嚼頭——堅韌與堅定都是堅持，區別在於，堅韌之人會換不同方式堅持到底，此路不通，另闢蹊徑；而堅定之人則永不換方式，崇尚一條道走到黑。

這便是有形似無形之馬屁。此等馬屁，還包含了另一重境界，那就是不以貶低一個人，來抬高另一人。其精髓在於，將二人都捧成高山，同等偉岸雄壯，只不過，其中一座峰巒疊嶂，翻越一座還有一座，無窮無盡，屹立於我等眼前。

總而言之，「拍馬」學問之精深之博大，絕非一紙荒唐言、幾句心酸話可以囊括及領悟。不過，對付一般的仕途中人，用上一、二成的吹捧功力就足以令其身心愉悅了。難就難在劉邦不是一般人，也不是一般的皇帝。因此，王陵的暗拍招數並不頂用。一記先抑後揚、虛實相接的馬屁拍來，劉邦表面頷首認可，心中卻並未美到忘形。

可這事是他挑的頭，你叫各位暢所欲言大肆吹捧，人家吹了捧了，你又不接，這叫裝蒜。君王無戲言，皇帝不裝蒜，當接了捧，再反捧回去，方是王道。

劉邦飲下一樽酒，緩緩道：其實我不如很多人，譬如運籌帷幄，決勝千里之外，我不如張良張子房；論治國撫民籌糧餉，我又不如蕭何；論帶兵打仗、攻城掠地、軍事謀略，我不如韓信。此三人，皆人傑也，用了他們，我才取得天下，項羽只有一個范增，還給逼死了，因而敗亡。

這番吹捧，功力甚是驚人，既謙虛又精闢，既陶冶了自己，又成全了他人，既分類讚揚，又歸類稱頌。「漢初三傑」，就是在劉邦的一席吹捧中成了歷史名詞。

群臣聽完劉邦的捧詞兒，氣氛愈加熱烈，相互恭喜祝賀，終使彼此達到精神高潮。洛陽南宮的慶功大宴會，就在這驚天動地的馬屁聲中，歡樂祥和的大肆吹捧中，緩緩落下了帷幕。

從「南宮慶功宴」的大吹捧事例，可以看出，「拍馬」者都是十分圓滑之人。而圓滑，是在古代衙門裡做官的一大原則。當然，圓滑不僅僅表現在「拍馬」上。對於衙門官吏們來說，圓滑還表現在日常公務中。

圓滑的衙門官吏，會盡力隱藏自己的真心實意，不讓別人看清自己的立場和底細。如此，就會給自己留足回旋的餘地。其次，會儘量推卸責任，出事時可以獨善其身，一切都按衙門的慣例常規來辦，即使出事也可以將責任推給體制，自己不用承擔。

《官場現形記》講過一個小故事，說山西有一個賊寇名叫張思，殺人越貨，後被朝廷招安，當了縣官。後來，這位張知縣和同僚一起參加考核。在考核的十幾名知縣中，因公因私，得罪過人，犯過錯誤，受到了處罰，唯有張思一人「並無公過犯」。

想想看，一座州縣衙門，事務又多又繁瑣，作為官吏，自然難免會有過失，而被招安來的賊寇，竟然一點錯誤都沒犯，因為他根本就不做事。不過，話雖如此，作為衙門官吏，尤其一座州縣的長官，要想在仕途上步步升遷，光靠送禮、拉關係、拍馬屁、圓滑處事還不夠的，除了做好「官場應酬」外，還必須做出一些政績，不做事其實是不可能的。

四、務農是王道

對於州縣衙門的長官來說，有許多事都可以算作政績。第一件，就是前文講過的「司法審訊」，破大案、要案。因此，凡是州縣衙門長官，都想當一個神探般的「青天老爺」，為的就是獲取政績。

第二件，是勸課農桑。《管子．治國》篇中說「凡為國之急者，必先事農。」這是一條治國理論。從先秦到清末，都是歷代政府制定各項政策的指導思想。同時，也是歷代州縣衙門的第一項重要政務。因此，歷朝歷代的州縣衙門長官，在這一政務中做出成績，對自己仕途升遷是非常有幫助的。

西漢和東漢時期，有些小縣的縣官，由於招募和獎勵農民開墾荒地有功，因而在朝廷的考核中成績優異，這些小縣官就被提拔到大的州縣去任職。唐代宗時期，奉天縣有個叫韋夏卿的縣令，因為勸課農桑有功，在考核中名列前茅，隨即被擢升為長安令。

宋徽宗趙佶雖然治國能力很差勁，但他也清楚，發展農業是一個國家的根本所在。於是，在政和二年（一一一二年）的時候，宋徽宗專門給全國各州衙門的官員發了一道詔令，規定基層衙門的首要任務就是「勸課農桑」。那麼，這勸課農桑的具體內容是什麼呢？

清代《淵鑒類涵》中，記錄了「勸課農桑」的十二項內容，分別是：敦本業、興地利、戒遊手、謹時候、戒苟簡、厚蓄積、備水旱、戒殺牛、置農器、廣栽植、恤田戶、無妄訟共。

所謂「敦本業」，顧名思義，就是敦促農民回歸自己的本業。通常是採取退還良田，借貸種子和耕牛等方式，把一些流離失所，遠在他鄉的農民召回來，重新開始務農。

「興地利」，則是從一些人口密度比較高的地區，招募一些農民，到一些人口稀少的小縣來開墾一度荒廢的熟田或處女地。

「戒遊手」非常好理解，就是在務農期間，沒有遊手好閒之徒。正所謂「田萊墾辟，野無惰農」。

「廣栽植」，則是廣植樹木，大搞綠化。白居易在忠州任縣官時，就曾大力倡導綠化，寫下了不少關於植樹的詩歌。

「備水旱」也比較好理解，就是豐收的時候，疏通河道溝渠，並積蓄一些糧食物資，以備災害來臨無收成時使用。如王安石在浙江鄞縣任知縣時，上任初始，遇上豐收年，他沒有懈怠，跑遍了全縣十四個鄉，勸導督促鄉民趁豐收閒暇之餘，疏浚川渠。當地鄉民都稱讚王安石，認為王知縣目光長遠。

另外，遇到蝗蟲旱澇等災害的時候，州縣衙門的官員都要走出衙門，去抗災前線調度指揮。尤其是旱情發生的時候，州縣衙門的長官要淋浴齋戒，親自到龍王廟燒香上供。一天不下雨，就上供一天，有時連續十天半月無雨，長官就連續十數日去燒香上供。

當然，光靠「哀求」是不行的，有時候還有「誘使」龍王發威。怎麼「誘使」呢？用一隻紙紮的斑斕大虎，放在龍王廟或者積水潭前舞弄。龍王還不肯發威的話，長官就會吩咐手下人把龍王的塑像放到烈日下暴曬，或者是將塑像綑紮起來，沉到積水潭中。

還有的時候，一邊祭祀龍王爺，一邊還要把造成旱災的「旱魃」揪出來批鬥示眾。「旱魃」是傳說中的神怪，身長二三尺，眼睛長在頭頂上，全身赤裸，行走如飛，所到之處，赤地千里。批鬥的方式是將「旱魃」的塑像拷打一番之後，再扔進糞坑裡。據說，將「旱魃」放入污穢之地，它就會慢慢死亡。之後，旱災也就消失了。

如果遇到洪水災害，州縣衙門長官也要沐浴齋戒，到龍王廟、城隍廟、土地廟去燒香上供，祈禱上天停雨放晴。古代人普遍相信至誠通天，而在老百姓眼裡，州縣衙門的長官也是上天的星宿下凡，如果他們能虔誠祈禱，必定會感動上天。關於這類故事，在明清筆記、小說裡不勝枚舉。

如清代筆記《歸田瑣記》裡記錄的一個故事，說是雍正年間，安徽南陵縣發生了旱災。南陵新任知縣蘇懷遠連續齋戒了一個多月，他每天頂著烈日在龍王廟、城隍廟禱告。可惜，無論怎麼虔誠地祈禱，天上還是沒落下一顆雨來。

無奈之下，蘇知縣決定，到龍王的府邸天井山去求雨。天井山的路並不好走，蘇知縣堅持獨自步行上山，不帶一個隨從。以此來表明自己的虔誠之心。到了天井山上，蘇知縣寫了一篇「祈雨文」，朗讀數遍之後，親手焚化了「祈雨文」，又從水潭中取了一壇淨水，捧著下山，才走了幾路山路。忽然，天空陰雲密布，狂風大作，緊接著，雨如傾盆。

這祈雨的祈禱文，真有如此神奇的效用嗎？當然沒有。如果有，也是恰好碰巧了。而且，這類祈禱的文章，都是一個模子裡刻出來的，格式內容都差不多，先是在文章開頭大肆歌頌神靈一番，然後再威脅、指責一番，最後再給神靈開出一個期限，請神靈在期限內顯靈。顯而易見，齋戒沐浴也罷，焚香祈禱也罷，都是一種迷信。但歷代的州縣長官對此都十分虔誠，甚至有的州縣長官還不惜拿自己的生命做賭注。

另一部清代筆記《今世說》裡記載，道光九年（一八二九年），江西婺源縣連降暴雨，暴雨下了近十天，當地遭受嚴重洪災。據說，婺源縣的城隍廟很靈驗。因此，每當遇到水旱災害，婺源知縣林逋真都會前往城隍廟祈禱。而這一年，林逋真已是六十高齡的老人了，他在城隍廟燒香上供時，默默禱告：「本官已年逾六十，死亦不算短壽，唯願以己之生命為民請命，倘可挽回，殞命不恨。」

祈禱完以後，林逋真又仰天呼喚道：「我志向如此，只恐神靈不能代達天聽耳。」這話一出口，把左右隨從都給嚇壞了。說大人你寧願折壽來祈禱，卻又指責城隍神，擔心他不能通告上天，這不是明擺著挑釁城隍神嗎？林逋真卻泰然自若，毫不畏懼。結果，翌日，天空放晴，洪水開始慢慢消退。

當然，這種祈禱的方式，不會每一次都有效果。然而，即便沒有效果，當遇到各種自然災害時，作為一方州縣的長官，都要進行這種祈禱。一方面，這也是政務之一；另一方面，作為州縣長官，為民請命，祈求風調雨順，對自己的為官的名聲，也有很大的提升，會贏得百姓的普遍讚譽。不過，最重要的還是，風調雨順，適合農耕。農務收成好，才能夠做出政績。

歷史上也有州縣衙門的長官，專靠「求雨求晴」來樹立自己為官的好形象。只不過，有的官員做戲做得太過，反而弄巧成拙。

明朝崇禎年間，徐州發生重大旱情。徐州知府出城去求雨，他擺出一個很大的陣勢，可惜求了幾天，旱情依然不減，別說下雨，天上連一朵烏雲也沒有。於是，就有當地百姓編了一首打油詩，說：「知府出禱雨，萬民皆喜悅，昨夜推窗看，見月！」

這首打油含有明顯的諷刺意味，一時間流傳甚廣，很快就傳到了知府的耳朵裡。知府勃然大怒，派捕快去嚴查作詩的人。不久，寫打油詩的人就被捉拿到堂。知府一看此人，不像能作詩的，背後定有人指使，於是也不多問，就扔下堂籤，皂隸上來按住此人就打板子。

打了一陣，知府才追問，作詩的幕後指使者是誰？那人一口咬定，沒有幕後指使，打油詩就自己編的。知府不信，叫皂隸暫停打板子，讓那人當場再作一首詩，做得出來便罷，如若做不出來，繼續毒打。

那人倒有些歪才，情急之下，脫口說道：「作詩十七字，被責一十八，若上萬言書，打殺！」

知府氣得說不出話，可也沒理由再責罰作詩人，只得將此人釋放了。

五、獎與罰

如上所述，勸課農桑是州縣衙門官員很重要的公務。農務收成好，賦稅徵收也就不成問題了。而幹好勸課農桑和司法審訊這兩大公務，不僅可以積累政績，還會受到上級的表彰和嘉獎。

表彰和嘉獎的內容，主要是記錄和加級。

所謂記錄，就是譬如州縣衙門長官，在規定的時間內提前完成賦稅徵收的公務，或者能在規定日期內破獲大案，這些政績，都可以記錄一次。記錄一般由省級督撫定奪，無須向朝廷申報。這樣的政績記錄，可以記錄一次到三次，記錄三次以上者，就可以被加級。

所謂加級，就是提高州縣衙門長官的品級。一般可以加一到三級。這必須通報朝廷吏部，予以備案。不過，加級並不是升官，也不會增加俸祿。那麼加級有什麼用呢？大有用處。

簡單地說，加級雖然不能升官，但可以「保官」。因為有嘉獎，必然就有懲罰。依據古代法律的規定，對於官員的懲罰有「公罪」和「私罪」兩種。

「公罪」就是指官員在處理公務中，發生了失誤和過錯。「私罪」則是指官員私人犯罪，或是官員出於私人目的導致工作失誤。

犯了最輕的「公罪」，一般處罰方式是「罰俸」，用我們今天的話說，就是扣薪水。扣一個月、兩個月，半年，甚至一年，兩年等等，逐步升級。其實，被扣罰俸祿並不會讓官員特別擔心，因為他們可以靠「灰色收入」來維持生活，甚至過得更滋潤。他們擔心的是，「罰俸」的處分，會在政績上留下污點。

而「罰俸」只是最輕一級的處罰，比「罰俸」更重的是降級。譬如把一個知縣，從正七品級降為從七品，當然，他的俸祿也相應降低。

降級也分兩種，一種是「降級留用」。就是被降級的官員，可以在原職位上留用當官，以觀後效，在此期間，如有立功表現，當然就可以恢復原有的級別。如果沒有立功的表現，而在三年內沒有過失者，也可以恢復原有的級別，這稱之為「開復」。另一種是「降級調用」，即免去現有官職，調任到所降級別的官職。譬如一個七品的知縣被降職，調任為從七品的州判。

比「降級」處罰更重的，則是革職。被革職的官員，一般是在公務上發生了重大的差錯，或者犯有「私罪」。這類官員被就地革職後，如果想再當官，則要在四年以後申請「開復」，得到朝廷批准後才能重新參加選官。

如果官員所犯的「公罪」中，涉及財政方面的問題，譬如所徵收的賦稅不足，或者糧倉裡糧食發霉腐爛，那麼官員除了要被「罰俸」或者「降級」外，還要「填賠」，就把不足的賦稅和糧食補足。

實際上，作為一個州縣長官，犯「公罪」在所難免，因為誰也不能保證在公務上沒有一點失誤。如果一個州縣長官要掩蓋自己所犯的「公罪」，那麼就犯了更為嚴重的「私罪」。因此，歷史上，有不少正直清廉的地方官，情願犯了「公罪」而丟官降級，也不願意去掩蓋。

清朝有一位著名清官陸隴其，他曾在直隸正定府靈壽縣任知縣。陸隴其剛到靈壽縣上任，縣內就發生一樁搶劫案。一戶官宦人家遭到了搶劫，縣衙門的刑房書吏向陸隴其建議說，在給知府寫通報時，不要用「搶劫」二字，以免限期破不了案，而犯了「公罪」。

可是，陸隴其不同意，他認為應該按照事實陳述。哪知道，正定知府和他想得不一樣，知府看了通報後，很擔心到期破不了案，自己也犯了「公罪」。因為「公罪」也是要連坐的，會按照官職的級別依次處罰。於是，知府暗示陸隴其，讓他修改通報。可是，陸隴其仍然堅持不改。

過了不久，這樁搶劫案破獲了，案件通報給直隸總督。要說破了案是好事，可直隸總督卻不高興，他不願意直隸境內的搶劫案發率上升，就下令將搶劫案改為盜竊案。知府接到直隸總督的命令，立即傳達給陸隴其，可陸隴其還是不同意。因為這件事，陸隴其得罪了直隸總督，在後來的官員考核中，得了個下等，一直沒有獲得升遷的機會。

為什麼陸隴其如此堅持呢？其中很大一個原因，就是因為如果限期破不了案，只是「公罪」，而改動案卷通報，一旦被查獲，就犯了「私罪」。「私罪」比「公罪」嚴重，因此，曾有官員說「做官者，私罪不可有，公罪不可無」。這裡所說的「不可無」，不是故意要犯「公罪」，而是說，「公罪」難以避免，失誤總是有的。

清代筆記《今世說》裡，記錄了清朝初期山東商河縣的一樁公案：商河縣有一位新上任的知縣叫欒興平，剛上任沒多久，縣城裡就發生一樁盜竊案。案犯搭梯子爬進一戶人家的宅院，撬門進後行盜竊，可剛偷了幾件東西，就被發現了。該戶人家人多勢眾，十幾口人操起傢伙，大喊著「捉賊」，衝向案犯。幾名案犯也發了狠，揮舞著刀逼退了主人，而後，打開大門，倉皇逃跑。

天亮後，這戶人家到商河縣衙門報案。知縣欒興平立即帶上皂隸、民壯等衙役趕到案發現場。經過清點後發現，失竊物品有幾件衣服，一塊銀圓和五百文銅錢。說起來，價值也不高。可按照明清時期的法律規定，夜間破門行竊，視同強盜。換句話說，盜竊不會判死罪，而強盜就是搶劫，要處斬刑。

恰好，那戶失竊的戶主，有一個兄弟在衙門裡當衙役。翌日，這衙役就陪同家人到衙門，又報了一次案，這次報的是盜竊案。欒知縣覺得很奇怪，前日報的是「搶劫案」，今日為何又來報「盜竊案」？

那衙役就說了，盜竊案是小案，搶劫案是大案，大人剛到商河縣上任，縣城裡就出了大案，如果限期破不了案，就會讓您受處罰。我兄弟家中所失的財物又不多，不能連累您。

儘管這個知縣剛上任，但他很清楚朝廷對官員的處罰制度。於是對衙役說，你這是在害本官，知道嗎？強盜大案，如按期不能破獲，只是「公罪」，而有意隱瞞強盜案不報，就是「私罪」，這「私罪」可比「公罪」重得多。於是，欒知縣仍將此案以「強盜案」上報。過了一年多，這樁強盜案仍然未能破獲，欒興平自然受到了「公罪」處罰，降一級調用。

當時，官場上有人笑話欒興平迂腐不開竅。其實，欒興平是非常明智的。因為他明白很重要的一點，那就是「公罪」的處罰，可以用嘉獎中的「記錄」來抵消。譬如，一次破獲重大案件的嘉獎記錄，可以抵消「罰祿」；同樣，一次「加級」也可以抵消一次「降級」。所以，「加級」不能升官，但可以用來「保官」。

其實，準確地說，「加級」也有助於一個地方衙門官員的升遷。因為朝廷每年，或每三年要對地方官員進行一次考察。嘉獎和處罰的記錄，當然也是考察的標準之一。

除此之外，對地方官考察的標準，大致還有「老疾、疲軟、貪酷、不謹」等四項。

具體地說，「老疾」就是指如果地方州縣長官，如果年老多病，身體狀況不好，也就不再適合擔任州縣長官了。「疲軟」，是指州縣長官主持政務的態度不積極，得過且過，司法案件拖延，財政稅收不足等等。「貪酷」比較好理解，既貪婪又殘酷，譬如大肆收受賄賂，虐害百姓等等。「不謹」則是指處理公務浮躁，不嚴謹。

如果在考察中，發現該地方官員「疲軟」、「不謹」的劣跡，都要予以彈劾，降級調用。至於「貪酷」的官員，則要被革職並治罪。而「老疾」的官員，則要強制退休。那麼，一個古代官員退休，又將面臨哪些問題呢？

接下來，就說說古代官員退休的種種軼事。

六、名利謝幕

《禮記．曲禮上》中說：「大夫七十而致事」。大夫，是指古代官吏。致事，將自己負責的政事交代給國君，然後退位休息，頤養天年。

所以，最早，古代官員「退休」，又稱為「致事」或「致政」，以及「致休」。到了唐代，才有了「退休」一詞。如韓愈在〈復志賦序〉中所說：「退休於居，作〈復志賦〉。」

那麼，古代官員退休的年齡期限，到底是多大歲數呢？按照《禮記．曲禮上》所言，退休的年齡，是七十歲。實際上，這明顯是一個虛設的年齡期限。原因很簡單，在唐朝以前的中國人，其平均壽命一般都在四、五十歲左右。活到七十歲的人很罕見，如常言所說：「人生七十古來稀。」因此，在唐朝以前，一個人當了官，基本上就可以終身為官，不存在退休的問題。直到唐朝以後，官員的壽命逐漸增大，退休才成為一個真正現實的問題。

到了明朝初期，朱元璋規定，政府的大小官員退休年齡為六十歲。而軍官例外，軍官如指揮、千戶、百戶等官員，退休年齡為五十歲。因為軍官職業特殊，軍旅勞累，年過半百已體力不支了。

到了清朝，對於軍官退休的年齡更為細分。不同級別的官員，有不同的退休年齡期限，譬如參將為五十四歲，游擊為五十一歲，都司、守備為四十八歲，千總、把總為四十五歲。總之，軍官的級別越低，退休就越早。這是為了保持一線帶兵的軍官年輕化。

除了制度所規定的退休年齡外，也有一些官員因為特殊原因，提前退休的。主要有兩種原因。第一種原因，是病退。身患重病，無法正常工作的官員，自然只能提前退休，抱病還鄉。第二種原因，是行孝。簡單地說，就是提前退休，去贍養父母。譬如唐玄宗時期，大臣拓跋興宗就申請提前退休，回老家贍養母親。當時，拓跋興宗的母親已年逾八十歲，這位母親早年守寡，含辛茹苦將獨生子拓跋興宗撫養成人。拓跋興宗當官後，母親一直獨居，又患了重病，半身不遂，生活無法自理。

拓跋興宗是個孝子，發誓說母親一旦故去，自己也不想活了，結果是「忠孝雙缺，公私並喪」。於是，拓跋興宗以此為由，提交了退休申請，唐玄宗讀完拓跋興宗言辭懇切的申請，予以批准。

說起來，古代官員退休遠比上任當官便捷，程序比較簡單，基本就是官員提出申請，由上級批准。

原本，按照規定，所有的官員，無論是京官還是地方衙門的官員，申請退休都要由皇帝親自審理批准。但官員人數太多，皇帝一個人處理不過來。所以，就換一種方式：高級官員退休，由皇帝親自批准，以諭旨的形式確定。

不過，對於有能力、有使用價值的朝廷高級官員，在提出退休申請後，皇帝一般是不批准他們退休的。譬如晚期名臣曾國藩，長年患病，雙目幾乎失明，肝病纏身，還不時眩暈，不得不向朝廷提出退休的申請，可皇帝就是不批准，還讓他去處理「天津教案」，後來，又將其調回鎮守發生過「刺馬案」的兩江地區。

另一位晚清名臣李鴻章，年過七旬，滿身傷病，向朝廷提交了退休申請，可是朝廷也不批准。他只得長年充當慈禧的「救火隊員」。還有一位名臣左宗棠，也是年邁多病，經過多次申請才成功退休，但退休後不久便病故了。

相比名臣和高級官員，一般的官吏退休就要簡單、容易許多。這些官吏退休手續都由朝廷統一辦理。譬如唐朝，規定五品以上的官員退休，本人直接上奏，由皇帝批准。六品以下的官員退休，則由尚書省按規定統一辦理。

那麼，歷代大大小小的官員，退休以後的待遇如何呢？

西漢以前的先秦時期，官員通常都是有封爵、封地的。因此，先秦時期的官員退休，只是免除了官職，但爵位是終身，甚至世襲的，封地也不會被收回。所以，他們退休後的收入豐厚，而且穩定。也就是說，在漢朝以前，退休官員的待遇是非常不錯的。

到了東漢以後，官員的封地越來越少，退休官員的晚年生活沒了著落。南北朝時期，山陰縣有一縣令名叫儲玠，由於在任時清廉正直，除了俸祿，就沒有過多的收入。到了退休的時候，連回鄉的盤纏都沒有。最後只好留在山陰縣種菜，自食其力。

到了隋唐時期，情況有所好轉，朝廷頒布了一系列官員退休後的待遇規定。官員退休的生活才有了保障。如唐代規定，五品以上的高官退休後，可以領取在任時的一半俸祿。有些功勞卓著，由皇帝特批，可以領取全額俸祿。而六品以下的退休官員，則可以領取一定數量田地，以供養老。

宋朝對退休官員待遇，是歷代最優厚的。按照規定，凡是高官和有功之臣，退休後都可以領取全額的俸祿。除此之外，還有名目繁多的各種賞賜。

元代和明朝給官員的待遇比較吝嗇。明朝初期規定，官員退休後，可以領取原來在任的俸祿。遺憾的是，這項規定很快就被取消了，轉而頒布了第一個規定：官員退休後，在一般情況下，不發放退休金；如果生活確實困難，由相關部門查實後，可每月領取二石米，直到死亡為止。可見，明朝官員的待遇，實在是非常差的。

到了清代，對於退休官員的待遇問題，比較靈活。清朝初期規定，有世襲爵位和世襲官職的官員，退休後可領取全額俸祿；沒有世襲爵位和世襲官職的官員，退休後則可領取一半的俸祿。

到了康熙、乾隆時期，官員退休後的待遇，與其在任時所做出的政績掛鉤。明確地說，就是你在任幹得越好，政績越多越突出，那麼退休後的待遇就會越優厚。譬如乾隆時期規定，一個軍官如果有出征、受傷、立功的情況，退休後就給予全俸。如果沒有出征或者禦敵，退休後則給予一半的俸祿。

可以說，明清時期退休官員的待遇並不高。清朝對待退休官員的待遇問題，雖然靈活，但條件也比較苛刻。特別是沒有世襲爵位和世襲官職的州縣衙門官員，退休後只能領到在任時一半的俸祿。這就讓他們不得不在任期快滿時，抓緊最後的機會大撈一把。

於是，關於州縣衙門長官的離任，民間流傳出一首極為形象的歌謠：「來時蕭索去時豐，官帑民財一掃空。只有江山移不去，臨行寫入畫圖中。」除了大撈一筆可觀的錢財的外，州縣衙門長官離任時，還都喜歡搞點紀念活動。如果說，在退休離任之前，撈取錢財，是為了利益；那麼，搞紀念活動，則是為了名聲。

西晉時期的名臣羊祜，曾任襄陽縣令，深得人心，他離任時，當地百姓為了感激他的功德，就在羊祜平常休息的地方建了一座廟，將羊祜奉為神靈，每年祭祀。

結果，後來幾乎每一座州縣都效仿，在衙門的長官離任前，立一塊「德政碑」，上面記錄著衙門長官在任時所做的功德。可這些所謂的「功德」水分太多，很容易造假，所以在唐朝的時候，就被明文禁止了。

到了明清時期，律法規定，州縣長官離任時不得建立祠廟或者立碑，如果有特別大的功績，則要向朝廷報告，由禮部核實予以批准後，才能立碑。否則，要被處以杖一百，石碑或祠廟也要被拆毀。

所以，建祠廟、立碑是很麻煩的。於是，在州縣長官退休離任時，有些地方上仕紳，就送給長官一把集體簽名的「萬民傘」。送這個玩意兒，當然是有意義的，比喻州縣上的仕紳、平民都受到這位州縣長官的庇護。

送「萬民傘」算是一個既省錢又省事的儀式，還有另一個儀式，叫「脫靴遺愛」。唐朝時，化州有個刺史名叫崔戎，他在任上為當地人民做了不少好事。後來退休離任的時候，當地百姓都捨不得他走，就在路上阻攔，甚至拉斷了崔戎所騎的馬的韁繩，還脫掉了他的官靴。

這本是當地民眾發自內心的挽留，可到了後來，幾乎形成一個習俗。尤其是明朝時期，無論地方長官是清官還是昏官，離任時都要組織一些民眾，搞上一出「脫靴遺愛」的把戲。「攔路脫靴」幾乎成了鬧劇，鬧完了，還要送上幾塊當地仕紳做的「德政牌」。律法不允許立碑，就改成做「德政牌」，牌子是木頭做，便於攜帶，又不惹麻煩。退休離任的地方長官，一般都會將德政牌帶走，去安享晚年。

退休官員的晚年生活，從生活保障來說，總體是不錯的，朝廷有退休的待遇，加之各地方官員在任期間積蓄的各種灰色收入，足以讓他們度過一個安逸的晚年。不愁溫飽，有吃有喝有穿，退休官員的生活自然也就比較豐富。

大體來說，退休生活有幾種內容。

第一種是忙於信奉宗教。人都希望自己長壽，尤其到了晚年，更希望自己健康，且子孫能夠富貴平安。為了達到這一願望，一些退休官員便熱衷於「求仙問道」。這一風氣，在宋朝特別盛行。譬如北宋時期的開國功臣石守信，晚年信奉佛教，並拿出平生積蓄，去修建廟宇；另一位宰相趙普，退休後則信奉道教，臨死前一天，趙普還去道觀祈禱。宋真宗年間，節度使張永德退休後，更是傾盡家財，請道士和自己一起修煉，希望延年益壽。

這種「求仙問道」的風氣一直延續到明清時期。明末清初的思想家顧炎武，曾評論當時的風氣：「南方士大夫，晚年多好學佛；北方的士大夫，晚年多好學仙。」

官員退休生活的第二種內容，是遊山玩水，或者修造私家園林。修造私家園林，當然要具備足夠的經濟實力。一般的州縣衙門官員，是沒有這種實力的。能夠修建私家園林的退休官員，都是級別比較高的官員。如清朝光緒年間安徽道臺任蘭生被參劾後罷職回到老家蘇州，修建了私家園林，這座園林，就是蘇州名園「退思園」，取自《左傳》「進思盡忠，退思補過」。

而沒經濟實力修造私家園林的，則寄情於山水。明朝福建有個官員鄭紀，退休時年僅三十二歲，拿到的退休俸祿很少，還好家鄉福建山水風光秀美，鄭紀退休以後，在福建臥屏山休息讀書，怡然自得地生活了二十餘年。

鄭紀將自己遊山玩水、愜意讀書的經歷，寫成了一本《歸樂窩記》。書中寫道：「每天朗氣清，翁冠竹籜，冠服葛巾，衣著芒履，曳槁藜杖，游於畦隴間，行而視，視而立，倦則班茵而坐，客至隔籬而呼，翁顧而笑，笑而起，迎客入窩中。呼童引泉瀹茗、烹雞取魚、摘蔬果，酌酒賦詩、鼓琴彈棋擊壺以為樂。酒醉則攜手散步於園池之上，度麥隴、穿竹徑，轉過松林桑塢之下，賓主兩忘，景物俱化，不知人世間何樂如之。此『歸樂窩』之所名也。」

這段文字非常精彩動人，大意是說，臥屏山，終日晴朗清爽，穿著布衣草鞋，暢遊期間，遊累了就在自己的茅廬中閒坐。有客人來了，隔著籬笆召喚，然後起身，將客人引入茅廬，殺雞弄魚，摘來蔬菜水果。而後與客人一起，一邊喝著酒，一邊吟詩作賦，還鼓琴擊壺、玩彈棋遊戲取樂。喝到微醺時，就與客人攜手到園池中散步，度麥隴、穿竹徑、過松林。那情景，已然忘了誰是主人，誰是賓客，不知人世間還有什麼比這更快樂的。「歸樂窩」這個名字，便是由此而來的。由此可見，寄情山水，休閒遊歷，是古代退休官員們十分愜意的一種生活。

官員退休後的第三種生活，簡單地說，就是發揮餘熱。古代的官員大多是讀書人，文化水準是比較高的。其中很多人，十分愛好讀書寫作。所以，這些官員在退休後，有的創作私人著述，有的研究學術。可以這麼說，這些人是古代作家隊伍的主力軍。

還有些退休官員，甚至做起了科學研究。譬如明朝的官員徐光啟，退休之後，在天津購買了土地，開始種植水稻、花卉、藥材等等，一門心思從事農業科學實驗，後來寫成了《農政全書》。

為什麼眾多的退休官員，要著書立說呢？這不僅僅是發揮餘熱的問題，其根本原因是，在任時官員並不敢多說話，更不敢說真話，退休之後少了顧慮，於是開始著書立說，寫了很多官場見聞，以及做官心得、經驗教訓的著作。譬如我們前文所提到的《佐治藥言》、《學治臆說》、《自乂瑣言》、《道咸宦海見聞錄》等等書籍。

眾多退休官員著書立說，其實也是對自己為官生涯的回憶。畢竟，從科舉考試到走馬上任，從仕途掙扎到退休謝幕，仿佛很漫長，又仿佛是短短一瞬間，一切名利，一切榮華富貴，回頭想來，也不過是過眼雲煙。

官吏如此，就連矗立於權力巔峰的皇帝亦是如此。正如楊慎詩中所云：「道德三皇五帝，功名夏侯商周，五霸七雄鬧春秋，頃刻興亡過手，青史幾行名姓，北邙無數荒丘，前人播種後人收，說甚龍爭虎鬥。」

古代公務員生存指南

作　　者　羅杰
責任編輯　何維民

版　　權　吳玲緯　楊靜
行　　銷　闕志勳　吳宇軒　余一霞
業　　務　李再星　李振東　陳美燕
副總編輯　何維民
編輯總監　劉麗真
事業群總經理　謝至平
發 行 人　何飛鵬

出　　版　麥田出版
115台北市南港區昆陽街16號4樓
電話：02-25000888　傳真：02-25001951
發　　行　英屬蓋曼群島商家庭傳媒股份有限公司城邦分公司
115台北市南港區昆陽街16號8樓
客服專線：02-25007718；02-25007719
24小時傳真服務：02-25001990；02-25001991
服務時間：週一至週五09:30-12:00，13:30-17:00
郵撥帳號：19863813 戶名：書虫股份有限公司
讀者服務信箱E-mail：service@readingclub.com.tw
城邦網址：http://www.cite.com.tw
麥田出版臉書：http://www.facebook.com/RyeField.Cite/
香港發行所　城邦（香港）出版集團有限公司
香港九龍土瓜灣土瓜灣道86號順聯工業大廈6樓A室
電話：852-25086231
傳真：852-25789337
馬新發行所　城邦（馬新）出版集團
41, Jalan Radin Anum, Bandar Baru Seri Petaling,
57000 Kuala Lumpur, Malaysia.
電話：+6(03) 90563833　傳真：+6(03) 90563833　E-mail：service@cite.my

印　　刷　前進彩藝有限公司
電腦排版　黃雅藍
書封設計　巫麗雪

初版一刷　2025年1月　　本書如有缺頁、破損、裝訂錯誤，請寄回更換

定　　價　360元
I S B N　978-626-310-808-0

國家圖書館出版品預行編目資料

古代公務員生存指南／羅杰著. -- 初版. -- 臺北市：麥田出版：
英屬蓋曼群島商家庭傳媒股份有限公司城邦分公司發行, 2025.01
288面；15×21公分
ISBN 978-626-310-808-0（平裝）

1. CST：官制　2. CST：中國政治制度　3. CST：中國史
573.41　113018014